Frank Lampe

Business im Internet

Frank Lampe

Business im Internet

Erfolgreiche Online-Geschäftskonzepte

Herausgegeben von Frederik Ramm

ISBN-13: 978-3-528-05544-8   e-ISBN-13: 978-3-322-83928-2
DOI: 10.1007/978-3-322-83928-2

Vorwort

Mit wehenden Fahnen erobert das Internet die Geschäftswelt, und dem Internet-kundigen Beobachter bietet sich ein amüsantes Schauspiel: Die einen preschen mutig und mit gesundem Halbwissen ausgestattet voran, beeindrucken ihre Konkurrenz an jedem Platz im Internet mit einem vorlauten „Ich bin schon da!" und müssen hin und wieder teuer für ihre Abenteuerlust bezahlen: Fehleinschätzungen der Zielgruppe, technische Schwierigkeiten, überzogene Hoffnungen oder windige Beratungsagenturen haben schon so manches Internet-Engagement zu Fall gebracht.

Auf der anderen Seite, zaghaft und abwartend, Bürokraten, die weder verstehen können noch wollen, was vorgeht, die jeden Schritt akribisch zu planen versuchen und die genau dann so weit sind, das Internet für ihre Firma zu nutzen, wenn alle Welt schon wieder woanders hinschaut.

Auf einem Nebenschauplatz tummeln sich noch die Technokraten, die heute schon die „Virtual Enterprises" von morgen planen, in denen jeder Mitarbeiter als Selbständiger zu Hause arbeitet, völlig unabhängig von Orts- und Landesgrenzen – eine Firma, in der aufgrund der Zeitverschiebung 24 Stunden am Tag gearbeitet wird, ohne daß irgendjemand eine Nachtschicht einlegen muß.

Bei aller angebrachten Vorsicht läßt sich feststellen: Das Internet bietet dem Unternehmer großartige Möglichkeiten.

Mit den modernen Kommunikationstechniken ist das „papierlose Büro" einen Schritt näher gerückt; der Kontakt zu Kunden, Mitarbeitern und Partnern kann schneller und effizienter gestaltet werden. Bestellungen und Anfragen können in großem Maße automatisiert werden – einige Versandhäuser bieten dem Kunden über das Internet bereits den „Blick ins Lager" an.

Das Internet bietet eine nahezu unüberschaubare Fülle an kostenloser Information, deren geschickte Sammlung und Auswertung einen nicht zu unterschätzenden Wettbewerbsvorteil für Unternehmen darstellen kann. Mittelfristig können viele traditionelle Wege der Informationsbeschaffung durch das komfortable Internet ersetzt werden.

Marketing im Internet eröffnet eine Vielzahl neuer Möglichkeiten der Selbstdarstellung, Werbung und des Verkaufs.

Dagegen stehen die Schwierigkeiten und Hindernisse, die mit der effizienten Nutzung des Internet verbunden sind, sozusagen die Kehrseite der Medaille.

Dieses Buch wird Sie über die realistischen Einsatzmöglichkeiten des Internet in der Unternehmung von heute ins Bild setzen und Ihnen einen vernünftigen Weg zwischen den beiden Extremen aufzeigen.

Wenn man handelt, braucht man den nötigen Überblick. Dieses Buch verschafft Ihnen die notwendigen Grundlagen dazu. Ein Buch stellt jedoch eine Momentaufnahme dar. Dies sollte man speziell in einem so dynamischen, von Veränderungen geprägten Bereich wie dem Internet nicht vergessen. Ich habe mich um größtmögliche Aktualität bemüht. Das Buch umfaßt alle wichtigen Aspekte und die Trends, ohne sich jedoch in zu vielen Details zu verlieren. Dies war zumindest mein Ziel.

Danken möchte Frau Julia Huhmann für ihre unermüdliche Korrekturarbeit, Herrn Dr. Klockenbusch vom Verlag Vieweg für die unkomplizierte Zusammenarbeit sowie meinem Herausgeber Herrn Ramm, ohne dessen Beiträge, praktische Hilfe und Unterstützung dieses Buch in seiner jetzigen Form nicht möglich gewesen wäre.

Bremen, im Juli 1996

Frank Lampe

Inhalt

1 Einführung

1.1 Wieso ein Buch über die kommerzielle Nutzung des Internet?

Mit der Öffnung für die kommerzielle Nutzung Anfang der neunziger Jahre hat sich das Internet oder das „Netz der Netze", wie es auch genannt wird, verändert. Das anfangs militärisch und später wissenschaftlich genutzte Netz (die Begriffe „Internet" und „Netz" werden im folgenden synonym gebraucht), das ca. zwei Jahrzehnte lang nur Spezialisten vorbehalten war, öffnete sich unter dem Einfluß und Druck der US-Regierung und zum Teil gegen den Widerstand alteingesessener Nutzerkreise einer breiteren Öffentlichkeit.

Mit der Weiterentwicklung des Netzes und der entsprechenden Anwendungssoftware vereinfachte sich die Nutzung, während Geschwindigkeit und Funktionsumfang zunahmen. Die Zahl der angeschlossenen Nutzer wuchs und wächst noch immer rasant. Diese Entwicklung macht das Internet auch für Unternehmen interessant: Die Zahl der Firmen, die sich auf verschiedenste Weise im Internet engagieren, steigt weltweit schnell an und hat bereits die Zahl der vormals dominierenden wissenschaftlichen und berufsbildenden Einrichtungen überrundet (siehe dazu auch Abschnitt 2.4).

Die sich für Unternehmen im Internet eröffnenden Chancen und Risiken sind nicht leicht zu überschauen. Dieses Buch bietet Ihnen eine nüchterne und systematische Darstellung der Möglichkeiten und Hindernisse der Internet-Nutzung in Unternehmen.

1.2 An wen richtet sich dieses Buch, und welche Ziele verfolgt es?

Einstiegs- und Entscheidungshilfe

Dieses Buch richtet sich an alle, die sich für die Möglichkeiten der kommerziellen Nutzung des Internet interessieren. Das Buch soll für all diejenigen, die sich mit dem geschäftlichen Einstieg in das Internet befassen, eine Entscheidungshilfe sein. Es zeigt die Einsatzmöglichkeiten systematisch auf und ist ein umfassender Begleiter beim unternehmerischen Einstieg in das Internet. Dem gewerblichen Online-Einsteiger versucht es neben den schon stärker verbreiteten Nutzungsformen, wie etwa der Werbung im World Wide Web, auch die Anwendungen und Dienste, die das Internet darüber hinaus zu bieten hat (wie z.B. die Kommunikationsdienste), näherzubringen. Gleichzeitig bietet das Buch eine allgemeine Einführung in das Internet und versucht, mit zahlreichen Abbildungen, Beispielen und Adressen Perspektiven aufzuzeigen und Hilfestellung bei der Anwendung der neuen Technologie im Unternehmen zu geben.

Grundlegende Einführung in das Internet

1.3 Welchen Nutzen hat das Internet für Unternehmen?

Informationszeitalter und Internet

Das oft gepriesene Informationszeitalter hat viele Gesichter. Eines davon ist mit Sicherheit das Internet, dessen Schwerpunkt die Bereitstellung und der Transport von Informationen sind. Information ist längst zum vierten Produktionsfaktor neben Boden, Arbeit und Kapital aufgestiegen.

Bedeutung von Computernetzen

Vielfach wird das Netz in seiner Bedeutung für die menschliche Entwicklung auf eine Stufe mit der Entwicklung des Mikrochip und des PC gestellt – Technologien, ohne die heute in den industrialisierten Staaten fast nichts mehr geht. Man braucht kein Prophet zu sein, um die zukünftige Bedeutung von Computernetzen und Online-Diensten zu prognostizieren. Sie werden mittel- bis langfristig eine ähnliche Bedeutung haben wie heute Telefon und Fax. Vermutlich werden sie diese Medien in bestimmten Bereichen sogar verdrängen. Telefonieren im und faxen aus dem Internet ist beispielsweise schon heute Stand der Technik (vergleiche dazu auch Abschnitt 5.2).

Nutzungsmöglichkeiten des Internet

Das Internet besteht aus verschiedenen Teilen – sogenannten Diensten –, die gegenwärtig schon von einer Vielzahl von Unternehmen eingesetzt werden. Die kommerziellen Nutzungsmöglichkeiten dieser Dienste können in drei große Bereiche gegliedert werden: die Informationsbeschaffung, die Kommunikation und das Marketing. Innerhalb dieser Bereiche können jeweils weitere Untergliederungen vorgenommen werden. Einzelne Internet-Dienste – wie etwa E-Mail – können dabei gleichzeitig in vielen Bereichen sinnvoll genutzt werden. Andere Dienste – wie z.B. Telnet – lassen sich nur für wenige Aufgaben wirtschaftlich nutzen.

Auswirkungen auf Absatz und Kosten

Imageeffekt

Der Einsatz des Internet im Rahmen der verschiedenen betrieblichen Funktionsbereiche kann sich sowohl auf der Absatzseite als auch auf der Kostenseite positiv auswirken. Diese positiven Auswirkungen umfassen zum einen direkt zurechenbare, quantifizierbare monetäre Vorteile, und zum anderen enthalten sie nicht quantifizierbare, wie etwa den derzeit noch spürbaren Imageeffekt, der durch die Präsenz im Internet erzielt wird. Durch den Einsatz des Internet im Bereich Informationsbeschaffung und Kommunikation lassen sich Zeitersparnisse realisieren und Kostensenkungspotentiale erschließen. Durch die Nutzung des Netzes als Werbe- und Absatzmedium lassen sich in bestimmten Fällen ebenfalls Kosten einsparen, zusätzlich kann der Absatz ausgedehnt und neue internationale Märkte können erschlossen bzw. ihre Bearbeitung kann intensiviert werden. Dies gilt sicherlich nicht für jedes Unternehmen und auch nicht für jede Branche; dennoch besitzt das Internet schon zum gegenwärtigen Zeitpunkt ein enormes Potential, das sich durch das anhaltende Wachstum der Nutzerzahlen noch verstärkt.

Wachsendes Potential

Technologischer Vorsprung = Wettbewerbsvorsprung

Wer sich frühzeitig mit den neuen Technologien vertraut macht, erkennt auch früh die ihnen innewohnenden Chancen und Risiken. Der zeitliche Vorsprung bei der Nutzung neuer Technologien stellt einen nicht zu unterschätzenden Wettbewerbsvorteil sowohl für einzelne Betriebe als auch für ganze Volkswirtschaften dar. Diesem Wettbewerbsvorteil stehen auf betrieblicher Seite relativ gut kalkulier- und handhabbare Risiken (Investitionen, Datenschutz u.ä.) gegenüber.

<table>
<tr><td>

Gesamtwirt-
schaftliche Aus-
wirkungen

Einfluß auf die
menschliche
Kommunikation

</td><td>

Volkswirtschaftlich und gesellschaftlich können sich langfristig aber auch Effekte einstellen, die möglicherweise nicht mehr oder nur sehr schwer zu korrigieren sind. So bleibt die Frage offen, ob die Vernetzung von Computern global eher Arbeitsplätze schafft oder vernichtet. Auch wird dem Internet von einigen Autoren die Möglichkeit zugeschrieben, langfristig das menschliche Kommunikationsverhalten drastisch zu verändern. Welche gesellschaftlichen Folgen dies möglicherweise haben wird, läßt sich heute noch nicht absehen. Aufhalten kann man die neue Technologie jedenfalls nicht – daher sollte man sich ihr nicht verschließen, sondern den sinnvollen Umgang mit ihr erlernen und mögliche negative Auswirkungen genau beobachten, um gegebenenfalls frühzeitig korrigierend einwirken zu können.

</td></tr>
</table>

1.4 Wie wird in diesem Buch vorgegangen?

Eine Basis
schaffen

Das Buch gliedert sich in insgesamt neun Kapitel. Nach diesen einführenden Worten muß in Kapitel 2 die Bedeutung des Internet für Unternehmen geklärt werden, um eine Basis zum Verständnis der später im einzelnen dargestellten kommerziellen Nutzungsmöglichkeiten zu schaffen. Dazu müssen die unternehmerischen Nutzungsmöglichkeiten systematisiert und ein Überblick über die wichtigsten Internet-Dienste gegeben werden. Die einzelnen Dienste sollen dann später im Rahmen der Erläuterung der einzelnen Nutzungsmöglichkeiten näher besprochen werden. Einige Zahlen verdeutlichen die Marktgröße, was besonders zur Beurteilung des Internet als Marketinginstrument wichtig ist. Anschließend folgt in Kapitel 3 eine Einführung in das Internet, in der geklärt wird, was unter dem Begriff „Internet" überhaupt zu verstehen ist und wie es im groben funktioniert. Außerdem wird das Internet gegenüber „Online-Diensten" abgegrenzt.

Einführung in
das Netz

Kommerzielle
Anwendungs-
möglichkeiten

Kapitel 4 widmet sich der Informationsbeschaffung als Anwendungsbeispiel des Internet im Unternehmen und erläutert einige der zentralen Dienste des Internet, die hierbei häufig eingesetzt werden. Danach werden in Kapitel 5 die Kommunikationsmöglichkeiten des Internet als eine zweite Säule der unternehmensbezogenen Internet-Nutzung näher betrachtet. Auch hier werden weitere Internet-Dienste erläutert, die die Kommunikation via Netz ermöglichen.

WWW und Marketing

Kapitel 6 widmet sich einem Bereich, dem in den Medien in letzter Zeit verstärkt Aufmerksamkeit geschenkt wurde, dem „World Wide Web" oder auch „WWW". Erst das WWW ermöglichte die erfolgreiche Nutzung des Internet für Marketingzwecke. Im Rahmen des Marketing im Internet sollen daher die Teilaspekte des Marketing in bezug zum World Wide Web und anderen Diensten betrachtet werden. Diese Teilaspekte des Marketing umfassen die Marktforschung, die Marketingstrategien sowie die Produkt-, Preis-, Kommunikations- und Distributionspolitik. Außerdem sollen einige Studien über Internet-Nutzer vorgestellt werden, um einen ersten Eindruck der gegenwärtigen Zielgruppe zu vermitteln.

Einstieg ins Netz

Hindernisse auf dem Weg

Kapitel 7 verrät, welche Einstiegsmöglichkeiten es gibt und was diese in etwa kosten. Außerdem soll die Frage nach dem jeweils richtigen Internet-Anschluß beantwortet werden. Kapitel 8 widmet sich den Hindernissen und Problemen der kommerziellen Internet-Nutzung. Mit einem Resümee sowie einem Ausblick auf Entwicklungstrends bildet Kapitel 9 den Abschluß des Buches.

Unternehmen und das Internet

Dieses Kapitel legt den Grundstein für die Systematik, nach der ich vorgehen werde. Es beschreibt die generellen Nutzungsmöglichkeiten des Internet und stellt seine Dienste sowie erste Anhaltspunkte für ihre Verwendung im Unternehmen vor. Darüber hinaus werden dem Leser einige Zahlen zur Einschätzung und Bewertung der gegenwärtigen Lage sowie zur Entwicklung des Internet an die Hand gegeben.

2.1 Was heißt hier Kommerz?

Begriffsbestimmung

Der Begriff „Kommerz" wird hier als ein wirtschaftliches, auf Gewinn bedachtes Interesse verstanden. Als „Kommerzialisierung" kann die Verwendung bisher nicht zur wirtschaftlichen Zwecken genutzter Dinge und ideeller Werte zur Gewinnerzielung betrachtet werden. Damit stellt die „kommerzielle" Nutzung des Internet die Nutzung zum Zwecke der Gewinnerzielung dar.

quantiative und qualitative Vorteile durch das Internet

Im Rahmen dieses Buches soll sich die Gewinnerzielung aber nicht nur auf direkt meßbare, pekuniäre Gewinne erstrecken, sondern auch qualitative Vorteile einschließen. So kann z.B. ein durch das Internet realisierter verbesserter interner Informationsfluß einen Wettbewerbsvorteil darstellen, der jedoch oft nicht ganz einfach zu quantifizieren ist. Die Gewinnerzielungsabsicht kann sowohl bei Unternehmen als auch bei Privatleuten gegeben sein. Ein Beispiel für die kommerzielle Nutzung des Internet durch Private stellen Kleinanzeigen dar.

Wertung des Begriffs „Kommerzialisierung"

Gelegentlich geht mit dem Begriff der Kommerzialisierung auch die Vorstellung oder besser die negative Wertung einher, daß Dinge, die eigentlich nicht wirtschaftlich bzw. gewinnbringend genutzt werden sollten, nun der wirtschaftlichen Verwendung zugeführt werden. Dies entspricht auch der Haltung einiger Internet-User, zumindest in bestimmten Teilbereichen des Netzes. Eine solche Wertung wird hier nicht vorgenommen (vergleiche dazu auch Abschnitt 6.6).

2.2 Welche Möglichkeiten gibt es für Unternehmen im einzelnen?

Grundfunktionen des Internet: Bereitstellung und Transport von Information

Um die Nutzungsmöglichkeiten zu systematisieren, ist es sinnvoll, von der Grundfunktion des Internet auszugehen. Das Internet verbindet die Informationstechnologie – sprich Computer – mit der Kommunikationstechnologie – sprich Telekommunikationsnetzen. Es stellt damit ein „integriertes Kommunikationssystem" dar. Der zentrale Mechanismus des Internet ist die Bereitstellung jeglicher Art von Information in digitaler Form und ihr Transport von einem Ort zum nächsten. Ausgehend von dieser Basisfunktion kann man sich die Erkenntnisse der Informationswirtschaft zunutze machen. Die Informationswirtschaft zerfällt in folgende drei Phasen:

Dreiteilung der Informationswirtschaft

Die Informationsbeschaffung

Unter „Informationsbeschaffung" wird hier die Beschaffung und Sammlung von problemrelevanten Informationen verstanden.

Die Informationsorganisation bzw. das Informationsmanagement

Gemeint ist hier die gezielte Verteilung der bei der Informationsbeschaffung gesammelten Informationen, zum richtigen Zeitpunkt an die richtigen Stellen.

Die Informationsverwertung

Bei der Informationsverwertung geht es um die zielgerichtete Nutzung von Informationen durch Organisationen bzw. den Einsatz von Informationen im Rahmen der Unternehmensziele.

Ausgehend von dieser Dreiteilung der Informationswirtschaft und unter Berücksichtigung der Bedeutung von Information und Kommunikation als Produktions- und Wettbewerbsfaktor lassen sich nun die betrieblichen Internet-Nutzungsmöglichkeiten wie folgt systematisieren:

Abb. 2.1:
Die Säulen der
kommerziellen
Internet-Nutzung

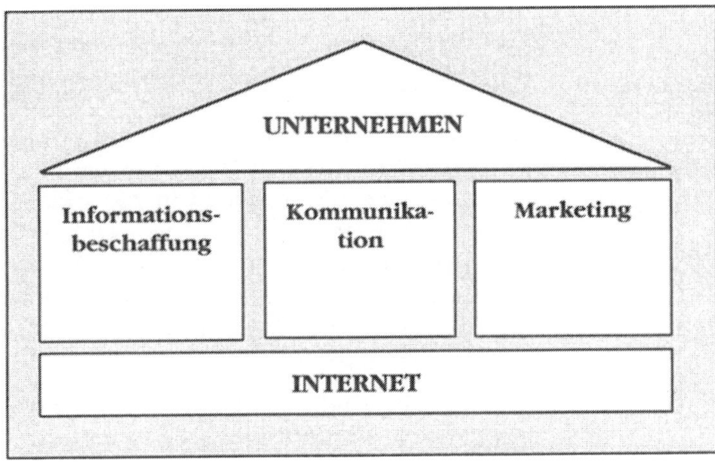

Informationsbeschaffung

Frei zugänglicher
Informationspool

Die Möglichkeiten des Internet zur Informationsbeschaffung sind bei näherer Betrachtung relativ offensichtlich. Sie ergeben sich aus der Vielzahl an frei zugänglichen und größtenteils kostenlosen Datenbanken, welche über verschiedene Internet-Dienste genutzt werden können. So stellt das Internet insgesamt einen gigantischen Informations-Pool dar. Die betriebliche Informationsbeschaffung wird in Kapitel 4 näher betrachtet.

Kommunikation

Elektronische
Kommunika-
tionsmedien

Die Informationsorganisation erfordert in erster Linie die bedarfsgerechte Übermittlung von Informationen an die Entscheidungsträger bzw. an die mit der Lösung bestimmter Probleme befaßten Personen. Zu diesem Zweck hält das Internet als wichtigstes Instrument E-Mail, die elektronische Post, bereit und bietet daneben die Möglichkeit, z.B. News – eine Art öffentliches Diskussionsform im Netz – und andere Dienste im Unternehmen einzusetzen. Die betriebliche Nutzung der Kommunikationsmöglichkeiten des Internet wird in Kapitel 5 beschrieben.

Nutzung und
Bereitstellung
von Informatio-
nen im Netz

bidirektionale
Nutzung

Marketing

Die betriebliche „Verwertung von Informationen" zerfällt in diesem Zusammenhang in zwei Teilaspekte. Zum einen ergibt sich die problemlösungsorientierte Verwendung von im Netz gewonnenen Informationen durch das Unternehmen. Zum anderen besteht die Möglichkeit der zielgerichteten Einbringung von Informationen in das Netz durch Firmen. Unternehmen können für die „Netz-Öffentlichkeit" Informationen bereitstellen oder gezielt verteilen. Hier tritt der Aspekt der Bidirektionalität der Internet-Nutzung deutlich zutage. Jeder Netzteilnehmer kann gleichzeitig Nutzer und Anbieter von Informationen sein.

Da die Informationsbeschaffung im Netz bereits auf die interne Verwertung der Information durch die Organisation ausgerichtet ist, soll der zweite Aspekt, also die Bereitstellung von Unternehmensinformationen im Internet, hier in den Vordergrund gerückt werden. Sucht man einen Oberbegriff für die mit der Informationsbereitstellung verbundenen Ziele und Inhalte, bietet sich das „Marketing" an. Bei der Informationsverwertung werden anstelle des Begriffs „Marketing" auch oft die Bereiche „Bestellung von Produkten" und „Transfer von Informationsprodukten" genannt. Diese Bereiche bzw. Tätigkeiten werden vom „Marketing" mehr als abgedeckt. Der Begriff Marketing geht erheblich darüber hinaus und umfaßt eine Vielzahl weiterer Aspekte. (Siehe zum Marketingbegriff auch Kapitel 6.)

2.3 Die Internet-Dienste im Überblick

Basis- versus
Werkzeug-
dienste

Bei den Internet-Anwendungen oder -Diensten kann man zwischen Basisdiensten und Werkzeugen zur besseren Nutzung dieser Dienste unterscheiden. Die Abgrenzung ist jedoch nicht immer ganz einfach, da eine Reihe von neueren „Werkzeuganwendungen" gleichzeitig auch neue Möglichkeiten geschaffen haben, die über die Leistung der Basisdienste weit hinausgehen. Das World Wide Web etwa bietet mit seinen multimedialen Fähigkeiten neue, zuvor ungeahnte Nutzungsmöglichkeiten. Die Internet-Dienste lassen sich wie in Tabelle 2.1 dargestellt systematisieren.

Neben den Basisdiensten kann man Diskussionsforen, Informationsrecherche-Systeme und Verzeichnisdienste und unterscheiden. Als Basisdienste werden allgemein „Telnet" (zur Fernsteuerung von Computern), FTP (zum Dateitransfer) und E-Mail bezeichnet. Vereinzelt werden auch die (USENET-) News mit zu den Basisdiensten gezählt. Die Basisdienste stellen zugleich auch die ältesten Dienste des Internet dar.

Tab. 2.1:
Systematik der
Internet-Dienste

Basis-dienste	**Diskussions-foren**	**Informations-Recherche-Systeme**	**Verzeichnis-dienste**
Telnet FTP E-Mail	News Mailing-/ Diskussions-listen	World Wide Web Archie Gopher/Veronica WAIS	Finger Whois/Whatis X.500 Netfind

Neuere Dienste

Die neueren Dienste umfassen vor allem die Informationsrecherchesysteme wie Gopher, Veronica, Archie, das World Wide Web und WAIS. Daneben wurden in letzter Zeit eine Reihe von Verzeichnisdiensten zum Suchen und Finden von Personen im Internet geschaffen. Auf die Verzeichnisdienste wie Finger, Whois, Netfind und X.500 wird hier nicht näher eingegangen, da sie für die gewerbliche Nutzung von geringerem Interesse sind. Beschreibungen dieser Dienste finden sich in der Standard-Internet-Literatur; ich möchte mich stattdessen auf die im folgenden aufgezählten Dienste konzentrieren.

E-Mail

Elektronische
Post

Dokumente und Dateien jeder Art können in Sekunden von Computer zu Computer rund um die Welt befördert werden. E-Mail eignet sich zum gezielten Informationsaustausch zwischen Netzbenutzern.

Mailinglisten/Diskussionslisten

automatisierte
Postverteiler

Computerprogramme, die als automatisierte, elektronische Verteiler für Nachrichten agieren. Sendet man eine E-Mail an eine Mailingliste, erhalten alle in der Liste eingetragenen Teilnehmer eine Kopie der Mail.

FTP

Dateitransfer

Ein Dienst bzw. ein Programm, mit dessen Hilfe man auf einen entfernten, fremden Rechner zugreifen kann. Dort kann man sich Verzeichnisse und Dateien ansehen und freigegebene Dateien auf den eigenen Rechner kopieren.

Archie

Dateisuche

Ein Programm, mit dessen Hilfe man FTP-Server finden kann, auf denen bestimmte Dateien gespeichert sind, sofern man den ungefähren Namen der gesuchten Datei kennt.

Telnet

Rechner-
Fernbedienung

Ermöglicht die Anmeldung und Nutzung von entfernten Rechnern. Dort installierte Programme können gestartet und genutzt werden.

News

Schwarze Bretter

Öffentliche „Schwarze Bretter" bzw. Diskussionsforen, an die elektronische Nachrichten „geheftet" werden können. Die Nachrichten können von allen Netzteilnehmern gelesen und beantwortet werden.

Gopher/Veronica

Navigations-
bzw. Recherche-
system

Ein nicht sehr weit verbreitetes, menüorientiertes Navigationssystem, mit dessen Hilfe man ohne Kenntnis von Internet-Adressen im Internet umherreisen und Informationen suchen kann. Seit dem Siegeszug des WWW verliert Gopher an Bedeutung.

WAIS

Datenbank

Ein ebenfalls nicht übermäßig verbreiteter Dienst, der die Volltextsuche in Indexdatenbanken ermöglicht und damit Informationsrecherchen erlaubt, die sich nicht nur an den jeweiligen Dateinamen bzw. Überschriften orientieren.

World Wide Web

Multimedia-, Navigations- und Recherchesystem

Ein multimedialer Dienst, der die Präsentation von Informationen und das Umherreisen zu verschiedensten Internet-Ressourcen ermöglicht. Man hat damit Zugriff auf nahezu das gesamte Internet, auch auf Telnet, FTP, Gopher und ähnliches.

Dienste und Programmnamen

Bei den Basisdiensten wie FTP (Dateitransfer) und Telnet (Fernbedienung von Computern), aber auch bei Werkzeugen wie Gopher oder Archie sind die Dienste häufig auch Programmnamen. „E-Mail" und „World Wide Web" hingegen sind keine Programmnamen. Zur Nutzung des WWW oder zur Versendung von E-Mails sind verschiedene Programme von unterschiedlichen Herstellern erhältlich. Die Software zur Nutzung des WWW wird häufig auch als Browser bezeichnet.

Welchen Dienst wofür nutzen?

Nachdem nun die Internet-Dienste überblickartig vorgestellt wurden, möchte ich kurz umreißen, welcher Dienst sich im Rahmen der kommerziellen Nutzung wofür eignet. Relativ eindeutig ist die gute Verwendbarkeit der Internet-Dienste Telnet, FTP und WWW sowie WAIS und Gopher im Bereich der Informationsbeschaffung. Für die Kommunikation gibt es zwei Favoriten, E-Mail und News. Z.T kann auch das WWW eingesetzt werden. Die anderen Dienste lassen sich zwar ebenfalls auf die eine oder andere Art einsetzen, können aber nicht mit den zuvor genannten konkurrieren. Zum Einsatz im Bereich Marketing eignet sich besonders das World Wide Web. Mit Abstrichen kann man auch E-Mail und unter bestimmten Voraussetzungen die News einsetzen. Die Tabelle 2.2 ordnet die wichtigsten Internet-Dienste den verschiedenen Nutzungsmöglichkeiten zu und verschafft einen ersten Überblick über ihre Anwendbarkeit.

Nutzung	Internet-Dienste				
	E-Mail	FTP	Telnet	News	WWW
Informationsbeschaffung	☆☆☆	☆☆☆☆	☆☆☆	☆☆☆☆	☆☆☆☆☆
Kommunikation	☆☆☆☆☆	☆☆☆	☆☆	☆☆☆☆☆	☆☆☆
Marketing	☆☆☆☆	☆	☆	☆	☆☆☆☆☆

☆☆☆☆☆ = sehr hohe, ☆ = sehr geringe Eignung

Anwendungsformen

Beim Einsatz des Internet in Unternehmen lassen sich drei generelle Anwendungsformen beobachten bzw. unterscheiden.

Information

Bei der reinen *Informationsbeschaffung* können grundsätzlich alle Internet-Dienste genutzt werden. Es werden jedoch meistens keine Daten aus dem Unternehmen anderen zur Verfügung gestellt, d.h. das Unternehmen tritt im Netz nicht in Erscheinung. Der Internet-Anschluß steht meist nur einer begrenzten Anzahl von Mitarbeitern zur Verfügung. Abbildung 2.2 verdeutlicht dies.

E-Mail, News oder WWW für die Kommunikation

Bei der *Kommunikation* können unternehmensintern neben E-Mail auch nichtöffentliche News- oder WWW-Server eingesetzt werden, über die sich die Mitarbeiter informieren können. Die einzelnen Abteilungen können sich darstellen, die Mitarbeiter können untereinander kommunizieren. Nachrichten können als E-Mail an Adressaten innerhalb und außerhalb des Unternehmens gerichtet werden, und die Firma erhält auch E-Mails von außen. Für eine sinnvolle Nutzung der Kommunikationsmöglichkeiten benötigt fast jeder Mitarbeiter einen Internet-Anschluß. Abbildung 2.3 zeigt ein solches Kommunikationssystem auf.

Abb. 2.2:
Informations-
beschaffung

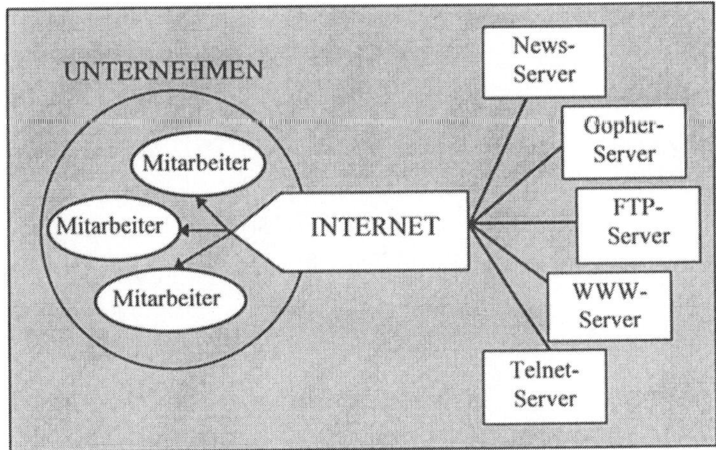

Abb. 2.3:
Unternehmens-
kommunikation

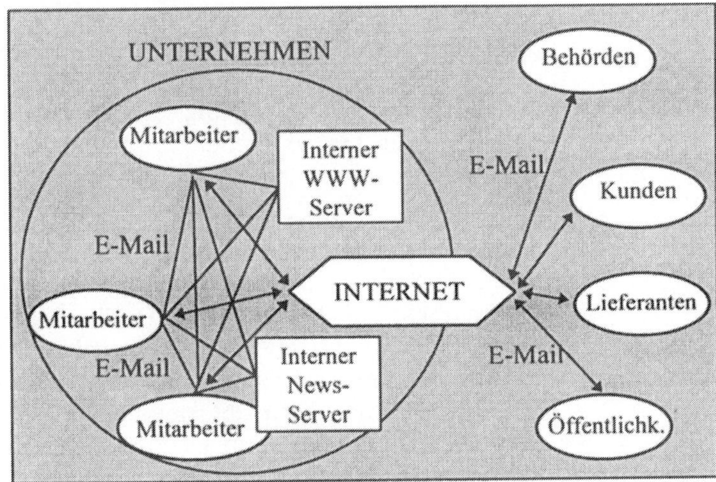

WWW im
Marketing

Für das *Marketing* unterhält die Marketing- bzw. die Ver-
triebs- oder EDV-Abteilung entweder einen eigenen WWW-
Server, oder sie nutzt das Angebot von externen Service-
Providern, die häufig entsprechendes Know-how bei der Erstellung von Web-Seiten sowie den nötigen Speicherplatz auf
ihrem Rechner zur Verfügung stellen. Informationen und Angebote können im Netz plaziert werden. Kunden können

Waren und Dienstleistungen bestellen, und Informationsprodukte können ausgeliefert werden. Abbildung 2.4 zeigt dies auf.

Abb. 2.4:
Marketing im
Internet

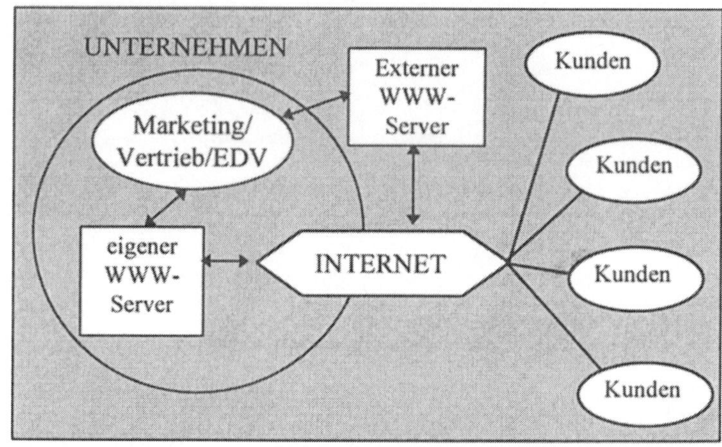

Kombinationen
der Nutzungs-
formen

Die drei dargestellten Nutzungsformen lassen sich selbstverständlich auch in verschiedenen Kombinationen und teilweise unter Einsatz weiterer Internet-Dienste antreffen.

Einsatz in Längs-
und Quer-
schnittsfunktio-
nen

Alle
Hierarchiestufen

Grundsätzlich können die in diesem Buch aufgezeigten Teilbereiche des Internet in allen Längs- und Querschnittfunktionen des Betriebes eingesetzt werden. So können die Kommunikationsmöglichkeiten von E-Mail in jeder Abteilung eines Unternehmens und auf jeder Hierarchiestufe genutzt werden – sofern vernetzte Computer vorhanden sind. Die Möglichkeiten der Informationsbeschaffung sind ebenfalls auf allen Hierarchiestufen denkbar und kommen einer Reihe von betrieblichen Funktionsbereichen zugute. Am stärksten können sie jedoch, wie noch in Kapitel 4 zu zeigen ist, in den Bereichen Forschung und Entwicklung sowie in der Marktforschung genutzt werden. Die angesprochenen Marketingmöglichkeiten des WWW lassen diesen Dienst speziell für Vertriebszwecke nützlich erscheinen. Darüber hinaus sind im WWW aber auch zu vielen Bereichen betrieblich nutzbare Informationen erhältlich.

Betriebliche
Funktions-
bereiche

In Tabelle 2.3 werden die wichtigsten Internet-Dienste den betrieblichen Funktionsbereichen zugeordnet. Die Internet-Nutzungsmöglichkeiten für die einzelnen Bereiche werden im Rahmen der bereits vorgestellten Einteilung in Informationsbeschaffung, Unternehmenskommunikation und Marketing in den anschließenden Kapiteln näher erläutert.

Tab. 2.3:
Internet und betriebliche Funktionen

Dienst / *Funktion*	*E-Mail*	*FTP*	*Telnet*	*News*	*WWW*
F&E	●	●	●	●	●
Marktforschung	●	●	●	●	●
Beschaffung	●			●	●
Logistik	●	●		○	●
Produktion	●			○	●
Marketing	●	●		●	●
Personal	●			●	●
EDV	●	●	●	●	●
Rechnungswesen	●			○	○
Finanzen	●			●	●
Controlling	●			●	●
Geschäftsleitung	●			●	●

(● = volle, ○ = i.d.R. eingeschränkte Nutzbarkeit)

2.4 Die Markt- und Zielgruppengröße

Schätzung der
Anzahl der Internet-Nutzer

Die Anzahl der an das Internet angeschlossenen Computer dient häufig als Grundlage der meist groben Schätzungen über die Anzahl der Internet-Teilnehmer. Eine Faustregel geht von ca. 10 Nutzern pro „Host" – so werden die Rechner im Internet genannt – aus. Es gibt jedoch auch Stimmen, die von 7, 5 oder sogar nur 3,5 Benutzern pro Host ausgehen. Das Problem dabei ist die Tatsache, daß ein Büro-PC und ein angeschlossener Supercomputer bei der Hostzählung den selben Status haben, aber eine unterschiedliche Anzahl Nutzer auf sich vereinigen. Da in letzter Zeit ebenfalls ein Trend zum Anschluß von einzelnen privaten Computern an das Netz vorhanden ist, könnte die Zahl 10 möglicherweise zu hoch angesetzt sein. Andererseits schießen kommerzielle Internet-Provider, die eine Vielzahl von neuen Nutzern über Wählleitungen mit temporären Internet-Adressen an das Netz anschließen, wie Pilze aus dem Boden. Hier werden die Internet-Adressen mehr als nur fünf- oder siebenfach genutzt (siehe dazu auch Kapitel 7).

Zielgruppengröße

Ein Grund für die Zurückhaltung vieler traditioneller Unternehmen in puncto Internet ist die Vermutung einer derzeit noch zu geringen Markt- und Zielgruppengröße des Internet. Den Aufwendungen für die Nutzung des Internet (etwa als Absatzkanal) stehen nach Einschätzungen vieler Unternehmen gegenwärtig keine entsprechenden Einnahmen gegenüber. Auch in den USA, wo ca. ein Drittel aller Haushalte über einen Computer verfügt, sollen bislang nur etwa 7% der Bevölkerung über einen PC mit Modem verfügen. Die Einschätzung dieser Zahlen ist nicht ganz einfach.

Ca. 64 Mio. Internet Nutzer Anfang 1996

Die Zahl der Internet-Nutzer wird nie genau zu ermitteln sein. Für Januar 1996 ergaben sich ausgehend von 3,5 bzw. 10 Nutzern pro angeschlossenem Computer geschätzte Nutzerzahlen zwischen mindestens 33 Mio. und maximal 95 Mio. weltweit. Mittelt man die geschätzten Werte, ergeben sich immerhin ca. 64 Mio. Internet-Nutzer weltweit. Andere Autoren gingen bereits im Herbst 1995 von 40 bis 50 Mio. Nutzern aus. Für 1994 beliefen sich die Schätzungen ausgehend von 10 Personen pro Host noch auf 20-30 Mio. Benutzer.

Skeptischere Schätzungen, wie die des „Projekt 2000", gingen von 16,4 Mio. Personen aus, die im Herbst 1995 in Nordamerika Zugang zum Internet hatten.

Vorsicht: Internet-Nutzer ist nicht gleich WWW-Nutzer

Zu bedenken ist auch, daß nicht alle User das volle Angebot an Internet-Diensten nutzen können. Einige Nutzer verfügen nur über eine preiswerte E-Mail-Anbindung und können das für das Marketing relevante World Wide Web nicht nutzen.

Auch in Unternehmen wird den Mitarbeitern oft E-Mail angeboten, nicht aber die Nutzung der anderen „unterhaltsamen" Möglichkeiten des Netzes. Ein Internet-Nutzer ist also nicht notwendigerweise auch ein WWW-Nutzer. Schätzungen gingen von etwa 8 Mio. WWW-Nutzern weltweit im Jahre 1994 aus. Für Oktober 1995 wurden weltweit etwa 18 Mio. WWW-Nutzer geschätzt. Auch hier errechnete das „Projekt 2000" niedrigere Werte, nämlich ca. 11,5 Millionen im Herbst 1995.

Zusammen über 2 Mio. WWW-Nutzer

Unternehmen, die nur den deutschen Markt bedienen wollen, konnten Schätzungen zufolge Anfang 1995 in Deutschland nur etwa 150.000 Personen über das Internet erreichen. Diese Zahl hat sich mittlerweile vervielfacht; dafür sprechen nicht nur die Absatzzahlen der Modem-Produzenten, die Rekordhöhen erreichen. Geht man von Deutschlands Anteil an den etwa 9,47 Mio. Internet-Rechnern[1] – ca. 4, 8% – aus und unterstellt, daß es keine Unterschiede bei der Verteilung der WWW-Nutzer auf einzelne Länder gibt, so hatten (bei weltweit 18 Mio. WWW-Nutzern) bereits im Oktober 1995 etwa 860.000 Internet-Nutzer in Deutschland Zugang zum World Wide Web. Diese Zahl beinhaltet dabei weder die mittlerweile eine Million T-Online-Kunden noch die Nutzer von CompuServe, die ebenfalls auf das WWW zugreifen. Insgesamt dürfte die Zahl der deutschen Nutzer damit schon Anfang 1996 über 2 Mio. gelegen haben.

Marktvolumen und Marktpotential Homeshopping

Beim Marketing im Internet geht es gegenwärtig trotz der Nutzerzahlen in Millionenhöhe noch um kein großes Marktvolumen. 1994 wurden weltweit geschätzte 100 Mio. US-Dollar über das Internet umgesetzt. Zwischen 1,5 und 2,5 Mio. Amerikaner haben bereits über das Internet Waren oder Dienstleistungen bezogen. Als Marktpotential für die Zukunft führen die Optimisten der Branche jedoch den gesamten Versandhandelsumsatz an. 1994 wurden weltweit ca. 53 Mrd. US-Dollar im Versandhandel über Kataloge umgesetzt. Dazu kommen noch rund 2,5 Mrd. US-Dollar Umsatz weltweit im

---

[1] Die Zahl 9,47 ist vom Januar 1996. Da die Zahl der weltweit angeschlossenen Hosts inzwischen die 10 Mio.-Grenze durchbrochen hat, werden selbst überhöhte Schätzungen in kurzer Zeit von der Realität eingeholt.

Bereich „TV Homeshopping". Deutschland liegt bei den jährlichen Pro-Kopf-Versandhandelsausgaben mit über 460 DM weltweit an erster Stelle. Dies erklärt auch das Engagement deutscher und internationaler Versandhandelsfirmen im Internet, die recht schnell begonnen haben, den neuen Markt zu erkunden. Es wird dabei davon ausgegangen, daß jemand, der per Katalog bzw. „Mail-Order" einkauft, auch bereit ist, per „Online-Order" einzukaufen. Dem stehen jedoch bisweilen noch Akzeptanzprobleme entgegen (siehe dazu Abschnitt 8.4).

Literatur

Ein gute Einführung in die Benutzung der wichtigsten Internet-Dienste bietet:

Nolden, Mathias: Der erfolgreiche Einstieg ins Internet, Frankfurt/M., Berlin, 1995.

Scheller, Martin; Boden, Klaus-Peter, Geenen, Andreas et.al.: Internet: Werkzeuge und Dienste, Berlin, Heidelberg, New York, 1994.

Gute Übersichtsartikel zur betrieblichen Internet-Nutzung sind:

Anderson, Christopher: The Internet: The Accidental Superhighway: A Survey of the Internet, *in:* The Economist, Vol. 336, No. 7921, July 1st, 1995, Suppl. S. 1-20.

Birkelbach, Jörg: Financial Services im Internet, *in:* Die Bank, o.Jg., Heft 7, 1995, S. 388-393.

Jaros-Sturhahn, Anke; Löffler, Peter: Das Internet als Werkzeug zur Deckung des betrieblichen Informationsbedarfs, *in:* IM Information-Management, 10. Jg., Heft 1, 1995, S. 6-13.

Kotschenreuther, Jürgen: Auf dem Weg zum „Global Village", *in:* Diebold Management Report, o. Jg., Heft 8/9, 1994, S. 3-6.

3 Das Internet

Nachdem in Kapitel 2 die einzelnen Internet-Dienste schon kurz angesprochen wurden, möchte ich in diesem Kapitel die Grundlagen des Internet näher erläutern. Der mit dem Internet vertraute Leser kann diese Abschnitte bedenkenlos überspringen, der Internet-Einsteiger sollte sie jedoch lesen, da es zum Verständnis der Möglichkeiten und der Grenzen des Internet wichtig ist, seine Funktionsweise zumindest grob zu kennen.

Das Internet stellt eine Verbindung zwischen (lat.: „inter" = zwischen) bestehenden Elementen, in der Regel Teilnetzen – sogenannten Subnetzen – dar. Es wird auch oft als „Metanet" oder als „Netz der Netze" bezeichnet.

Anders als kommerzielle Online-Dienste wie T-Online oder CompuServe bezeichnet das Wort „Internet" kein bestimmtes Netz, sondern die Möglichkeit, verschiedene, voneinander unabhängige Netze miteinander zu verbinden. Das Internet ist eine sich selbst organisierende Ansammlung von Netzen. Jedes verfügt über eigene Ressourcen, und alles steht allen Nutzern auf der Welt offen. Dies ist der Grundgedanke des Internet: die globale Verbreitung von Informationen. In der Realität stellen allerdings nicht alle Nutzer auch ihrerseits Ressourcen bzw. Informationen zur Verfügung.

Um zu beschreiben, was das Internet genau ist, könnte man versuchen, enumerativ seine einzelnen Bestandteile und Teilnetze heranzuziehen. Da das Netz jedoch einem ständigen Wandel unterliegt, sich mit großer Geschwindigkeit ausbreitet und sich auch qualitativ weiterentwickelt, würde dieser Versuch immer einzelne Aspekte unberücksichtigt lassen.

Definitionsansatz

Eine mögliche Definition setzt an der software-seitigen Realisierung der Netzwerkstruktur an. Danach kann unter dem Begriff „Internet" die Summe aller mittels „TCP/IP" (Transmission Control Protocol/Internet Protocol, siehe dazu auch Abschnitt 3.1.1) miteinander verbundenen Netze und Rechner verstanden werden. Erst das „TCP/IP" bzw. die darauf aufbauenden Protokolle ermöglichen die Interaktivität und damit die Anwendungen, die das Netz so populär gemacht haben. Man könnte dies auch als das Internet im engeren Sinne betrachten. Diese Eingrenzung läßt Netze wie das „BITNET", „UUCP" (UNIX to UNIX Copy Protocol) oder „FidoNet" außer Acht, auch wenn diese über sogenannte „Gateways" einen Teil der Dienste im Internet nutzen können.

Gateways

Gateways dienen dazu, Teilnetze, die nicht das TCP/IP-Protokoll verwenden, mit dem Internet zu verknüpfen. Es handelt sich meist um Rechner, die die unterschiedlichen Kommunikationsprotokolle übersetzen. Damit können z.B. CompuServe-Nutzer auf das Internet zugreifen, und umgekehrt können elektronische Nachrichten aus dem Internet an CompuServe-Nutzer geleitet werden. Auch sind heute fast alle Netze in der Lage, via E-Mail mit dem Internet zu kommunizieren und dadurch bestimmte Dienste des Internet indirekt – über Mailroboter – zu nutzen, obwohl sie kein TCP/IP verstehen.

Netz anderer Protokolle

Listserv

Die Netze der anderen Protokolle sind selbständige Einheiten, auch wenn Teile dieser Netze einen wichtigen Beitrag zum Internet leisten. So stellt das BITNET die „Listservs" zur Verfügung, das sind themenorientierte Listen mit „E-Mail-Adressen", in die sich Nutzer aus unterschiedlichen Netzen eintragen können. Will man eine E-Mail an jeden Teilnehmer einer Themengruppe senden, schickt man sie nur einmal an die „Listservs". Von dort wird sie automatisch an alle eingetragenen Teilnehmer versendet. Dieser Service wird von einem Großteil der Internet-Nutzer als selbstverständlicher Bestandteil des Internet betrachtet, auch wenn er technisch gesehen nicht im Internet abläuft.

News	Ein ganz ähnliches Phänomen stellen die USENET News dar. Das USENET ist kein physisch existentes, sondern ein „virtuelles Netz" ohne eigene Leitungen. Es basierte ursprünglich auf dem „UNIX to UNIX Copy"-Protokoll, heute wird jedoch meist das NNTP (Network News Transfer Protocol) verwendet, das auf TCP/IP aufsetzt. Auch diejenigen USENET-Rechner, die noch immer über UUCP angeschlossen sind und damit außerhalb des TCP/IP-Netzes liegen, werden von der Mehrheit der Nutzer als integraler Bestandteil des Internet betrachtet.
Core- und Consumer- Internet	Weiterhin kann danach unterschieden werden, ob die Rechner im Internet nur als Nutzer von Ressourcen in Erscheinung treten, oder ob sie auch als Anbieter von Informationen oder Dienstleistungen im Netz aktiv werden. Letztere bilden das „Core-Internet", erstere das „Consumer-Internet". Das „Consumer-Internet" könnte auch als Internet im weiteren Sinne bezeichnet werden. Hierunter fallen z.B. auch Firmen, die das Netz zu Informationszwecken nutzen, aber Fremden keinen Zugang zu ihrem eigenen Netz oder Knoten gewähren.
Internet-Definition in diesem Buch	Die diesem Buch zugrundeliegende Definition des Internet baut auf dem Internet-Protokoll als Abgrenzungskriterium auf und umfaßt alle Rechner, die über das TCP/IP miteinander kommunizieren, unabhängig davon, ob nur sie Ressourcennutzer oder Nutzer und Anbieter von Ressourcen in einem sind. Sie schließt auch die „USENET News" und die „Listservs" des BITNET mit ein.
Nicht miteinbezogene Netze	Netze, die nur E-Mail nutzen können, wie z.B. die kommerziellen E-Mail-Anbieter „MCI-Mail" oder „SprintNet" und kommerzielle Online-Dienste mit einem Gateway zum Internet, wie etwa „CompuServe" oder T-Online, werden in diesem Buch nicht zum Internet gezählt, womit jedoch keine Qualitätsaussage über die Internet-Gateways dieser Netze verbunden ist (so wird ein T-Online-Benutzer i.d.R. kaum merken, daß er nicht im „echten" Internet zu Gange ist). Abbildung 3.1 auf der folgenden Seite verdeutlicht diese Definition graphisch.

Abb. 3.1:
Internet und
Netze

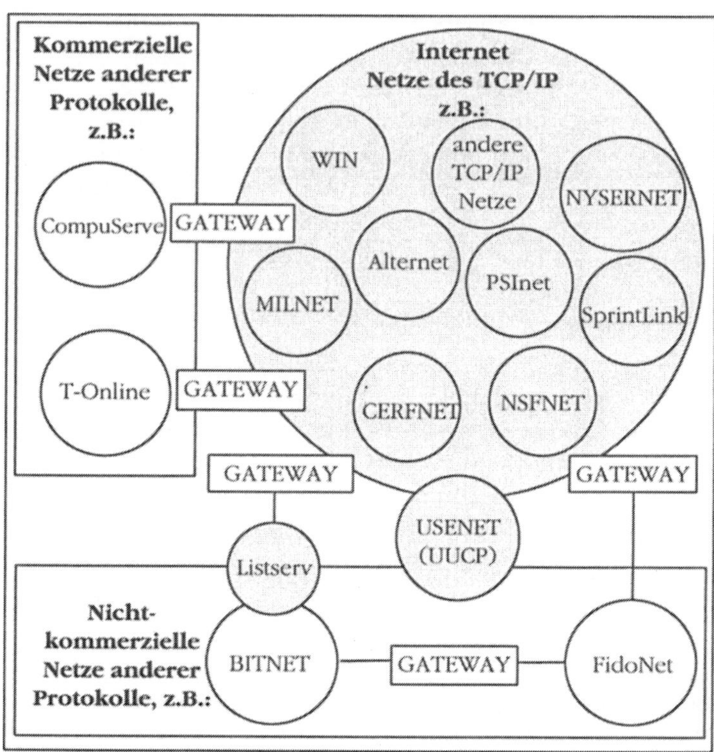

3.1   Wie das Internet funktioniert

Verbindung unterschiedlicher Rechner und Netze

Kein zentraler Betreiber

Wie eingangs beschrieben, ist das Internet ein Netz, das mittels des Kommunikationsprotokolls TCP/IP unterschiedlichste Rechnertypen und Netze miteinander verbindet. Das Netz lebt von der „individuellen" Zusammenschaltung verschiedener Subnetze. Es gibt keinen zentralen Betreiber, sondern eine Vielzahl von Betreibern angeschlossener Rechner und Netze auf der ganzen Welt. In den USA, wo sich das Internet formierte, sind die Betreiber dieser Subnetze Universitäten, militärische Einrichtungen, die Regierung, nationale, regionale und kommunale Behörden, Unternehmen, Forschungsinstitute, Bibliotheken, Schulen, Krankenhäuser, usw. sowie Privatleute.

Die lokalen Netze (Local Area Networks), wie z.B. „Inhouse-Systeme" mit mehreren vernetzen Arbeitsplätzen oder Mainframe-Rechnern an einem Standort, stehen neben den sogenannten MAN (Metropolitan Area Networks), in denen sich in den USA z.B. kleinere Schulen, Bibliotheken oder die Stadtverwaltung engagieren. Sie erstrecken sich über einen kommunalen Bereich. Daneben bilden große Unternehmen wie Banken und Versicherungen mit Filialnetzen überregionale Networks, sogenannte WANs (Wide Area Networks). Auch diese können an das Internet angeschlossen werden (siehe auch Abbildung 3.2).

Internet-Knoten

Werden Firmen oder andere Organisationen an das Internet angebunden, stellen sie einen Internet-Knoten dar und können entsprechende Knotenfunktionen ausüben. Jeder Rechner – und sei es nur ein IBM-kompatibler PC oder ein Macintosh – kann eine Knotenfunktion übernehmen, sofern ein weiterer Rechner an ihn angeschlossen wird. Die dezentrale Konzeption des Internet ermöglicht den einfachen Anschluß aller Rechnertypen und damit das schnelle Wachstum des Netzes an seinen „Rändern".

Wachstum des Netzes an seinen Rändern

Provider und Vereine

Eine an das Internet angebundene Firma kann anderen einen Anschluß kommerziell zur Verfügung stellen. Sie könnte auch ihren Mitarbeitern erlauben, sich nach Feierabend von zu Hause aus über den Firmenrechner an das Internet anzuschließen. Sie baut damit ein eigenes Netz auf. Firmen, deren Hauptgeschäftszweck die kommerzielle Anbindung anderer an das Netz ist, werden „Provider" genannt; sie besitzen typischerweise eine weit leistungsfähigere Anbindung als ein Unternehmen, das das Netz nur zu eigenen Zwecken nutzen will.

In Deutschland existieren auch einige Vereine, in denen sich Nutzer zusammengeschlossen haben. Diese Vereine sind nicht auf Gewinnerzielung ausgerichtet und können Interessenten Zugänge zu günstigen Konditionen anbieten, da sie gegenüber anderen Providern als Großabnehmer auftreten.

<table>
<tr><td>Nationale Back-
bones</td><td>

Landesweite „Datentransport-Rückgrate", sogenannte „Backbones", werden von großen nationalen Institutionen betrieben. In der Regel sind dies größere Rechenzentren, in den USA meist „Supercomputing-Zentren", d.h. Standorte von Hochleistungscomputern. Diese Zentren verfügen über „dedizierte" Verbindungen – sprich Standleitungen – zu anderen Backbone-Knotenpunkten. Sie werden permanent für den Zweck der Datenverbindung unterhalten. In den USA herrschen hier sogenannte T1- und T3-Verbindungen mit Übertragungsgeschwindigkeiten von 1,54 bzw. 45 Mbps (Megabit pro Sekunde) vor. An die Backbones werden die weniger stark frequentierten Rechner und die regionalen Netzwerke mit niedrigeren Geschwindigkeiten wie z.B. 64 Kbps angeschlossen (dies entspricht einem ISDN-Anschluß). Die nationalen Backbones sind international miteinander verbunden und ermöglichen auf diese Weise die globale Nutzung des Netzes.

</td></tr>
</table>

Abb. 3.2:
Netzhierarchie

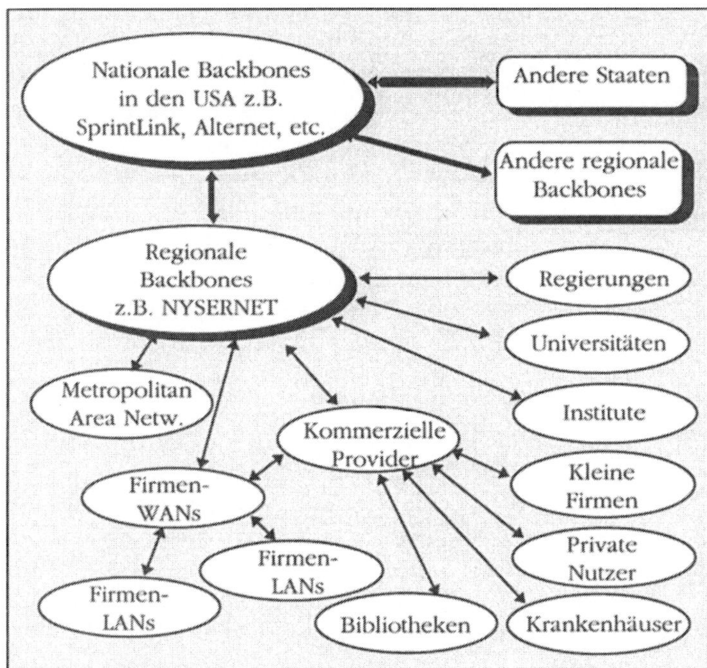

Router ermitteln den Weg durchs Netz

Damit die Daten ihren Weg von einem zum anderen Computer finden, agieren die Knotenpunkte als „Router", d.h. sie lesen die Zieladresse auf den Datenpaketen und senden sie weiter in Richtung Zielort. Dabei können sie für jedes Datenpaket einzeln die günstigste Route ermitteln (Dynamic Routing) und so mögliche Überlastungen oder ausgefallene Stationen umgehen. Daß es dennoch zu Engpässen kommt, liegt unter anderem daran, daß zu bestimmten Stellen im Netz nur ein Weg führt und die entsprechenden Leitungen und Rechner eine bestimmte Kapazitätsgrenze besitzen. Auch wenn mehrere Zugänge existieren, kann das Datenvolumen die Rechner oder die Netze überlasten.

Gesamtkosten des Internet-Betriebs

Die Betriebskosten des Internet können in zwei Bereiche aufgegliedert werden. Zum einen entstehen Kosten für die individuelle Anbindung an das Netz. Sie beinhalten die Anschluß-, Bereitstellungs- und die Telefonkosten zum nächsten Einwählpunkt. Diese Kosten werden in Abschnitt 7.2. behandelt. Daneben entstehen Kosten für den Betrieb der regionalen, nationalen und internationalen Netzverbindungen und die Verwaltung der angeschlossenen Teilnetze, Router und Gateways. Diese Kosten werden von den Betreibern der jeweiligen Teilnetze und Anlagen selbst getragen. D.h. die Firmen, Universitäten, Institute, etc. im Netz kommen für diese Kosten auf. Die Kosten der nationalen und zum Teil auch der regionalen Netze werden von größeren Organisationen getragen, die häufig staatlich finanziert werden.

3.1.1   Das Internet-Protokoll

Es soll an dieser Stelle keine detaillierte Beschreibung der technischen Vorgänge erfolgen, sondern nur kurz die Idee der Computerkommunikation im Rahmen des Internet dargestellt werden.

TCP/IP

Um die Vernetzung unterschiedlichster Computertypen und unterschiedlicher Teilnetze zu ermöglichen, wurde das bereits erwähnte TCP/IP entwickelt. Dieses maschinenunabhängige Übertragungsprotokoll sorgt dafür, daß die vom Versender aufgegebenen Informationen in „handliche" Datenpakete auf-

Datenpakete

geteilt werden, die in der Regel nicht größer als 1.500 Byte sind. Das TCP übernimmt die Kontrolle über den sicheren Transport, d.h. es ermöglicht durch Numerierung der einzelnen Pakete die Überprüfung, ob die empfangenen Daten vollständig sind und sorgt für die korrekte Aneinanderreihung der übermittelten Informationen beim Empfänger. Dies ist wichtig, da die Pakete durch das Dynamic Routing nicht unbedingt in der richtigen Reihenfolge beim Empfänger ankommen.

Zweistufige
Arbeitsweise des
TCP/IP

Das „IP" (Internet Protocol) sorgt ähnlich einer Briefadresse für die richtige Ankunft der Datenpakete beim Empfänger. Jedes Paket erhält einen Absender und eine Zieladresse, die in einem „Header" dem jeweiligen Datenpaket vorangestellt werden. Die Arbeitsweise des TCP/IP ist also zweistufig. Stufe eins beinhaltet die IP-Internet-Adressen des Zielcomputers und des Absenders. Stufe zwei enthält die TCP-Informationen für die Überprüfung und Zusammensetzung der Daten durch den Zielrechner. Dazwischen befinden sich die zu übermittelnden Informationen.

Dienstspezifische Protokolle

Zur Nutzung der einzelnen Internet-Dienste werden bestimmte dienstspezifische Protokolle vereinbart, die auf dem TCP/IP aufbauen. Dadurch, daß die Anbieter von Informationen im Netz sich an die jeweiligen Protokolle halten, können die Nutzer mit unterschiedlichen Arten von Anwendungssoftware die Dienste nutzen. Abbildung 3.3 auf der folgenden Seite zeigt einige der möglichen Protokolle für die wichtigsten Dienste sowie Beispiele für deren Verwendungen.

Abb. 3.3:
Protokolle, Dienste und Anwendungen

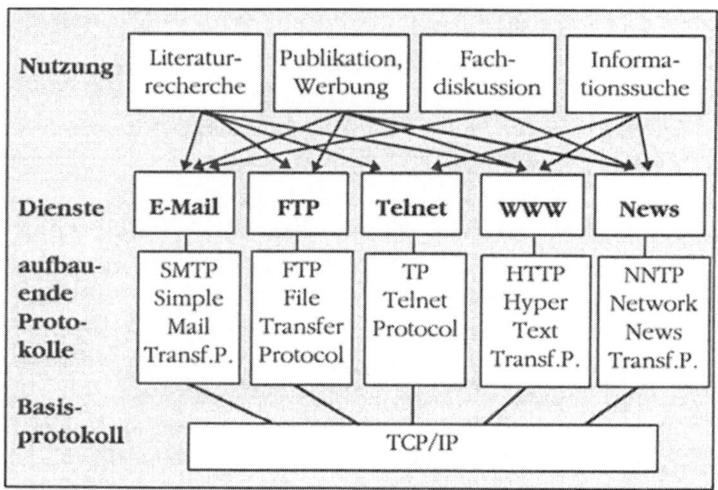

Basisprotokoll und aufbauende Protokolle

Jeder einzelne Dienst fußt auf einem eigenen Protokoll, welches wiederum auf TCP/IP als Basisprotokoll beruht. Die Nutzungsmöglichkeiten der einzelnen Dienste sind nicht überschneidungsfrei. So haben die Anbieter von Information die Wahl, in welcher Form – sprich über welches Protokoll – sie ihre Daten im Internet bereitstellen wollen.

3.1.2	**Das Domain-Name-System**

Adressensystem

Damit Computer miteinander kommunizieren können, benötigen sie eine eindeutige Adresse. Es gibt zwei Arten von Computeradressen im Internet: die ursprünglichen numerischen „Internet Protocol"-Adressen (z.B. „115.13.28.21") und eine für Menschen einfachere Buchstabenversion (z.B. „www.microsoft.com"). Diese Buchstabenadresse des Computers im Internet wird auch „Domain Name" genannt. Die Adressen werden auf die eine oder andere Weise in allen Diensten des Internet gebraucht. Die Zuordnung der Computeradressen erfolgt hierarchisch über das DNS (Domain-Name-System). An verschiedenen Punkten der Welt stehen „Domain-Name-Server", das sind Rechner bzw. Programme, welche die Adressen verwalten. Jeder untergeordnete Bereich verwaltet die Adressen in seinem Bereich. Beispielsweise verwaltet ein Rechner die Domain-Adressen für Deutschland, eine Universität verwaltet die Adressen ihrer Subnetze, die Subnetze ihrerseits verwalten die Adressen einzelner Rechner.

Domain

Beispiel für eine Rechneradresse

Die Buchstabenversionen werden mittels der Domain-Name-Server in die rechnerlesbaren Internet-Adressen umgewandelt. Der „Domain-Name" des Rechners ALF der Universität Bremen lautet z.B.: „alf.zfn.uni-bremen.de" Die Internet-Adresse des ZfN (Zentrum für Netze) an der Universität Bremen lautet dagegen: „134.102.20.x". Das bedeutet, daß das ZfN ein Paket von 254 IP-Adressen (x im Bereich 1 bis 254) beliebig den verwalteten Rechnern zuweisen kann. Außerdem betreibt das ZfN einen eigenen DNS-Server, der die Namen und Nummern der eigenen Rechner kennt. Will ich nun eine Verbindung zum Rechner „alf" aufbauen, so wird automatisch zunächst der zuständige DNS-Server nach der zugehörigen IP-Nummer gefragt (bei „alf" ist das die 134.102.20.22), und dann kann die Verbindung hergestellt werden.

Welcher DNS-Server für „zfn.uni-bremen.de" zuständig ist, erfährt mein Rechner wiederum von einem übergeordneten

DNS-Server usw.; beim DNS liegt also ein hierarchisches Konzept vor.[1]

Firmenrechner im Netz – Beispiel DEC

Hinter einer „Domain" können sich eine Vielzahl von Hosts verbergen. So hat die amerikanische Computerfirma Digital Equipment (DEC) ca. 31.000 Rechner am Netz. Probleme ergeben sich derzeit aus dem begrenzten Adreßraum im Internet. Es können nur Zahlen zwischen 0 und 255 je Abschnitt der Adresse verwendet werden, da sie durch 1 Byte dargestellt werden. Rechnerisch ergibt sich die astronomische Zahl von 256^4 möglichen Adressen, aber in der Praxis werden oft sehr große Nummernräume für Institutionen reserviert, auch wenn diese nur wenige Rechner betreiben.

Adressen-Endungen

Während in den meisten Ländern der Erde die Endung der Domain-Adressen (Top-Level-Domain) das jeweilige Land angibt, in dem der Rechner arbeitet, haben sich in den USA die in der Tabelle 3.1 abgebildeten Endungen entwickelt.

Tab. 3.1: Top-Level-Domains in den USA

Endung	*Art der Organisation*
com	Kommerzielle Organisationen (Firmen)
edu	Ausbildungseinrichtungen (z.B. Universitäten)
gov	Einrichtungen des Staates, nicht militärisch
mil	Militär (Heer, Marine, etc.)
org	Andere Organisationen (z.B. Greenpeace)
net	Netzwerk-Ressourcen/Institutionen

Adressenbeispiele

Mittlerweile gibt es auch in anderen Ländern Adressen, die Aufschluß über die Organisationszugehörigkeit geben, z.B. gemischte Formen, wie „www.apollo.co.uk.", die „co." für „commercial" bzw. „company" und „uk" als Landeskennung enthalten. Es existieren aber auch deutsche Firmen, die sich nach amerikanischem Vorbild „com" nennen und auf die

---

1 Die Darstellung ist stark vereinfacht. In der Realität wird die Effizienz des DNS-Systems noch durch Caching-Algorithmen erhöht.

Top-Level-Domain „de" verzichten, wie z.B. „www.daimler-benz.com". Die Daimler Benz AG hat sich also dafür entschieden, die Adresse für ihren Internet-Server nicht bei der Verwaltung der .de-Domains zu beantragen (DE-NIC), sondern in den USA, wo die .com-Domains verwaltet werden (InterNIC). Da die Adressen hierarchisch verwaltet werden, können auch Provider Adressen vergeben. Sie verfügen über eine Domain und verwalten entsprechend die Rechnernamen der Sub-Domains (siehe auch die Beispiele für Internet-Firmenadressen sowie die Adressen des DE-NIC und InterNIC im Anhang).

3.1.3   Die Client/Server-Softwarearchitektur

Viele Teile des Internet beruhen auf der „Client/Server-Softwarearchitektur". Auf der Anbieterseite steht auf einem Hostrechner ein „Server-Programm" zur Verfügung, z.B. für den Internet-Dienst Telnet. Der „Systemadministrator" des Hostrechners ermöglicht auf diese Weise über das Internet allen, die über ein entsprechendes „Telnet-Client-Programm" verfügen, den Zugriff auf diesen Dienst in seinem Rechner. Das Server-Programm antwortet auf die Anforderungen des Client-Programms.

Client auf dem PC oder auf dem Zugangsrechner

Auf der Nutzerseite muß das „Client-Programm" entweder auf dem Rechner des Nutzers selbst oder auf dem seines Internet-Zugangsanbieters installiert sein. Der Nutzer kann dann direkt vom Arbeitsplatz oder von zu Hause aus den jeweiligen Dienst an seinem Computer in Anspruch nehmen. Ist der „Client" nur auf dem Rechner des Zugangsanbieters vorhanden, dann muß der Nutzer von seinem PC aus über ein Kommunikationsprogramm den Telnet-Client dort aufrufen und fernsteuern, um von dort aus per Telnet Zugang zu einem entfernten, fremden Rechner im Internet zu bekommen. Dieser Aspekt ist u.a. abhängig von der Art des Internet-Anschlusses (siehe dazu auch Abschnitt 7.2). Die direkte Internet-Anbindung, die die Nutzung von Programmen auf dem eigenen Rechner erlaubt, ist i.d.R. vorzuziehen, da die Nutzung von Software, die nur auf dem Rechner des Providers zur Verfügung steht, in den meisten Fällen umständlicher ist.

Zeichen- bzw. zeilenorientierte Software versus graphikorientierte Software

Es kann generell zwischen „zeilen- bzw. zeichenorientierter" und „graphischer" Software unterschieden werden. Die Bedeutung der zeichenorientierten Clients sinkt stark, da die Highlights des Internet – allen voran das World Wide Web – damit nicht ausgereizt werden können. Die graphikorientierten Programme nutzen die Möglichkeit der „Fenstertechnik" und der „Maussteuerung" und vereinfachen so die Anwendung. Man muß sich nicht an neue Benutzeroberflächen gewöhnen, sondern arbeitet mit den vertrauten Techniken.

Abb. 3.4:
Mosaic Internet-
Browser

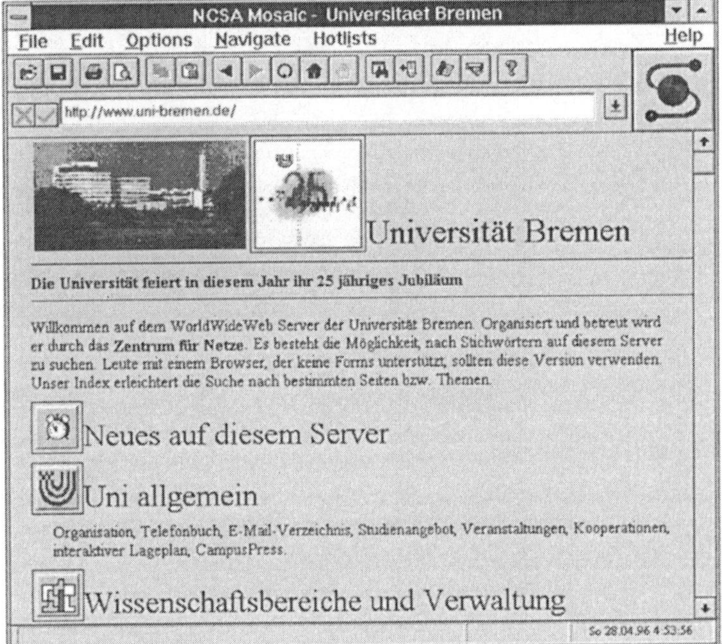

WWW-Browser

Mittlerweile hat sich die Benutzung des Internet entscheidend weiterentwickelt. Moderne Software, die für die Nutzung des World Wide Web entwickelt wurde, vereinigt heute die gängigen Internet-Anwendungen unter einer einzigen graphischen Oberfläche. Die Programme „Cello" und „Mosaic" (siehe Abbildung 3.4) gehörten zu den ersten, die diese Möglichkeiten boten. Diese Programme werden „Browser" (engl. to browse = schmökern, durchstöbern) genannt. Die Nutzung fast aller Dienste des Internet mit nur einem Programm bietet der „Netscape Navigator 2.0" an. (Abbildung 3.5) Das World Wide Web sowie alle anderen wichtigen Dienste inklusive der News können damit genutzt werden, und auch das Lesen und Schreiben von E-Mail ist mit dieser Programmversion möglich. Der Navigator 2.0 ist gegenwärtig der Standard-Browser für das WWW. Das Programm ist kostenlos zu beziehen über http://www.netscape.com/.

Abb. 3.5:
Netscape
Navigator 2.0

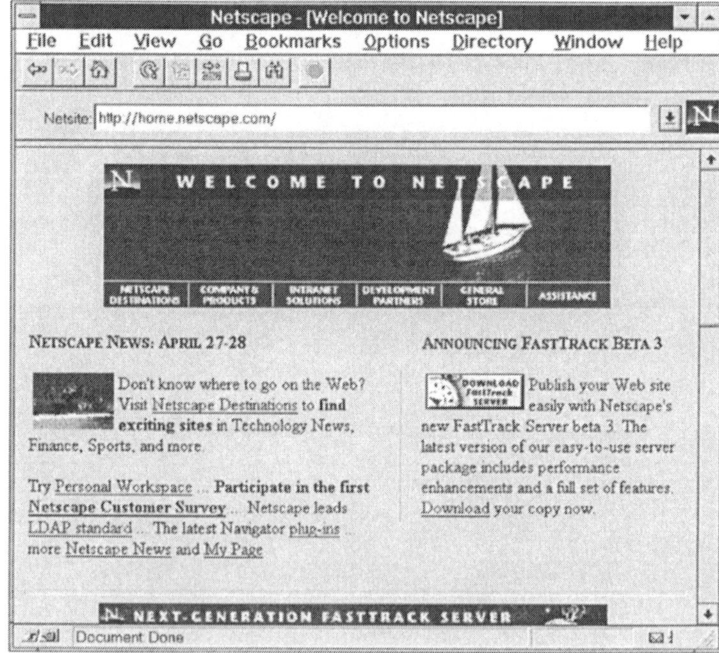

Versionen für
andere Rechner-
typen

Zu fast allen Programmen des Internet gibt es Versionen für Unix, Windows oder Mac-Rechner. Da fast die gesamte Software entweder komplett oder in einer „abgespeckten" Version im Netz frei erhältlich ist, verbreiten sich Neuheiten und Verbesserungen bei der Applikationssoftware schnell. Bestimmte Programme wie „Telnet" oder „Mail" sind häufig bereits im für das Internet wichtigen Unix-Betriebssystem integriert.

Server-Software

Die „Server-Programme", welche die Zugriffe aus dem Netz auf die bereitgestellten Daten regeln, sind meist für Unix-Rechner konzipiert. Erst in jüngster Zeit werden auch Server-Programme für Macintosh und Windows-PCs angeboten. In den USA sind bereits erste „Plug and Play" Server auf PC-Basis auf dem Markt; auch Linux als kostenloses Unix-System für Intel-PCs ermöglicht den preiswerten Einstieg. Durch das Wegfallen hoher Anschaffungskosten für Unix-Rechnersysteme wird es immer mehr Kleinstfirmen und Privatpersonen möglich, als Anbieter mit eigenem Rechner im Internet aufzutreten.

Hersteller und Kosten

Die Kosten für die Server-Software sind unterschiedlich. Es gibt auch hier gute Produkte als Free- oder Shareware im Internet. Vor allem die folgenden Firmen bieten Server-Software an:

- NCSA (Marktanteil 01/96 = 34,5%)
- Apache (20%)
- Netscape (14,7%)

Das Neue Server-Paket von Netscape namens „SuiteSpot" beispielsweise integriert gleich mehrere verschiedene Server (WWW, News, etc.) und nützliche Werkzeuge und kostet US$ 3.995,–. Anfang 1996 hat auch Microsoft mit dem Microsoft Internet Information Server seinen ersten Server auf den Markt gebracht.

3.2   Internet weltweit: die Netztopographie

Geographische Verteilung der Rechner

Unter der „Netztopographie" wird die geographische bzw. räumliche Verteilung der am Netz beteiligten Rechner verstanden. Es ist eindeutig, daß das Internet seinen Schwerpunkt in den USA hat, über 63% der Internet-Computer sind hier zu finden. Daneben steht Westeuropa mit etwa 1,5 Mio. Hosts (entsprechend ca. 22,5%) an zweiter Stelle. Weitere Schwerpunkte liegen in Osteuropa sowie in Ostasien. In Osteuropa sind vor allem Polen, Tschechien und Ungarn gut angebunden. In Ostasien sind Japan, Taiwan, Hongkong, Süd-Korea und Singapur am weitesten vorangeschritten. Afrika scheint vom Internet abgeschnitten zu sein. Einziger Lichtblick hier ist Südafrika, das mit rund 50.000 Hosts sogar mehr Computer am Netz hat als Belgien. Abbildung 3.6 auf der folgenden Seite zeigt die 20 Länder mit den meisten Hosts weltweit.

Über 100 Nationen

Nach der „Domain-Zählung" vom Juli 1995 verteilten sich damals die 6,6 Mio. Hosts auf 102 Nationen. Die Hosts der 20 wichtigsten Länder stellen bereits über 93% aller Hosts des Internet dar. Die übrigen 7% entfallen auf die restlichen 82 Staaten.

Besondere Stellung kleiner Länder im Netz

Ein weiterer Aspekt der Netztopographie ist die besondere Stellung kleinerer Länder im Rahmen des Internet. Diese tritt zutage, wenn man die Anzahl der Hosts eines Landes über die Bevölkerungszahl standardisiert. Die USA lagen im Januar 1995 mit fast 13 Hosts pro 1.000 Personen recht weit vorn, sie wurden aber noch von Finnland mit über 14/1.000 übertroffen. Hinter den USA folgten Österreich, Neuseeland und Schweden mit 8-9/1.000 auf den Rängen drei bis fünf. Die Schweiz, Norwegen und Kanada belegten mit 7-8 Hosts pro tausend Einwohnern die Plätze sechs bis neun. Die Niederlande, Dänemark und Großbritannien belegten Platz zehn bis zwölf und lagen vor Deutschland. Japan und Korea lagen ebenso wie die europäischen Mittelmeeranrainer recht weit zurück.

Abb. 3.6:
Host Top-Twenty

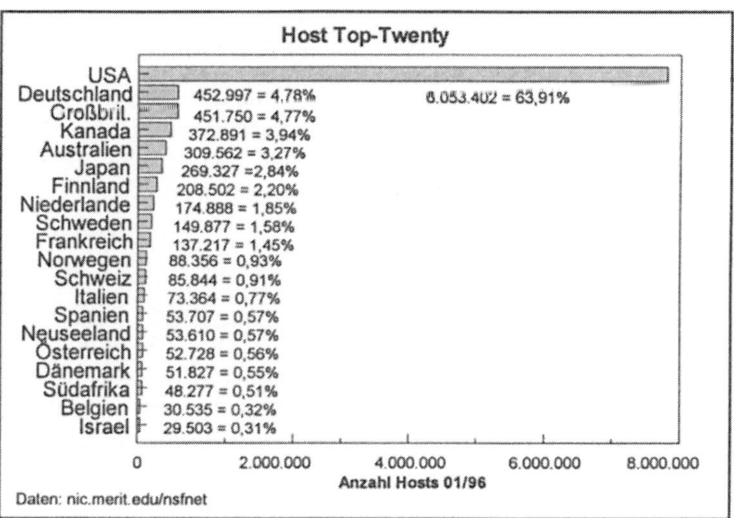

Abb. 3.7:
Hosts und prozentuale Zunahme 94/95 nach Regionen

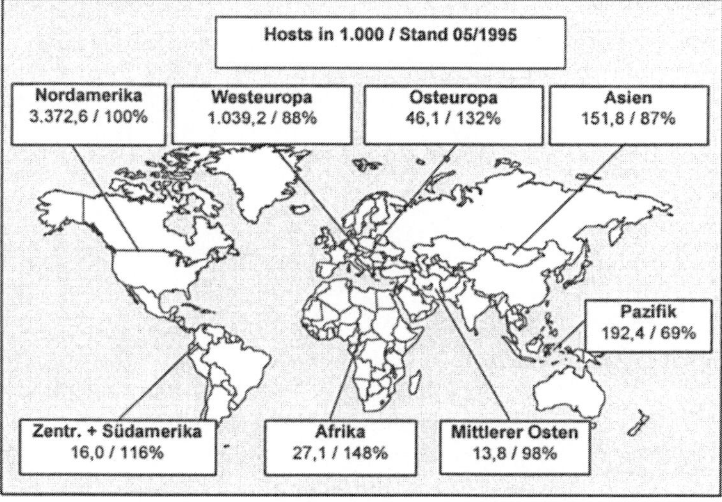

Deutliche regionale Unterschiede

Aus Abbildung 3.7 ist ersichtlich, daß sowohl die Ausstattung mit Internet-Hosts als auch deren Wachstum in den einzelnen Regionen sehr unterschiedlich ausfällt. Die Regionen mit den geringsten „Anteilen" am Internet wie Lateinamerika, Afrika und Osteuropa verbuchen das größte Wachstum, jedoch ohne eine reelle Chance, die USA oder Westeuropa einzuholen.

Verteilung der Netzknoten

Ein anderer Aspekt der Netztopographie ist die Anordnung und Verteilung der Netzknoten innerhalb eines bestimmten Territoriums bzw. einer Region. Wie die Verteilung der Knotenrechner und Backbones in den USA und in Europa ungefähr aussieht, verdeutlichen die Abbildungen 3.8 und 3.9.

Europäisches und US-amerikanisches Back bone

In den USA fällt auf, daß bei weitem nicht jeder Bundesstaat auch über einen eigenen Backbone-Knoten verfügt. In Europa sind die nationalen Knoten jeweils aus den nationalen Netzen hervorgegangen, und fast jeder Staat (mit Ausnahme einiger osteuropäischer Länder) verfügt über einen zentralen Knoten, der an das paneuropäische Backbone-Netz „Ebone" angeschlossen ist.

Abb. 3.8:
Das US-Backbone-Netz

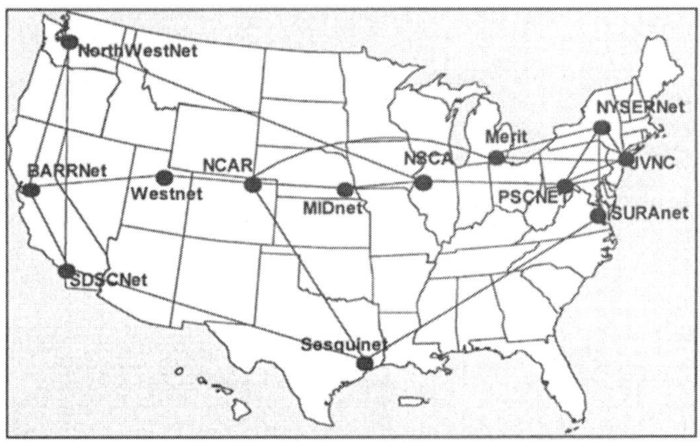

Die in Abbildung 3.8 und 3.9 beispielhaft dargestellten Netze zeigen natürlich nicht alle zwischen den einzelnen Ländern existierenden Verbindungen und Netze auf. Viele kleinere europäische Provider sind beispielsweise über Knoten in den USA an das Internet angebunden. So kann es z.B. passieren, daß eine innerdeutsche E-Mail zweimal den Atlantik überquert, bevor sie ihr Ziel erreicht.

Abb. 3.9:
Das Euro-
Backbone-Netz

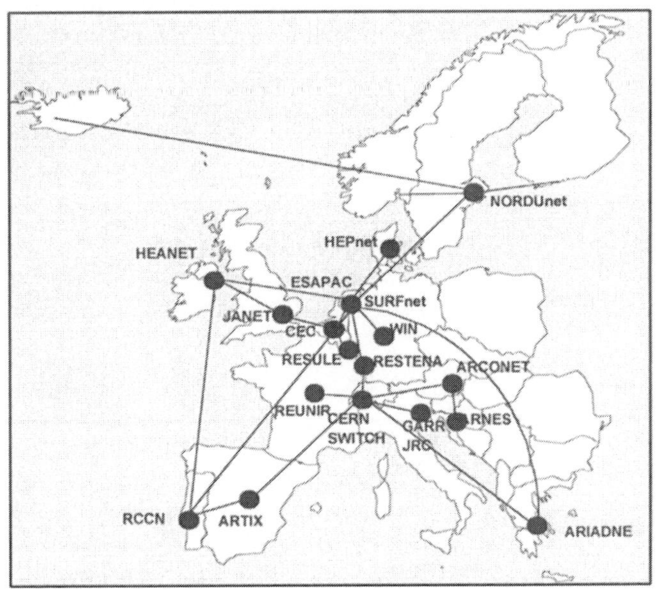

3.3   Die aktuelle Bedeutung des Internet: Zahlen zum Netz

Zahlen zur Host-
Entwicklung

An dieser Stelle möchte ich Umfang und Entwicklung des Internet mit einigen Zahlen beschreiben. Dazu vertiefe ich zunächst die Daten aus Kapitel 2.4 über die Anzahl der Internet-Hosts; danach erfolgt ein kurzer Überblick über die Aufteilung der Computer nach der Organisationsart, zu der sie gehören. Damit wird auch die Frage beantwortet, wer im Internet Informationen anbietet. Anschließend folgen noch einige Daten zu den Domains sowie dem Datenverkehrsaufkommen im Netz (eine Domain ist i.d.R. eine Organisation, hinter der sich ein oder mehrere Hosts verbergen).

Generelles Zahlen-Problem

Das generelle Problem bezüglich der Zahlen zum Internet liegt in der bereits erwähnten Tatsache begründet, daß es keine zentrale Verwaltung und keine allgemeingültige, eindeutige Definition des Internet gibt. Die Zahlen kommen aus unterschiedlichen Quellen und werden oftmals ohne genaue Aussagen zur Erhebung bzw. Schätzung gemacht. Die einzelnen Zahlen sollten daher vorsichtig betrachtet werden.

Wachstumsraten	Wie eingangs berichtet, wächst das Internet mit einer enormen Geschwindigkeit. In den Spitzenzeiten seiner Ausdehnung – um das Jahr 1990 – wurden Wachstumsraten von 9% pro Monat gemessen. Seit dieser Zeit fällt die Wachstumsrate ganz allmählich und erreichte Anfang 1994 ca. 6%. Aktuell liegt das Wachstum immer noch bei etwas über 6% pro Monat.
Zone-Programm	Als Wachstumsindikator wird meist die Anzahl angeschlossener Computer – Hosts – benutzt. Zur Ermittlung der Anzahl Internet-Hosts wird u.a. das Programm „Zone" genutzt, das automatisch alle netzweit existierenden Host-Adressen sowie die Domain-Name-Verzeichnisse durchsucht und auswertet.[2]

Abb. 3.10: Entwicklung der Hostrechner

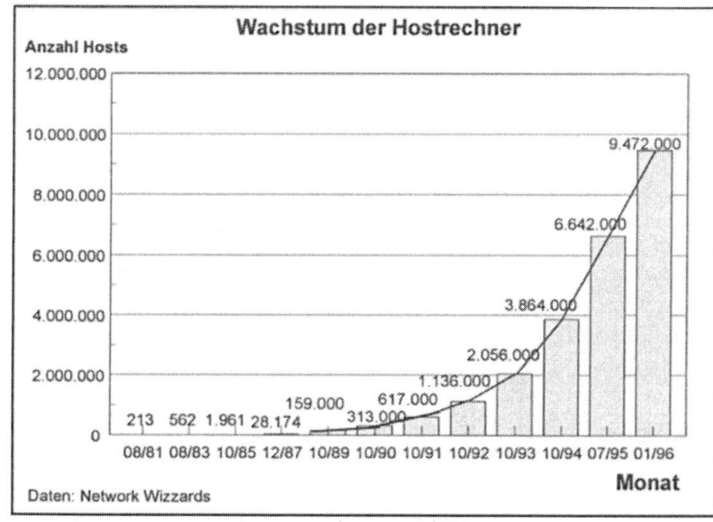

Ca. 9,5 Mio. registrierte Computer	Im Januar 1996 wurden über 9,472 Mio. Host-Computer registriert. Dies entspricht einer Zunahme um 42,6% gegenüber den ca. 6,642 Mio. Rechnern im Juli des Vorjahres oder einem durchschnittlichen monatlichen Zuwachs von 6,09%. Abbildung 3.10 zeigt die zahlenmäßige Entwicklung der Hostrechner im Internet seit 1981.

---

[2] Zur Ermittlung der Zahlen und zum Programm „Zone" siehe `http://www.nw.com/`.

Exponentielles Wachstum

Die Entwicklung weist auf eine exponentielle Wachstumsfunktion hin, die jedoch, wenn sie weiter anhalten würde, zur Jahrtausendwende etwa 300 Mio. Hosts und bereits im März 2005 mehr Computer im Internet als Menschen auf der Erde zählen würde. Man geht daher von einer Serie logistischer Funktionen aus, die sich kontinuierlich dem technologischen Fortschritt im Internet und den daraus resultierenden Wachstumsschüben anpassen und damit zwar die Sättigungsgrenze hinausschieben, sie aber dennoch irgendwann erreichen. So lösten etwa die Kapazitätserweiterung des NSF-Backbone (bis 1992 nationales Datenrückgrat in den USA) sowie die Entwicklung der multimediafähigen WWW-Browser-Software Wachstumsschübe aus, während Netzüberlastungen und sinkende Geschwindigkeiten sich bremsend auswirkten. In den USA, die gegenwärtig den größten Anteil am Internet stellen, sind nach dem vollzogenen Anschluß der meisten Universitäten möglicherweise bereits kurzfristig erste Sättigungstendenzen aufgetreten. Diese wurden dann jedoch durch den Zustrom kommerzieller und privater Nutzer mehr als ausgeglichen.

Welche Arten von Organisationen bieten im Internet Information an?

Die Frage, wer bzw. welche Arten von Organisationen im Netz sind, läßt sich, wie die Abbildung 3.11 deutlich macht, nicht so einfach beantworten. Dies liegt daran, daß die Endungen der Computeradressen, die Aufschluß über die Organisationsart geben könnten, fast nur in den USA verwendet werden.[3] Die Zahl von über 35% „Others" in Abbildung 3.11 beinhaltet daher hauptsächlich die Anzahl der nicht-amerikanischen Hosts, die eine Länderkennung anstelle einer Organisationsendung in ihrer Adresse haben.

Überhang der kommerziellen Rechner im Netz

Zumindest in den USA haben die kommerziellen Nutzer den Bildungssektor in der Anzahl der Hosts überrundet. Regierung, Militär, andere Organisationen und Netzbetreiber liegen alle deutlich unter 5%.

---

[3] Die in Abschnitt 6.6.1 dargestellte Umfrage von Quarterman/Carl-Mitchell versuchte, dieses Problem durch die direkte Befragung zu lösen.

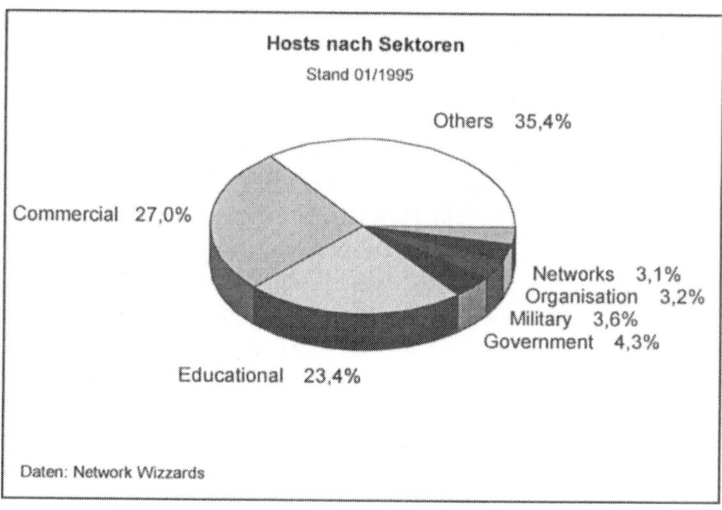

Entwicklung der
Domains

Eine andere, ebenfalls stark anwachsende Zahl neben den Hosts sind die „Domains". Domains sind die „Hauptadressen" nach der „Top-Level-Domain", also die Einteilung, die in der Hierarchie direkt nach der Länder- oder Organisationskennung folgt.[4] Von 56.000 Domains im Oktober 1994 wuchs die Zahl innerhalb von neun Monaten um 114% auf über 120.000 im Juli 1995. Das entspricht einem durchschnittlichen Wachstum vom 8,8% pro Monat. Im Januar 1996 wurden bereits ca. 240.000 Domains ermittelt, was einer Verdopplung in sechs Monaten oder einer monatlichen Wachstumsrate von 12,2% entspricht. Waren im Juli 1995 durchschnittlich noch etwa 55 Hosts pro Domain registriert, so betrug die Zahl im Januar 1996 nur noch ca. 39 Hosts pro Domain. Die Tatsache, daß die Domains deutlich schneller wachsen als die Anzahl der Hosts, spricht dafür, daß verstärkt kleinere Domains an das Netz angeschlossen werden. Viele Firmen, die sich heute eine eigene Domain reservieren, betreiben nur einen einzigen Host: einen WWW-Server.

---

[4] Details zum Domain-Name-System, das diese Hierarchie implementiert, in Abschnitt 3.1.2.

Das Datenver-
kehrsaufkommen

Betrachtet man das Datenverkehrsaufkommen, so entfallen etwa 37% des gesamten Verkehrs auf die Nutzung von FTP (Dateiübermittlung), 38% wurden durch Gopher, das World Wide Web und WAIS verursacht und etwa 16% trug die Versendung von E-Mail zum Gesamtaufkommen bei. Die übrigen 9% entfielen auf unterschiedliche Dienste wie den „Domain-Name-Lookup", d.h. die meist automatische Nutzung von Domain-Name-Servern zur Ermittlung der numerischen IP-Rechneradressen, „IRC" (Internet Relay Chat) und andere Dienste. Diese Zahlen verschieben sich jedoch deutlich in Richtung des WWW, während der Anteil der FTP-Übertragungen sinkt.

3.4 Zur Geschichte des Internet

Die Wurzeln

Die Ursprünge der Computer-Netze liegen in den sechziger Jahren. 1965 entwarf das Pentagon mit Blick auf den Kalten Krieg ein Szenario, wie es im Falle eines nuklearen Angriffs auf die Vereinigten Staaten um die nationale Kommunikation bestellt sein würde. Dies führte zu einem von der „ARPA" (Advanced Research Projects Agency, eine Abteilung des Pentagons) finanzierten Forschungsprojekt, das 1969 die erste Vernetzung von damals vier Computern zum Ergebnis hatte.

Das ARPANET

Die ersten Knoten waren die UCLA (University of California, Los Angeles), das SRI (Stanford Research Institute), UCSB (University of California, Santa Barbara) sowie die UU (University of Utah, Salt Lake City). Um die Betriebssicherheit des Netzes im Ernstfall zu gewährleisten, erhielt das Netz einen dezentralen Charakter und entsprechende Kommunikationsprotokolle. Es entstand das „ARPANET".

1971 waren 15 „Knoten" an das ARPANET angeschlossen, die insgesamt 23 Rechner beherbergten. Ein Jahr später waren es bereits 40 Computer. 1973 entstanden erste internationale Verbindungen zu Rechenzentren in England und Norwegen. 1982 wurde TCP/IP als offizielles Protokoll des ARPANET eingeführt. Zu diesem Zeitpunkt hatte man bereits die Dienste E-Mail und Telnet entwickelt.

Andere Netze

Parallel waren Anfang der achtziger Jahre das USENET und das BITNET entstanden. Aus dem ARPANET wurde dann 1983 das „MILNET" als rein militärisches Netz ausgegliedert. Ein Jahr später wurden die Domain-Name-Server vorgestellt. Es war nun nicht mehr nötig, die Rechneradressen in der komplizierten Zahlenform anzugeben. Man erreichte die Grenze von 1.000 angeschlossenen Hosts. Das „NSFNET" bildete ab 1986 das „US-Backbone". Die Backbone-Geschwindigkeit betrug damals 56 Kbps (Kilobit pro Sekunde). 1989 wurde die Grenze von 10.000 angeschlossenen Hosts erreicht, und das T1-Backbone (1.544 Mbps) ging in Betrieb.

Das World Wide Web

Das ARPANET stellte 1990 den Betrieb ein. Im Folgejahr wurde der Dienst Gopher entwickelt. Das CERN (Europäisches Laboratorium für Teilchenphysik) in der Schweiz stellte 1992 das World Wide Web vor, für das 1993 die ersten modernen Browser – eine Art „Navigations-Software" – entwickelt wurden. Speziell die Multimediafähigkeiten des World Wide Web und die Nutzungsmöglichkeiten der Browser sorgten in der Folge für die anhaltende „Explosion" des Internet. Seit 1994 beträgt die Geschwindigkeit des US-Backbone 45 Mbps. 1995 wurde die Grenze von 5 Mio. Hosts durchbrochen.

3.5   Und die Online-Dienste?

Kommerzielle Netze versus Internet

Neben dem Internet existieren eine ganze Reihe kommerzieller Netze, vorwiegend amerikanischen Ursprungs. Diese „Online-Dienste" stellen ihren Kunden gegen Gebühr verschiedene „Online-Angebote" zur Verfügung. Technisch gesehen ist der wichtigste Unterschied zum Internet der zentralisierte Aufbau der Online-Dienste. Die Kunden wählen sich per Modem über lokale oder regionale Einwählknoten in den Zentralrechner, der alle Dienste und Informationen bereithält. Bei CompuServe liegt diese Zentrale z.B. in Columbus/Ohio.

Geschlossene
Computernetze

Die Online-Dienste waren früher in der Regel geschlossene Computernetze, in denen der Nutzer zunächst nur auf das Angebot des jeweiligen Netzwerkbetreibers zugreifen konnte. Heute bieten fast alle kommerziellen Netzwerke auch „Gateways" zum Internet bzw. zu einigen Teilen des Internet an. Am häufigsten wird E-Mail und FTP-Dateitransfer zum bzw. vom Internet ermöglicht. Durch die ständig steigende

Bedeutung des
Internet für die
Online-Dienste

Bedeutung des Internet und dessen große Publizität werden immer mehr Anbieter kommerzieller Netze gezwungen, ihren Kunden weitere Dienste des Internet – speziell auch die Nutzung des World Wide Web – zu ermöglichen. Dazu müssen weitere Übergänge bzw. Gateways eingerichtet werden. So konnte „T-Online", zuvor „Datex-J", davor „Btx" genannt, erst einen Durchbruch erzielen, nachdem ein grafischer „Btx-Decoder"[5] entwickelt und eine angepaßte Version des „Netscape Navigator" integriert wurde. Abbildung 3.11 zeigt das T-Online-Titelbild.

Abb. 3.12:
T-Online

5   Der offizielle Name des Darstellungs-Standards, der hier zum Einsatz kommt, ist „KIT"; die alte Bezeichnung „Btx" hält sich jedoch hartnäckig.

Konkurrenz

Die Nutzer geben sich nicht mehr mit den vergleichsweise begrenzten Möglichkeiten der Online-Dienste zufrieden. Es besteht für die Unternehmen die Gefahr, Kunden an andere Online-Dienste mit besserem Internet-Zugang oder direkt an Internet-Provider zu verlieren. Tabelle 3.2 zeigt die wichtigsten kommerziellen Online-Dienste und versucht einen Vergleich mit dem Internet.

Kostenloses Internet?

Bislang müssen die Nutzer des Internet – im Gegensatz zu denen der kommerziellen Netze – für die meisten Dienste nichts bezahlen. Die Tatsache, daß viele der früheren Nutzer, z.B. in den Universitäten und Forschungslabors, nicht direkt mit den entstehenden Kosten belastet wurden, ließ bei Teilen der Nutzerschaft den Irrglauben entstehen, die Nutzung des Internet sei generell kostenlos.

Tab. 3.2:
Vergleich kommerzieller Netze mit dem Internet

Netz	*Verfügbarkeit*	*Internet*	*"DM/ Monat*	*Nutzer in Mio.*	*Betreiber*
America Online	USA, D	teilw.	9,90 + 6,–/h	>3,0 in USA	AOL/Bertelsmann
Compu-Serve	global	voll	16,– +8,–/h	3,0	H&R Block Inc.
T-Online	D	voll	8,– + Geb.	1,0 (2/96)	Deutsche Telekom AG
IBM Netz	global	unbek.	26,– + 7,–/h	unbek.	IBM Corp.
Prodigy	USA	teilw.	unbek.	1,5	IBM+Sears Roebuck
Internet	global	-	ab 15,– + Geb.	16-64	Betreiber der Teilnetze

Hinweise: Stand 12/95, *Kosten jew. zuzügl. Telefongebühren, teilweise nutzungsabhängige Zusatzkosten sowie Extrakosten für Internet-Nutzung.

Neue Online-
Dienste

Apples eWorld

Die Jahre 1994 und 1995 waren der Starttermin für eine Reihe weiterer kommerzieller Online-Dienste. In Italien brachte Olivetti Telemedia sein „Italia Online" auf den Markt. Mitte 1995 entstand in England der Ableger „UK Online". Apple Computer entwickelte sein ca. zehn Jahre altes „AppleLink" (1994 ca. 60.000 Abonnenten) zu „eWorld" weiter, einem Netz mit graphischer Benutzeroberfläche á la World Wide Web. Starttermin für England war im November 1994. Das weltweite Leitungsnetz dazu wird von den Firmen Sprint und der British Telecom betrieben.

Abb. 3.13:
Europe Online

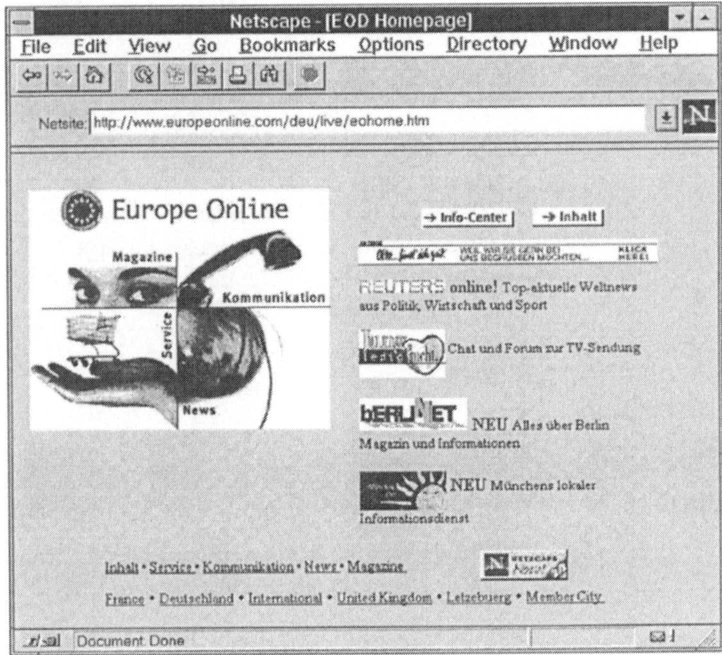

Neue Internet-
Anbieter

Der Burda Verlag wollte mit den Partnern Matra-Hachette aus Frankreich und der Pearsons Group aus England ursprünglich „Europe Online" als Internet-unabhängigen Online-Dienst an den Start schicken. Diese Pläne hat man jedoch mittlerweile begraben und EO als Internet-Anbieter konzipiert.[6]

Microsoft Network

Nicht viel anders erging es dem Giganten Microsoft. Nachdem im neuen Betriebssystem Windows 95 die notwendigen Applikationen zur Nutzung von Online-Diensten integriert worden waren, brachte Mr. Gates sein Microsoft Network (MSN) auf den Markt. Das Angebot an Informationen und Dienstleistungen scheint jedoch im Verhältnis zum Preis recht dürftig gewesen zu sein, und die angestrebten Nutzerzahlen wurden nicht erreicht. Daraufhin entschloß man sich kurzerhand ebenfalls, den eigenen Online-Dienst zu begraben und Internet-Anbieter zu werden.[7]

America Online und Bertelsmann

Die Bertelsmann AG ging mit America Online (AOL) eine strategische Allianz ein und startete Ende 1995 einen gemeinsamen Online-Dienst.[8] Die Erfahrung und das Know-How der Amerikaner soll damit Zugang zum deutschen Markt finden. Daneben profitiert man von der Marktstellung, die Bertelsmann vor allem in den Bereichen Buch, Musik und Film – also der Inhalte – sowie im „Clubbereich" (Buchclubs, Kundenbetreuung usw.) hat.

Literatur

Zum Thema TCP/IP:

Comer, Douglas: Internetworking with TCP/IP, Principles, Protocols, and Architecture, 2nd ed., Englewood Cliffs/NJ, 1991.

Allgemein:

Hajer, Hans; Kollbeck, Rainer: Internet : Der schnelle Start ins weltgrößte Rechnernetz, Haar bei München, 1994.

---

[6] http://www.europeonline.com/

[7] http://www.msn.com/

[8] http://www.aol.com/

Zu den kommerziellen Online Diensten siehe auch:

Hübner, K.: T-Online, der neue Telekom-Netzdienst, Hüthig, 1996

Klems, M.: Die Welt von CompuServe, Thomson, 1996

Zum Internet aus einer UNIX-orientierten Perspektive das Standardwerk:

Krol, Ed: The Whole Internet : User's Guide & Catalog, 2nd ed., 1994. Deutsche Übers.: Krol, Ed: Die Welt des Internet : Handbuch und Übersicht, Bonn, 1995.

Maier, Gunther; Wildberger, Andreas: In 8 Sekunden um die Welt, 4. Aufl., 1995.

Eine gute Übersicht über das WWW bietet:

Ramm, Frederik: Recherieren und Publizieren im World Wide Web, 2. Aufl., Wiesbaden, 1996.

Zu den Bestandteilen und Funktion des Internet besonders:

Scheller, Martin; Boden, Klaus-Peter; Geenen, Andreas; et.al.: Internet: Werkzeuge und Dienste, Berlin, Heidelberg, New York, 1994.

Zum BITNET und allen anderen Netzen die wohl umfassendste Bestandsaufnahme von Computernetzen auf dieser Welt zu Beginn der 90er Jahre:

Quarterman, John S.: The Matrix: Computer Networks and Conferencing Systems Worldwide, Bedford/MA., 1990.

4 Informationsbeschaffung im Unternehmen

Wie in Kapitel 2 dargestellt, ist die Informationsbeschaffung eine der drei Säulen der kommerziellen Nutzung des Internet. Der Bereich der Informationsbeschaffung wird hier in zwei Ausprägungen betrachtet: Zum einen in Form der allgemeinen Beschaffung von unternehmensbezogenen Informationen, wie sie in einer Vielzahl betrieblicher Situationen notwendig ist; zum anderen in Form der Marktforschung als auf den Absatzmarkt bezogene Informationsbeschaffung. Die Marktforschung im Internet wird in diesem Buch im Rahmen des Marketing in Kapitel 6 behandelt.

Zum Begriff der „Information" existiert eine große Anzahl von Definitionen. Im folgenden befassen wir uns allgemein mit der Beschaffung jeder Art von Information, die der betrieblichen Entscheidungsfindung dienlich sein kann.

4.1 Welche Dienste werden eingesetzt?

Grundsätzlich können über alle Internet-Dienste Informationen beschafft werden. Für die professionelle, gezielte Informationsbeschaffung sind jedoch die Dienste WWW, FTP, Telnet und die News am geeignetsten. Einige speziellere Dienste, die in bestimmten Situationen im Rahmen der Informationssuche zum Einsatz kommen, sollen hier ebenfalls kurz erwähnt werden; dies sind Archie, WAIS und Gopher.

E-Mail läßt sich ebenfalls zur Informationsbeschaffung nutzen. Da der größte Nutzen von E-Mail jedoch im Bereich der Unternehmenskommunikation liegt, wird dieser Dienst in Kapitel 5 erläutert.

Das World Wide Web spielt bei der Informationsbeschaffung eine wichtige Rolle, da es die wichtigsten Internet-Dienste vereinigt und über Verknüpfungen einen gleichzeitigen weltweiten Zugriff auf die Datenbestände unterschiedlicher Anbieter ermöglicht. Die Funktionsweise des WWW soll jedoch nicht an dieser Stelle erläutert werden, da der Haupteinsatzbereich des Web im Marketing liegt. Außerdem ersetzt die Arbeit mit dem World Wide Web nicht die Notwendigkeit sich über die einzelnen Internet-Dienste und ihre Funktionsweise zu informieren, da man zwar über das Web auf sie zugreifen kann, zu ihrer Nutzung aber auch im WWW die jeweiligen Applikationen wie z.B. ein Telnet-Client-Programm gestartet werden müssen. Abbildung 4.1 gibt eine Übersicht über den Einsatz der wichtigsten Internet-Dienste bei der Informationsbeschaffung.

Abb. 4.1:
Informations-
beschaffung im
Internet

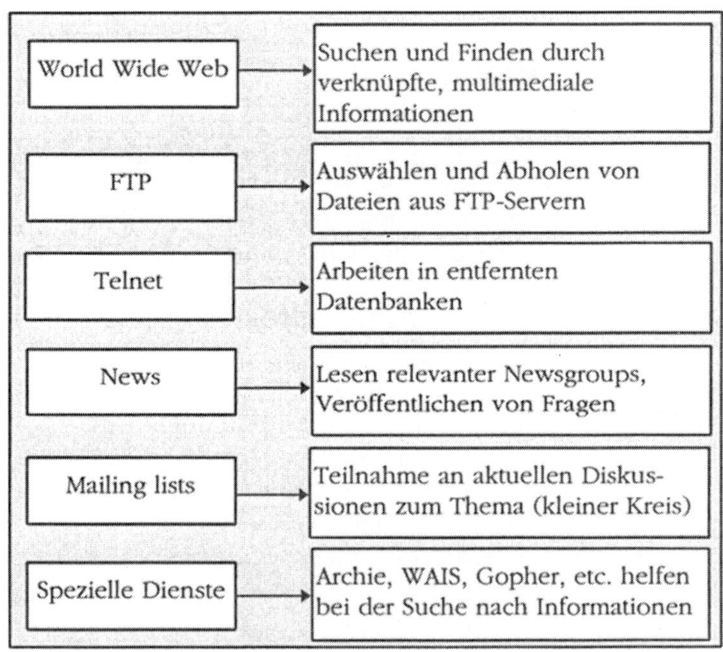

4.1.1   FTP-Dateitransfer

Dateiübertra-
gungsprogramm
und -protokoll

Das „FTP" (File Transfer Protocol) ist ein spezielles Daten-übertragungsprotokoll. Viele größere Internet-Teilnehmer (z.B. Universitäten) betreiben Rechner, die als „FTP-Server" agieren, d.h. daß auf diesen Rechnern FTP-Server-Software und Dateien für die Öffentlichkeit installiert sind, die es er-möglichen, mittels eines FTP-Client-Programms Dateien von diesem Server auf den heimischen Rechner zu transferieren und umgekehrt. Nach Schätzungen standen Anfang 1995 im Internet ca. 6000 GB (Gigabyte) an kostenlosen Programmen und Dateien auf diese Weise zur Verfügung.

Abb. 4.2:
FTP-Sitzung

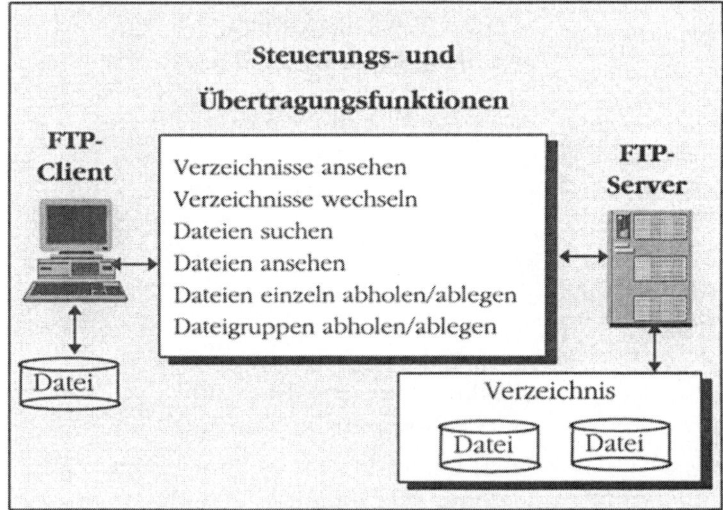

Anonymous FTP

Normalerweise benötigt man für den Zugriff auf einen frem-den Rechner einen sogenannten „Benutzer-Account" auf dem fremden System und ein dazugehöriges Paßwort, d.h. man muß als Nutzer registriert sein. Da der Grundgedanke des Internet aber der globale Informationsaustausch und die Res-sourcenteilung ist, stellen viele Administratoren die Möglich-keit des „Anonymous FTP" zur Verfügung. In diesem Fall be-nötigt man keinen Benutzer-Account und kein Paßwort auf dem fremden Rechner. Man gibt als Login-Namen (der Begriff

„Login" bezeichnet den Anmeldevorgang zu Beginn einer Sitzung an einem Rechner) heute meist „ftp" und als Paßwort die eigene E-Mail-Adresse ein.[1] Daraufhin erhält man Zugang zum System und kann sich Verzeichnisse und Dateien ansehen und auf den eigenen Rechner kopieren. Abbildung 4.2 verdeutlicht die Möglichkeiten einer FTP-Sitzung.

Listen mit FTP-Servern

Eine ausführliche Liste mit FTP-Servern, die Anonymous FTP erlauben, ist erhältlich von `ftp://ftp.ucsc.edu/`, Login: `ftp`, Verzeichnis: `public/ftpsites`. Eine Liste mit deutschen Anonymous-FTP-Sites kann bezogen werden von: `http://askhp.ask.uni-karlsruhe.de/ftp/ftp-liste-de.html`. Diese Listen können aufgrund der häufigen Veränderungen und des schnellen Wachstums des Internet nie vollständig sein. Sie geben aber einen guten Überblick.

4.1.2   Telnet: Die Computer-Fernbedienung

Arbeiten auf entfernten Rechnern

Ein nützlicher und besonders bei professionellen Datenbanken und Bibliotheken noch stark verbreiteter Dienst ist „Telnet". Dieser Dienst ermöglicht das „Remote Login" - sprich das Anmelden und Arbeiten - auf entfernten Rechnern.

Der PC wird zum Terminal

Dabei verhält sich der heimische Rechner oder PC wie ein Terminal des entfernten Rechners. Man nennt dies auch „Terminalemulation". Unter dem Begriff Terminal wird i.d.R. ein Bildschirm und eine Tastatur verstanden, also ein Eingabe/Ausgabe-System ohne eigene Rechenkapazität.

Anwendung z.B. bei Bibliothekskatalogen

Auch Telnet funktioniert nach dem Client/Server-System. Ist man mit dem Internet verbunden und hat eine Telnet-Client-Software auf seinem Rechner, kann man sich in einen fremden Rechner „einklinken" und diesen (in dem Maße, in dem der Betreiber es vorgesehen hat) fernsteuern. Dieser Dienst wird häufig angewendet, wenn Bibliotheken ihre Kataloge über das Internet öffentlich zugänglich machen. Man kann Programme starten, Dateien ansehen und z.B. eine Suchroutine in einem Bibliothekskatalog durchführen. Das Ergebnis

---

[1] Früher war das Wort „anonymous" als Login-Name gebräuchlich. Da sich jedoch die Nutzer bei diesem Wort häufig vertippt haben, wechselte man zum einfacheren „ftp".

kann als Datei auf dem fremden Rechner abgespeichert bzw. auf den eigenen Rechner transferiert werden. Die Datei kann man dann auf seinem eigenen Rechner weiterbearbeiten und ausdrucken.

Diese Betriebsart kann mit dem „anonymous FTP" verglichen werden, da hier keine Benutzernummer und kein Paßwort auf dem fremden Rechner notwendig ist. Abbildung 4.3 zeigt einen Telnet-Client in Aktion.

Abb. 4.3:
Telnet-Client

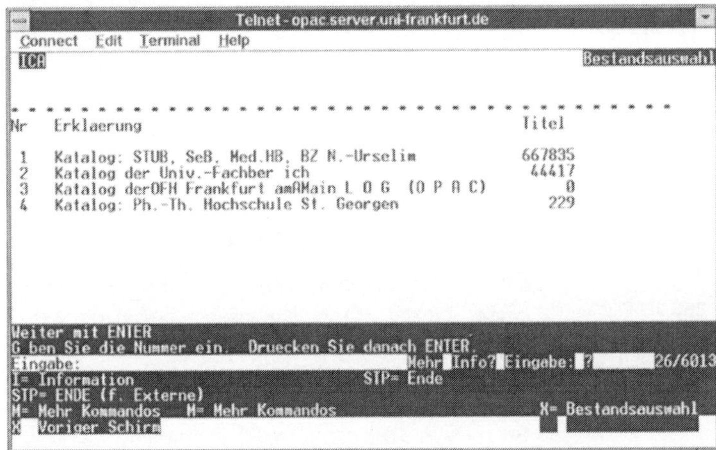

Weitere Möglich-
keiten

Telnet unterstützt jedoch noch weitere Möglichkeiten, die grundsätzlich in folgende Verbindungsarten untergliedert werden:

„Remote Login": Ein Terminal, das lokal an einen Rechner angeschlossen ist, oder ein PC wird über Telnet mit einem entfernten Rechner verbunden und arbeitet dort mit dessen Betriebssystem oder einer beliebigen dortigen Applikation. Hierbei wird eine Zugangsberechtigung auf dem fremden Rechner benötigt; das Verfahren kommt beispielsweise zur Anwendung, wenn man Programme benutzen möchte, die auf dem eigenen Rechner nicht verfügbar sind oder für die die Rechenleistung des eigenen Rechners nicht ausreicht (z.B. Remote Login in einen Supercomputer, um dort komplexe Simulationen berechnen zu lassen).

Paralleles Arbeiten auf verbundenen Rechnern	„Linking": Ein Terminal wird direkt mit einem Terminal des entfernten Rechners verbunden. Paralleles Arbeiten mit gleichen Bildschirminhalten an zwei unterschiedlichen Rechnern wird ermöglicht.
Verteiltes Rechnen	„Distributed Processing": Die auf verschiedenen Rechnern installierten Anwendungsprogramme tauschen über Telnet Daten miteinander aus. Größere Rechenaufgaben können durch ein „Team" von mehreren Computern gelöst werden.
Sinkende Bedeutung von Telnet	Da Telnet-Verbindungen i.d.R. keine modernen Benutzerschnittstellen wie Maus und Graphik unterstützen, werden die bestehenden Telnet-Angebote im Internet mehr und mehr durch benutzerfreundlichere WWW-Seiten mit Eingabeformularen ersetzt, wo dies möglich ist.

4.1.3   Die Schwarzen Bretter: News

News als Informationsquelle und Konferenzsystem

Bei der Informationssuche helfen auch die „USENET News" oder „News", wie sie meist genannt werden. Das Internet bietet über die News die Möglichkeit des themenorientierten Meinungs- und Neuigkeitenaustauschs auf globaler Ebene. Man spricht auch von einem elektronischen „Schwarzen Brett" oder Bulletin Board. Ein Nutzer, der an einem Thema interessiert ist, kann die Nachrichten dazu lesen und sich so sehr schnell über die aktuelle Situation informieren. Er kann auch eigene Artikel bzw. Fragen zu bestimmten Themen verfassen und diese dann in der entsprechenden Newsgroup veröffentlichen.

Über 10.000 Newsgruppen

Es stehen eine Vielzahl von hierarchisch gegliederten Nachrichtengruppen zur Verfügung, deren Zahl weltweit die 10.000 lange überschritten hat. In Deutschland dürften z.Z. knapp 10.000 Gruppen verfügbar sein, davon ca. 2.000 in deutscher Sprache. Einige dieser Newsgroups sollen bis zu 250.000 Leser/Abonnenten haben, andere werden nur von einer Handvoll Interessierter gelesen.[2]

---

[2] Aus technischen Gründen ist es nicht möglich, die Anzahl der Leser auch nur annähernd genau zu bestimmen.

Funktionsweise
von News

Die einzelnen News-Artikel haben keinen zentralen Ort im Netz, an dem sie aufbewahrt werden. Trifft an einem News-Server ein neuer Artikel zu einem Thema ein, so wird er lokal gespeichert und an eine Anzahl „bekannter" anderer News-Server weitergeleitet. Auf diese Weise verbreiten sich News-Artikel sehr schnell im Netz.

Abb. 4.4:
News mit
Netscape

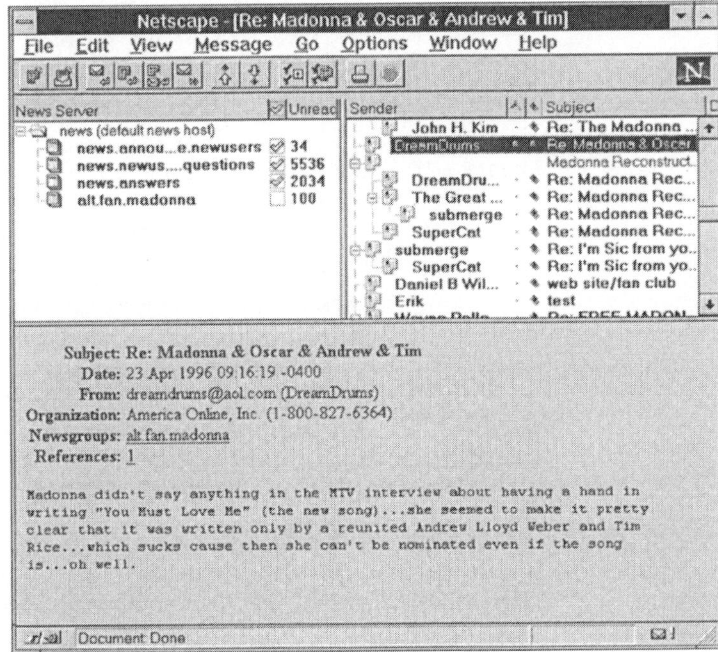

Jeder Server speichert nur die Artikel bestimmter, vom Administrator ausgewählter Gruppen, und auch diese nur für eine gewisse Zeit (typischer weise 3 bis 10 Tage), da die täglich bis zu 100 MB an neuen Artikeln hohe Anforderungen an die Speicherkapazität des Servers stellen. Die Gruppen eines Servers stellen also nicht alle insgesamt im Netz erhältlichen Gruppen dar, sondern nur die Auswahl des Server-Betreibers.

News-Reader

Um News-Artikel zu lesen, muß man mit einem geeigneten Programm (einem WWW-Browser oder einem News-Reader) eine Verbindung zum nächsten News-Sever herstellen. Abbildung 4.4 zeigt den in Netscape integrierten News-Reader.

Namen und Themen der Newsgruppen

Die Themen bzw. Namen der Newsgroups sind hierarchisch aufgebaut. In der Gruppe „news.newusers.questions" kann man z.B. die Fragen von neuen News-Nutzern und die Antworten darauf finden. Unter „rec.music.classical" findet man Diskussionen über klassische Musik, und „sci.astro.hubble" bietet Informationen rund um das NASA-Weltraumteleskop Hubble. Es gibt mittlerweile insgesamt acht internationale Haupthierarchien, die jeweils wiederum eine Reihe von Untergruppen haben:

comp	auf Computer und Informatik bezogene Themen
news	auf News und das USENET bezogene Diskussionen
rec	Diskussion von Hobby und Freizeitaktivitäten
sci	Wissenschaftliche Forschung und Anwendung
soc	Gesellschaftspolitische und zwischenmenschliche Themen
talk	Ein Forum für kontroverse Themen
humanities	Kunst und Kultur
misc	Alles, was nicht in die obigen sieben Kategorien paßt.

Lokale bzw. regionale Gruppen

Daneben existieren noch weitere sogenannte lokale Gruppen, wie z.B.:

de	Deutschsprachige Diskussionen zu verschiedenen Themen
ka	Alles mit lokalem Bezug zu Karlsruhe
bln	Alles mit lokalem Bezug zu Berlin

Alternative Hierarchien

und die als „alternative Hierarchien" bezeichneten Alt-Gruppen. Die Alt-Gruppen sind leichter einzurichten und befassen sich oft mit spezielleren Themen, die kleinere Leserscharen interessieren und oft nicht allzu ernsthaft sind. Beispiele sind „alt.fan.madonna" oder „alt.books.reviews", eine Gruppe mit Buchrezensionen.

Weitere interessante Hierarchien sind:

biz   Werbung / Diskussionen rund um Gewerbe und Geschäfte

bitnet   populäre BITNET-Diskussionsgruppen

Wie man an den obigen Gruppeneinteilungen sehen kann, sind die Inhalte der Newsgroups sehr gemischt, d.h. sie reichen von trivialen Themen über Kochrezepte bis zum aktuellsten wissenschaftlichen Gedankenaustausch, z.B. im Bereich der Natur- und Wirtschaftswissenschaften.

Listen der News-
gruppen

Es gibt an verschiedenen Stellen im Internet Listen mit den Namen der verschiedenen Newsgruppen. Gesamtlisten erhält man von jedem News-Server oder über `ftp://ftp.sura.net` unter dem Namen `/pub/nic/interest-groups.txt`.

4.1.4 Am Rande erwähnt: Archie, WAIS und Gopher

Hilfs- und Navi-
gationsdienste

In diesem Abschnitt sollen einige der zahlreichen Navigations- bzw. Hilfsdienste des Internet kurz erläutert werden. Wichtig und nützlich zum Auffinden von Informationsquellen und Dateien sind vor allem die Dienste „Archie" und „WAIS". Daneben soll hier auch das Navigationssystem „Gopher" und der zugehörige Hilfsdienst „Veronica" kurz erklärt werden. Ihre relative Bedeutung sinkt zwar, da sich das World Wide Web als das Standard-Navigationssystem des Internet durchgesetzt hat, dennoch existieren noch eine ganze Reihe von Gopher-Servern weltweit.

Archie weiß, wo die Datei ist!

Für die Recherche von über „Anonymous FTP" zugänglichen Daten und Dateien wurde an der McGill-Universität in Montreal/Kanada ein Programm namens „Archie" geschrieben. Archie dient zur Suche nach Dateien auf FTP-Servern.

Der Archie-Nutzer kann auf einem Archie-Server eine Recherche durchführen, um herauszufinden, auf welchen FTP-Servern in der Welt sich die gesuchten Informationen, Programme oder Dateien befinden. Dabei kann allerdings nur nach – häufig wenig deskriptiven – Dateinamen gesucht werden und nicht nach inhaltlichen Gesichtspunkten. Als Ausgabe erhält der Nutzer ein Liste mit Servern und den entsprechenden Verzeichnisnamen, in denen die gesuchten Dateien zu finden sind.

Ein Archie-Server ist auf verschiedenen Rechnern im Internet installiert. Nach dem Prinzip der Ressourcen-Schonung sollen jeweils die nächstliegenden Dienste genutzt werden, um nicht unnötig Netzkapazität zu beanspruchen. Für Deutschland steht z.B. ein Archie-Server an der Technischen Hochschule in Darmstadt bereit (`archie.th-darmstadt.de`). Er fragt turnusmäßig, meist einmal pro Monat, die weltweit bekannten FTP-Server ab und sichert deren Inhaltsverzeichnisse in einer Datenbank. Außerdem gleicht er seinen Datenbestand mit andern Archie-Servern ab. 1994 waren etwa 1.200 FTP-Server mit mehr als 2,5 Mio. erhältlichen Dateien durch Archie erfaßt. Diese Zahl dürfte sich zwischenzeitlich vervielfacht haben.

Die WAIS-Datenbank

Volltextsuche in Indexdatenbanken

„WAIS" steht für „Wide Area Information System" und ermöglicht, indiziertes Material zu durchsuchen, quasi eine Volltextsuche in Index-Datenbanken auf der ganzen Welt. Bei der Suche nach Informationen ist es oft notwendig, eine qualifizierte Auswertung der Inhalte von Dateien vorzunehmen und nicht nur nach Verzeichnis- oder Dateinamen zu forschen, wie dies bei Archie möglich ist. WAIS durchsucht jedoch nicht die einzelnen Dateien, etwa Texte selbst (eine solche Suche würde Jahre dauern), sondern die zugehörige Indexdatenbank. Um ein Dokument über WAIS verfügbar zu machen, muß es also in einem Index aufgenommen, und dieser muß öffentlich zugänglich gemacht werden. WAIS-Server ermöglichen derzeit den Zugriff auf über 500 solcher Index-Datenbanken.

Suche nach allen Dateitypen

Es sind neben Texten auch Ton-, Bild- oder Videodateien indiziert vorhanden. Für die Suche wird keine formalisierte Abfragesprache benötigt, sie kann vielmehr in natürlicher Sprache als Volltext eingegeben werden. WAIS durchforstet dann die verschiedenen Indizes und sucht nach den eingegebenen Schlagworten oder Sätzen. Als Ergebnis wird eine sortierte Liste gefundener Quellen und Adressen inklusive einer relativen Bewertung der Qualität der Suchergebnisse ausgegeben. Die Bewertung erfolgt mit einer Punktzahl zwischen 0 und 1.000. Je höher die Punktzahl, desto besser paßt die gefundene Datei zum Suchtext.

Abb. 4.5:
WAIS-
Funktionsweise

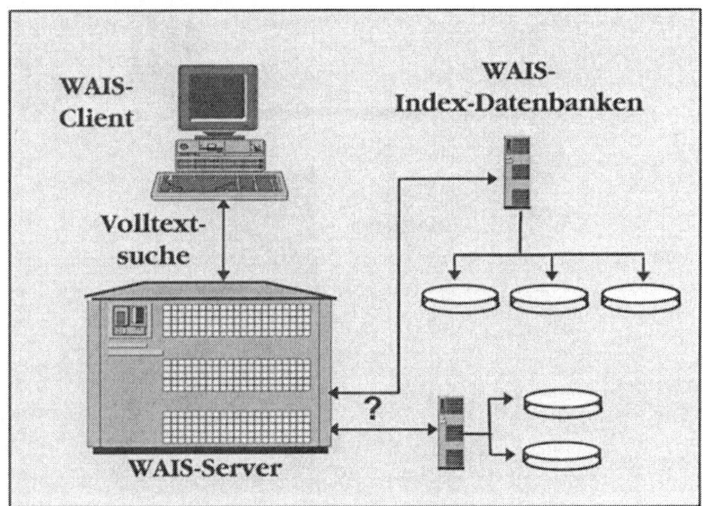

Das Navigationssystem Gopher

Menügesteuertes
Internet-
Navigations-
system

1991 wurde daher an der Universität von Minnesota das Programm „Gopher" entwickelt. Ein Dienst, mit dem man einfach und bequem im Internet zu verschiedenen Ressourcen „reisen" bzw. auf verschiedene Ressourcen zugreifen kann. Bei Gopher handelt es sich ebenfalls um eine Client/Server-Applikation. Dieser Dienst hat sehr schnell viele Anhänger gefunden. 1995 gab es etwa 1300 Gopher-Server im Internet. Das Programm wurde nach dem Maskottchen der Universität benannt, einer Art Erdeichhörnchen. Außerdem soll es sich um ein Wortspiel handeln: „to go for it".

Abb. 4.6:
Gopher

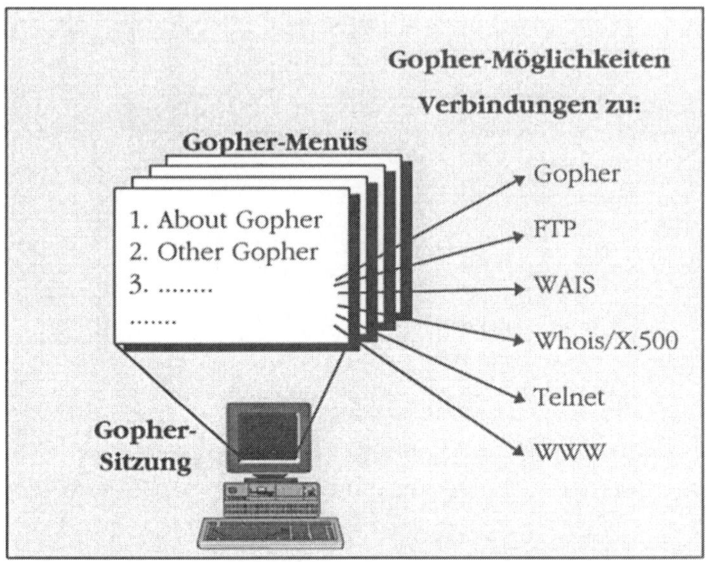

**Funktionsweise
von Gopher**

Das Programm Gopher stellt die vom System-Administrator bereitgestellten Verzeichnisse, Dateien und Ressourcen strukturiert und übersichtlich in Menüform dar. Findet man im Menü einen interessanten Eintrag, kann man ohne weitere Kenntnis der entsprechenden Adresse oder des Domain-Namens direkt darauf zugreifen, egal ob es sich um eine Datei auf dem Rechner handelt an dem man gerade arbeitet, oder eine Ressource, die sich irgendwo im Netz befindet. Dabei kann die neue Quelle entweder über Telnet oder FTP erreichbar oder auch ein weiterer Gopher-Server sein. Damit die Ressourcen direkt angesprochen werden können, verfügt Gopher über die nötigen Programme wie Telnet oder FTP, d.h. wird eine Ressource ausgewählt, erledigt das Programm den Rest. Es sucht die Adresse und startet notwendige Hilfsprogramme, baut die Verbindung auf und übergibt dann an den Nutzer. Gopher ähnelt damit stark dem WWW und wird auch als dessen Vorläufer bezeichnet, was zwar technologisch, nicht jedoch chronologisch stimmt. Abbildung 4.6 gibt die Möglichkeiten von Gopher wieder.

Veronica

Vereinfachtes Arbeiten mit Gopher

„Veronica" ist die Abkürzung für „Very Easy Rodent-Oriented Netwide Index to Computerized Archives", eine humoristische Anspielung auf den Gopher-Dienst, auf dem Veroinca aufsetzt. Veronica indiziert die in den Menü- und Untermenüzeilen von Gopher-Servern verwendeten Wörter und stellt sie dar. So lassen sich interessante Dateien oder Verzeichnisse in einem Gopher-Server auffinden, ohne sich durch die verschiedenen Menü-Hierarchien hangeln zu müssen. Veronica bietet eine Schlagwortsuche an. Als Ergebnis präsentiert Veronica eine Liste mit Einträgen der weltweit zugänglichen Gopher-Server zum abgefragten Suchbegriff. Das Programm funktioniert ähnlich wie Archie: Während Archie das Arbeiten mit FTP-Servern erleichtert, vereinfacht Veronica den Umgang mit Gopher-Servern.

4.2 Informations-Recherchen im Internet

Informationserkundung und Informationsabruf

Bei der Informationsbeschaffung läßt sich die „Informationserkundung" als nicht streng zielgerichtetes Suchen von Informationen und der „Informationsabruf" als zielgerichteter Abruf von Informationen aus bekannten Informationsressourcen unterscheiden. Beide Formen der Informationsbeschaffung sind im Internet möglich. Durch seine recht unstrukturierte Natur bietet es jedoch bessere Voraussetzungen zur Informationserkundung als zum gezielten Informationsabruf. Für den betrieblichen Alltag ist sicherlich in der Regel der schnelle und gezielte Informationsabruf von Interesse. Es gibt jedoch auch Situationen – etwa bei der Ideenfindung, sprich der Gewinnung von Produktideen – in denen die Informationserkundung sinnvoll einsetzbar ist.

Grenzen des
Informations-
angebots?

Das Informationsangebot des Internet ist sowohl quantitativ als auch qualitativ kaum einzugrenzen bzw. zu beschreiben. Eine Systematisierung der im Netz erhältlichen Informationen scheint angesichts der Menge und der Vielfalt unmöglich. Die Vielfalt ergibt sich aus der dezentralen Struktur und der ausgesprochenen Dynamik. Daneben spielt auch der unbeschränkte Zugang für Privatpersonen und deren vielfältige Netzangebote eine Rolle. Bei einem Wachstum von 6% pro Monat gehen täglich etwa 18.950 neue Rechner ans Netz. Ein Teil davon bietet auch Informationen an und fügt damit neue Ressourcen zu den bereits bestehenden hinzu. Ebenfalls täglich verändern sich Angebote, erlöschen oder werden an einen anderen Ort gelegt.

Dezentralität und
hohe Dynamik
führen zu Pro-
blemen

Abb. 4.7:
Yahoo! Search
Engine

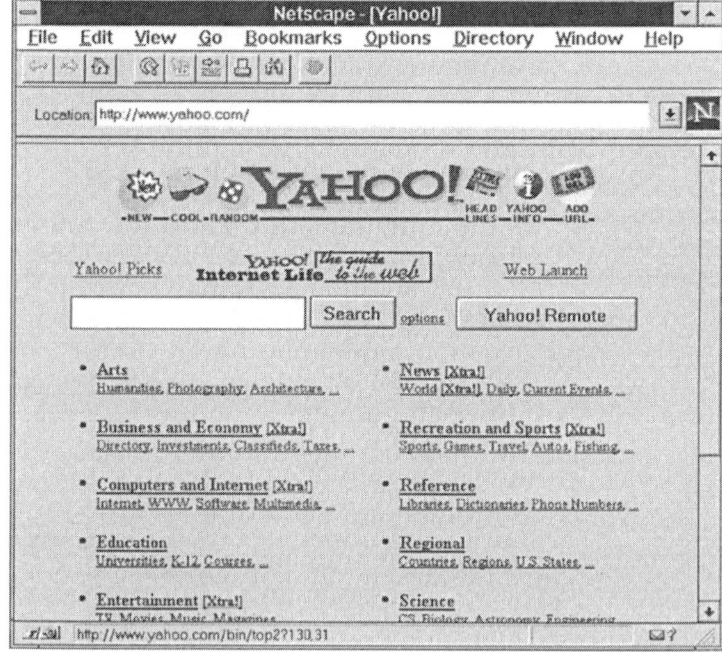

Suchdienste als
Ausweg aus der
Unstrukturiertheit

Um dem Problem der mangelnden Strukturiertheit zu begegnen, wurden in letzter Zeit eine Reihe kostenloser Suchdienste – sogenannte „Search Engines" – an verschiedenen Stellen im Netz installiert. Ein Beispiel für einen solchen Dienst ist der Yahoo-Server (s. Abbildung 4.7).[3]

Kostenpflichtige kommerzielle Suchdienste

Daneben existieren eine Reihe von kommerziellen Suchdiensten, die die gewünschten Informationen gegen Honorar beschaffen bzw. in denen man gegen Gebühr Netzressourcen suchen kann. Infoseek[4] ist ein solcher kommerzieller Suchdienst.

Alle diese „Suchmaschinen" arbeiten wie eine Datenbank. Sie registrieren und indizieren das Angebot (oder besser: Teile des Angebots) im Netz und ermöglichen damit eine Schlagwort- oder Volltextsuche nach Informationsressourcen. Gefundene Quellen sind zum Teil direkt aus der Ergebnisanzeige heraus anwählbar. Tabelle 4.1 nennt die Namen und Adressen einiger dieser „Search Engines" im Internet.

Tab. 4.1: Suchdienste im Internet

Suchdienst	*Adresse* (http:// ...)
Aliweb	www.cs.indiana.edu/aliweb/search
Altavista	altavista.digital.com
CUI World Wide Web Catalog	cuiwww.unige.ch/cgi-bin/ w3catalog
EINET Galaxy	galaxy.einet.net/about.html
Academic Meta-Lib.	uu-gna.mit.edu:8001/cgi-bin/meta
Lycos	www.lycos.com/
North Star	comics.scs.unr.edu/7000/top.html
RBSE's URL database	rbse.jsc.nasa.gov/eichmann/ urlseach.html
The Whole Internet Catalog	gnn-e2a.gnn.com/gnn/wic/ index.html
Webcrawler	info.webcrawler.com/
World Wide Web Worm	www.cs.colorado.edu/home/ mcbryan/wwww.html

---

[3] http://www.yahoo.com/

[4] http://www.infoseek.com/

Zugriff auf Suchdienste

Ein gleichzeitiger Zugriff auf mehrere der angegebenen Suchdienste findet sich unter `http://cui.unie.ch/meta-index.html` (siehe Abbildung 4.8) und – ganz neu – auch in Deutschland unter `http://www.unix-ag.uni-siegen.de/search/`. Es gibt auch eine „Suchmaschine für Suchmaschinen"[5], die helfen soll, sich im Dschungel der Such-Angebote zurechtzufinden.

Abb. 4.8:
WWW- Search-
Engines

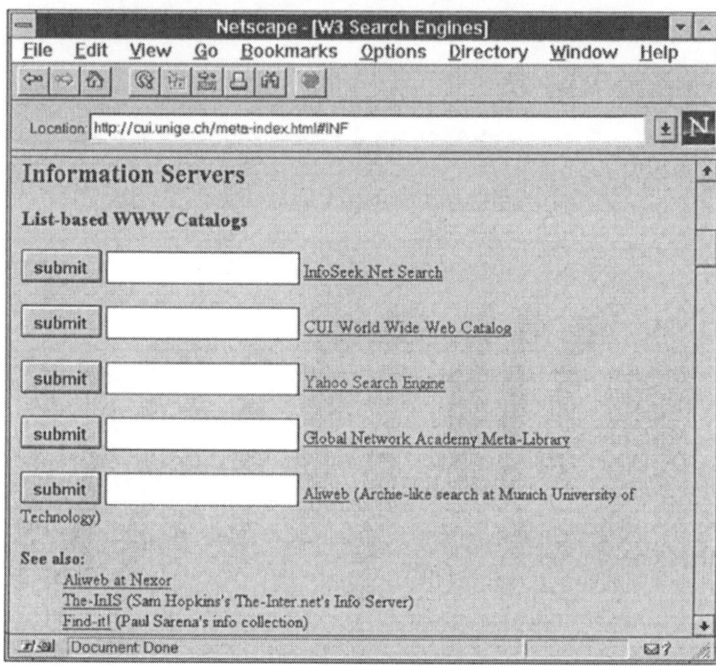

Thematische Schwerpunkte des Informationsangebots

Innerhalb des großen Informationsangebots hat sich der Bereich Datenverarbeitung bzw. Computer und Software als Schwerpunkt herauskristallisiert, was nicht verwundert. Weitere Schwerpunkte sind Medizin, Musik und Wirtschaft. Es lassen sich jedoch zu fast allen anderen Themengebieten Informationen finden. So existieren Ressourcen zu allen naturwissenschaftlichen Disziplinen, zu Patenten, Sprachen, Kulturen, allen Geisteswissenschaften, Organisationen, Unternehmen sowie deren Produkten und vielem anderen mehr, quasi

---

[5] `http://www.search.com/`

zu allen Bereichen des Lebens. Tabelle 4.2 gibt einen alphabetischen, keinesfalls erschöpfenden Überblick über Themengebiete, zu denen sich im Internet Daten und Informationen finden lassen.

Tab. 4.2: Beispiele für Themengebiete im Internet

Anthropologie	Galerien	Luft- und Raumfahrt	Produkte
Archäologie	Gärtnerei	Magazine	Psychologie
Architektur	Geisteswissenschaft	Mathematik	Radfahren
Astronomie	Geographie	Medizin	Regierungen
Bibliotheken	Geologie	Meteorologie	Reisen
Biologie	Geschichte	Museen	Software
Chemie	Gesundheit	Musik	Sozialwissenschaften
Computer	Haustiere	Netze	Sprachen
Elektronik	Hobby/Spiele	Ökologie	Sport
Erziehung	Ingenieurwissenschaften	Organisationen	Statistiken
Fernsehen	Jura	Ozeanographie	Tageszeitungen
Film	Klimatologie	Paläontologie	Unternehmen
Finanzen	Kochen	Philosophie	Werbung
Forstwirtschaft	Landwirtschaft	Physik	Wirtschaftswissenschaft
Freizeit	Literatur	Politik	Zeitschriften

Form der Information im Internet

Die Informationen können in unterschiedlicher Form vorliegen. Sie stammen aus den verschiedensten Quellen und sind unterschiedlich aktuell, kostenlos oder kostenpflichtig und können in unterschiedlichen Datenformaten vorliegen. Die Dateiformate entscheiden u.a. über die Schnelligkeit der Verfügbarkeit. Man kann sofort-verfügbare von offline-verfügbaren und indirekt-verfügbaren Daten bzw. Informationen unterscheiden.

Die Dateien sind teilweise auch komprimiert, um Übertragungskapazität zu sparen. Solche Dateien müssen daher erst auf dem Rechner des Nutzers mit einem entsprechenden Programm „entpackt" werden, bevor sie nutzbar sind. Tabelle 4.3 gibt einen Überblick.

<table>
<tr><td>Tab. 4.3:
Merkmale von
Informationen im
Internet</td><td>

Kriterium	*Merkmalsausprägungen der Informationen*			
Aktualität	hoch	mittel		niedrig
Herkunft	Regierung Behörden	Univers., Institute ·	Firmen	Private
Form	Text	Grafik	Bild	Film	Ton
Verfügbar	sofort	offline		indirekt
Zustand	unkomprimiert		komprimiert	
Inhalte	alle Bereiche			
Kosten	kostenpflichtig		kostenlos	

</td></tr>
</table>

Verfügbarkeit von Informationen

Für die praktische Nutzung des Internet ist besonders die Unterscheidung hinsichtlich der Verfügbarkeit der Information von Bedeutung. Sofort erhältliche Informationen kann man nutzen, sobald man sie im Netz gefunden hat. Sie können angezeigt, gedruckt oder sofort weiterverarbeitet werden. Ein Beispiel ist eine WWW-Textseite oder ein News-Artikel. Bei offline nutzbaren Informationen kann man die Daten sofort bekommen, muß sie aber, um an die Information zu gelangen, vor der Nutzung weiterbearbeiten. Dies ist z.B. der Fall bei komprimierten Dateien oder bei Postscript-Dateien. Die indirekt verfügbaren Informationen können bei bestimmten Rechnern „bestellt" werden, man hat jedoch keinen Einfluß darauf, ob und wann die Antworten bzw. die gewünschten Informationen kommen. Ein Beispiel hierfür sind die Anfragen, die man an einen Mail-Server stellt. Sie werden meist automatisch vom empfangenden Rechner abgearbeitet.

Quantität versus Qualität

Anders als bei der unschlagbaren Quantität der im Internet zur Verfügung stehenden Daten muß man hinsichtlich der Qualität zum Teil deutliche Abstriche machen. Dies ist ein großer Kritikpunkt der Informationsbeschaffung über das Internet.

Datenmüll und der Gebrauchswert von Informationen

Da jeder Teilnehmer Informationen in das Netz einspeisen kann, aber niemand deren Glaubwürdigkeit bzw. Wahrheitsgehalt oder Aktualität überprüft oder sie gar ordnet, existiert eine Unmenge von sogenanntem „Datenmüll". Einige sprechen in diesem Zusammenhang auch von „Datenfriedhöfen". Dabei muß man jedoch auf der Hut sein: So wird vielfach behauptet, es fänden sich große Mengen „unnützer" Daten im Internet. Der Gebrauchswert von Informationen wird jedoch allein durch den einzelnen Verwender und dessen Interessen bestimmt, und letztere sind im Internet sehr heterogen. Die zum Teil chaotisch anmutende Vielfalt der Daten und Informationen im Internet ist nicht automatisch mit mangelnder inhaltlicher Qualität gleichzusetzen.

Abhängigkeit der Informationsqualität von der Quelle

Der ungeordnete Eindruck resultiert in erster Line aus der nicht-hierarchischen Struktur des Internet. Falsche oder veraltete Informationen kommen im Internet ebenso vor wie in anderen Medien – leider auch in professionellen Datenbanken. Die Mehrheit der Autoren im Internet ist jedoch um Qualität bemüht. Wichtig ist hierbei auch, in welchem Bereich des Internet man sich befindet. Die Diskussionslisten über Naturwissenschaften lassen sich nicht mit der WWW-Seite vergleichen, die einen ständigen Blick auf einige bunte Fische im Aquarium eines WWW-Anbieters gewährt[6].

Stärken und Schwächen der Informationsbeschaffung im Internet

Die Abbildung 4.9 faßt die oben angesprochene Problematik in einem Stärken/Schwächen-Profil des Internet zusammen. Es enthält verschiedene Kriterien zur Beurteilung der „Qualität" von Informationen.

Aus der Abbildung erkennt man, daß die Stärken des Internet bei der Informationsbeschaffung in den Bereichen „Aktualität", „Meinungsvielfalt" sowie „Forschungs- oder Praxisgehalt" liegen. Schwächen weist es dagegen auf, wenn bestimmte Informationen gezielt gesucht werden oder wenn „Korrektheit" und „Sicherheit" von Informationen wichtig sind. Es fehlt an einer zentralen Gesamtübersicht über alle im Netz verfügbaren Ressourcen, die ein gezieltes Auffinden von Informationen erheblich erleichtern würde, sowie an verbesserten Sicherheitslösungen für den Transport vertraulicher Daten.

---

[6] `http://www2.netscape.com/fishcam/fishcam.html`

Geringe Übertragungsraten

Die „Medialität" und die „Menge der Information" werden derzeit noch durch die Netzinfrastruktur begrenzt, d.h. es fehlen die zur Übertragung von großen Datenvolumen nötigen Bandbreiten. Besonders Ton- und Video-Dokumente, die schnell mehrere Megabyte groß sind, benötigen, je nach Netzbelastung und Anschlußgeschwindigkeit, einiges an Zeit, bis sie auf dem Rechner des Nutzers abspielbar sind.

Abb. 4.9:
Stärken/Schwächen-Profil des Internet

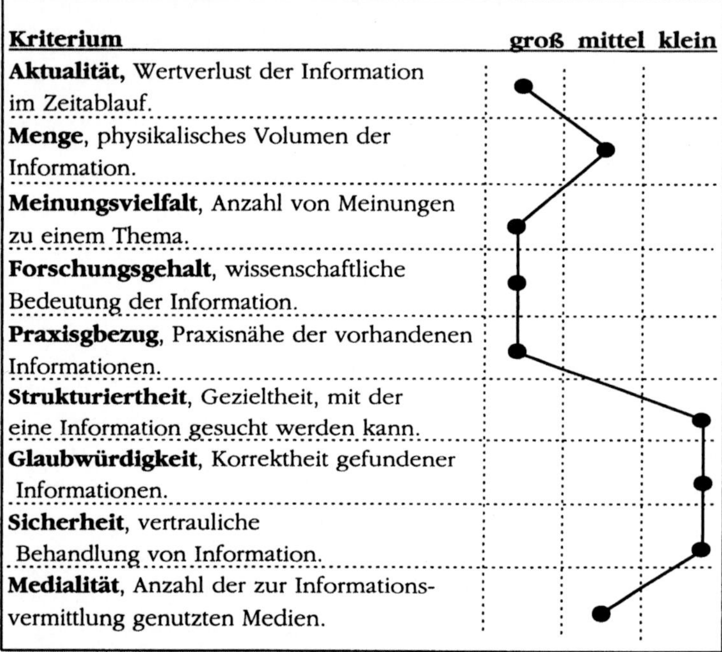

Kriterium	**groß**	**mittel**	**klein**
Aktualität, Wertverlust der Information im Zeitablauf.			
Menge, physikalisches Volumen der Information.			
Meinungsvielfalt, Anzahl von Meinungen zu einem Thema.			
Forschungsgehalt, wissenschaftliche Bedeutung der Information.			
Praxisgbezug, Praxisnähe der vorhandenen Informationen.			
Strukturiertheit, Gezieltheit, mit der eine Information gesucht werden kann.			
Glaubwürdigkeit, Korrektheit gefundener Informationen.			
Sicherheit, vertrauliche Behandlung von Information.			
Medialität, Anzahl der zur Informationsvermittlung genutzten Medien.			

Quelle: in Anlehnung an Jaros-Sturbahn/Löffler: Internet als Werkzeug zur Deckung des betrieblichen Informationsbedarfs, S. 9.

Beispiele und Grenzen

Die Informationsbeschaffung und -nutzung durch die verschiedenen betrieblichen Funktionsbereiche ist nicht unbeschränkt. Einige Beispiele und Grenzen sollen hier aufgezeigt werden. Forschungsabteilungen können kostenpflichtige, professionelle Datenbanken kostengünstig über das Internet erreichen. Beispiele hierfür sind STN, Orbit[7], Data-Star oder

---

[7] `telnet://orbit.com/`

Dialog.[8] Dabei stellen die Anbieter jedoch nicht immer ihr gesamtes Repertoire an Datenbanken für den Zugriff über das Netz zur Verfügung.

Nutzung von Diskussionsforen

Von hohem Wert können gerade in der Forschung auch die „ernsthaften" Diskussionsforen der News sein, da sich hier oft Wissenschaftler auf hohem Niveau austauschen können. Problematisch kann dagegen der „unachtsame Gebrauch" dieser Foren werden, wenn beispielsweise Wissenschaftler oder professionelle Informationsbeschaffer Fragen diskutieren, die Rückschlüsse auf die Forschungstätigkeiten des Unternehmens zulassen.

Beschaffung und Finanzmärkte

Der Unternehmensbereich Beschaffung kann, Preisdaten international vergleichen, Lieferanten finden und Anfragen an Produzenten leiten. Der Bereich Finanzen kann über das Internet kostengünstig oder kostenlos relevante Finanz- und Börseninformationen beziehen. So stellen etwa J. P. Morgan[9], Dow Jones oder Dun & Bradstreet[10] über das Internet Informationen zur Verfügung (siehe Abbildung 4.10).

Internet als Ideenlieferant

Das Netz stellt sich auch als interessanter „Ideenlieferant" für die Geschäftsleitung dar. Ähnlich einem gigantischen Brainstorming enthält das Internet Ideen und Gedanken von Millionen Menschen zu den unterschiedlichsten Themen und Problemstellungen. Ergiebig dürften hier besonders die News und die Mailinglisten sein, die in Kapitel 5 im Zusammenhang mit E-Mail noch vorgestellt werden. Auch als Informationsressource für die „Umwelt- und Konkurrenzanalyse" etwa

Daten für die Umwelt- und Konkurenzanalyse

im Rahmen des Controlling kann das Netz dienen. Die FAZ stellt z.B. Kurzübersichten der 500 wichtigsten deutschen Unternehmen über das Netz zur Verfügung.[11] Viele Firmen veröffentlichen bereits ihre Geschäftsberichte zusätzlich im Internet. In den USA sind neben dem Weißen Haus fast 300 andere Regierungsbehörden im Netz, u.a. das Handelsmini-

---

8 `telnet://dialog.com/`

9 `http://www.jpmorgan.com/`

10 `http://www.dbisna.com/`

11 `http://www.dwgmd.de:80/cgi-bin/listfolder/faz/t500.html`

sterium, das „Census-Office" und die CIA mit ihrem „World Factbook".[12] Auch hier sind die Informationen kostenlos.

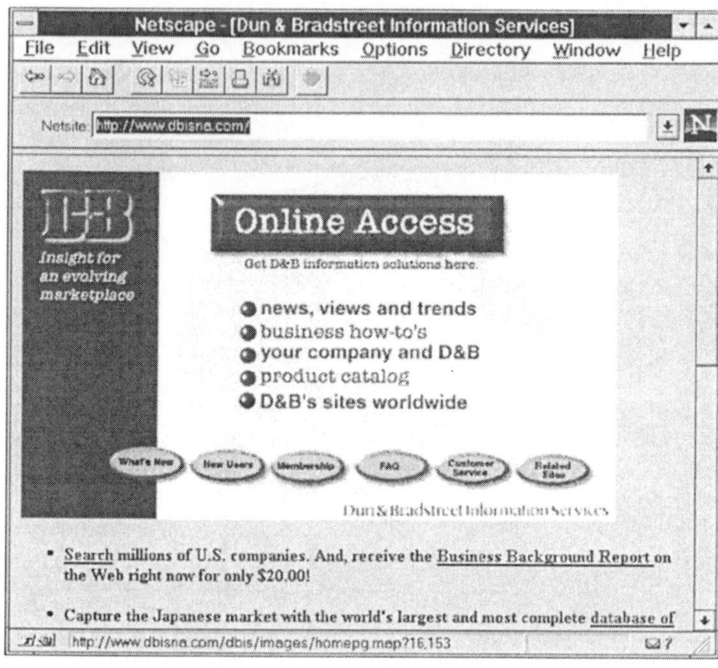

Abb. 4.10:
Dun & Bradstreet

Beschränkungen der Informationsmöglichkeiten

Die Informationsmöglichkeiten via Internet unterliegen jedoch auch deutlichen Grenzen. Es finden sich zur Zeit nur einige hunderttausend Unternehmen weltweit im Internet, und nicht jedes Unternehmen stellt relevante Informationen zur Verfügung. Es sind also bei weitem nicht alle Informationen etwa zu Konkurrenten im Netz zu finden. Bei den volkswirtschaftlichen Statistiken existiert speziell für Nordamerika ein großes, frei zugängliches Potential. Für andere Regionen oder Märkte sind dagegen zur Zeit keine oder nur Teile der vorhandenen Daten und Statistiken über das Netz erhältlich. Dies galt bis vor kurzem auch für Deutschland.

---

[12] http://odci.gov/cia/publication/pubs.html

Mittlerweile halten jedoch auch das Statistische Bundesamt[13] sowie das Statistische Landesamt Nordrhein-Westfalen[14] im Internet Daten bereit.

Abb. 4.11:
Home Page des Statistischen Bundesamtes

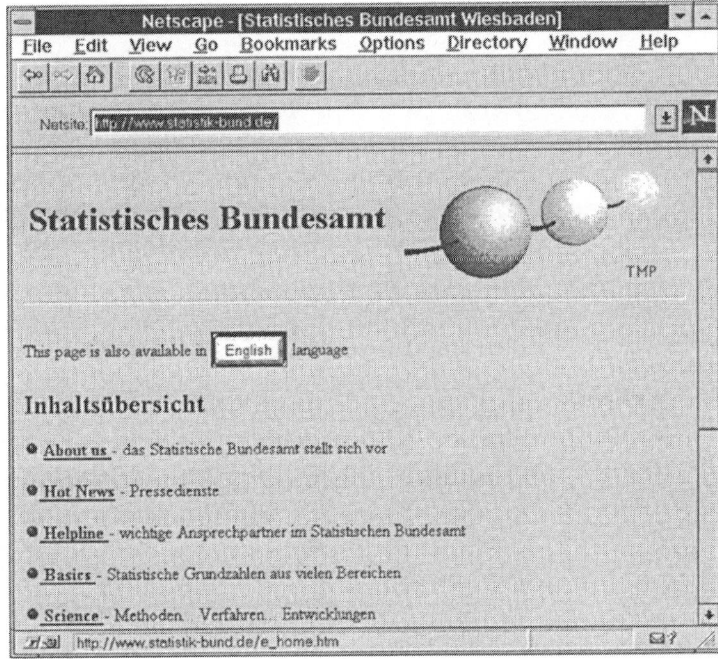

Ersatz einiger Quellen

Internet als ergänzende Informationsquelle

Einige der traditionellen Informationsquellen kann das Netz bereits ersetzen, da es aktueller, günstiger und schneller ist. Daneben bietet es viele Funktionen, die die Informationssuche erleichtern. Zeitungs- und Zeitschriftenarchive – wie beispielsweise alte Ausgaben des „Spiegel" – lassen sich kostenlos online nach Schlagworten durchsuchen. Zum heutigen Zeitpunkt ist der Informationsbedarf von Unternehmen jedoch keinesfalls allein über das Netz zu befriedigen. Die Informationsbeschaffung über das Internet wird daher bei bestimmten Fragestellungen mittelfristig nur ergänzend zu den bestehenden Quellen genutzt werden können. Dies wird sich

---

[13] http://www.statistik-bund.de/

[14] http://www.lds.nrw.de/

voraussichtlich in wenigen Jahren ändern, da ständig weitere „traditionelle" Informationsquellen auch im Netz verfügbar werden.

Datenbestand wächst weiterhin, jedoch unstrukturiert

Auch zukünftig wird das Internet jedoch nicht von einer zentralen Organisation „regiert" werden. Das bedeutet auch, daß die dezentrale und zuweilen unübersichtliche Struktur des Netzes erhalten bleiben wird. Es wird keine Gesamtübersicht über das Internet und all seine Ressourcen geben. Der Einsatz des Internet als Informationsinstrument im Unternehmen leidet jedoch weniger unter der Unstrukturiertheit als unter dem angesprochenen Qualitätsproblem der Informationen.

Qualitätsproblem verlangt professionelle Informationsauswahl und -bewertung

Während die Suchmaschinen immer besser und zahlreicher werden, wird das Qualitätsniveau der Datenbestände voraussichtlich auch weiterhin unterschiedlich ausfallen. Die Informationen werden auch in Zukunft nicht auf Echtheit und Aktualität geprüft werden können, so daß es dem jeweiligen Nutzer überlassen bleibt, zwischen brauchbaren und unbrauchbaren Informationen auszuwählen und notfalls Daten zu überprüfen. Die Informationssuche im Internet erfordert damit neben profunden Kenntnissen des Internet, seiner Ressourcen und seiner Dienste vor allem einer gewisse Professionalität bei der Informationsauswahl und der Informationsbebewertung.

4.3 Wie vorgehen?

Nach dieser theoretischen Übersicht möchte ich in Form einer schrittweisen Anleitung einige Tips zum effektiven Suchen im WWW präsentieren und diese mit einigen praktischer Beispielen untermauern.

4.3.1 Suchen nach Information mit lokalem Bezug

Wenn Sie nach einer „lokalen" Information suchen (zum Beispiel Unterkunftsmöglichkeiten in einer Stadt, Kontaktadresse einer Universität, lokales Verkehrssystem...), versuchen Sie es am besten über eine Liste aller WWW-Server.[15] Machen Sie einen Server im gesuchten Ort oder seiner Nähe ausfindig und durchblättern Sie dessen Seiten – meist ist darunter auch eine Seite mit Informationen zum Ort selbst.

Ein weiterer Ansatzpunkt für die Suche nach Informationen mit lokalem Bezug ist der „Virtual Tourist", ein verteiltes System, das Fremdenverkehrsinformationen bis hinunter auf die Stadt-Ebene enthält.[16]

4.3.2   Suchen mit Themenschwerpunkt

Wenn Sie nach Informationen zu einem bestimmten Thema suchen, zu dem vermutlich viele Menschen oder Firmen etwas beizutragen haben, sind Sie mit den erwähnten Suchdiensten (vgl. Abb. 4.8) gut bedient. Exemplarisch seien hier noch einmal der Suchdienst „Altavista"[17] der Firma Digital und „Lycos"[18], ein inzwischen selbständiges Projekt der Carnegie Mellon University, genannt.

Wichtig ist für die Suche, daß Sie die richtige Übersetzung treffen. Wenn sie ein bestimmtes deutsches Wort einfach auf gut Glück anhand des Wörterbuchs übersetzen, kann es passieren, daß in dem Kontext, den Sie meinen, im Englischen ein ganz anderes Wort gebräuchlich ist. Ein nach Schlüsselworten indiziertes Datenbanksystem kommt mit solchen etwas unpassenden Worten meist zurecht, aber ein Suchdienst, dem nur die Worte vorliegen, die die Autoren im Text selbst gebraucht haben, nicht.

Sollten Sie im WWW selbst keinen Erfolg haben, bleiben immer noch die News: Stellen Sie anhand der Liste aller Newsgroups (kann mit dem WWW-Browser vom Newsserver geladen werden) fest, ob es eine Gruppe gibt, die in etwa dem gesuchten Thema entspricht. Lesen Sie die Artikel dort wenn

---

[15] `http://www.chemie.fu-berlin.de/outerspace/www-german.html`
  int.: `http://www.w3.org/hypertext/DataSources/WWW/Servers.html`
[16] `http://www.vtourist.com/`
[17] `http://altavista.digital.com/`
[18] `http://www.lycos.com/`

möglich für eine oder zwei Wochen; in vielen Gruppen wird regelmäßig ein „Frequently Asked Questions"-Dokument veröffentlicht, das Ihnen eventuell weiterhilft. Wenn das allein nichts bringt, fragen Sie die Netzgemeinde eben in einem eigenen Artikel um Rat.

4.3.3 Suchen nach wissenschaftlicher Information

Wie bei der Suche nach Themenschwerpunkten können Sie hier natürlich die WWW-Suchdienste oder die News in Anspruch nehmen. Da aber Wissenschaft eher von Organisationen als von Privatleuten betrieben wird, sind die Chancen groß, eine Institution zu finden, die auf dem betreffenden Fachgebiet tätig ist. Das kann eine spezielle Forschungseinrichtung sein oder einfach eine Universität mit einer passenden Fakultät.

Wenn Sie einige in Frage kommende Institutionen kennen, sollten Sie auf jeden Fall anhand der Liste aller WWW-Server (die man ja bei allen Browsern auch nach einem Stichwort durchsuchen kann) feststellen, ob eine davon einen eigenen WWW-Server betreibt. Dann rufen Sie die Startseite dieses Servers ab und finden dort sicherlich Informationen über die Tätigkeitsfelder der Organisation, vielleicht auch mit Verweisen auf andere, themenverwandte WWW-Quellen oder Ansprechpartner.

4.3.4 Suchen nach Software

Wenn Sie auf der Suche nach Software für Ihren Rechner sind, ist das WWW nicht unbedingt das richtige. Verwenden Sie stattdessen FTP. Natürlich können Sie FTP-Server auch mit Ihrem WWW-Browser ansprechen.

Im Vorfeld können Sie „Archie" oder den WWW-Suchdienst ASK-SINA[19] (hat sich auf deutsche Quellen konzentriert) verwenden, um herauszufinden, wo sich die gesuchte Datei findet. Wenn Sie noch keine Informationen über den Namen der gesuchten Software haben, ist es ratsam, sich mit einer

---

[19] `http://www.ask.uni-karlsruhe.de/SINA/WWW_SINA`

Themensuche zunächst einen Überblick über die verfügbaren Programme zu verschaffen (z.B. kann Suche nach den Stichworten „CAD" und „Software" einige Programm-Rezensionen ausspucken, aus denen man dann die Namen der Programme entnehmen kann).

4.3.5   Beispiele

Vorweg sei bemerkt, daß die Bedeutung des WWW als Informationslieferant inzwischen so groß ist, daß man zu fast jeder Frage mit einem der großen WWW-Suchdienste irgendeine Antwort finden kann. In diesen Beispielen führe ich bewußt einige andere Wege vor.

Beispiel 1: Investitionen in der Slowakei

Angenommen, Ihr Unternehmen erwägt eine größere Investition in einem osteuropäischen Transformationsland – nehmen wir die Slowakische Republik –, und Sie möchten nun diesbezüglich bedeutsame Informationen zusammentragen.

Mögliche Ansatzpunkte für eine Suche nach geeigneten Informationen sind in diesem Fall:

– Die Liste der WWW-Server nach slowakischen Servern durchsuchen und die gefundenen Server „abklappern" (vgl. Abbildung 4.12); hierbei findet man am ehesten die großen Institutionen, und es ist zu erwarten, daß man Verweise auf alle bedeutsamen Informationen antrifft. Viele werden über ein englischsprachiges Angebot verfügen.

– Einen WWW-Suchdienst nach „Slovakia" oder „Slovak Republic" befragen (die überlegte Auswahl der Suchbegriffe ist wichtig; „Slowakei" wäre weit weniger erfolgversprechend). Hier wird man im Zweifel tausende von Dokumenten finden, darunter z.B. auch Reiseberichte von Privatpersonen, in denen „Slovakia" nur am Rande vorkommt. Eventuell kann man zusätzliche Einschränkungen („Economy", „Investment") vornehmen.

– Die Liste der verfügbaren Newsgroups nach „Slovakia" oder „Slowakei" durchsuchen. Hierbei werden Sie bei einem gut ausgestatteten News-Server auf „soc.culture.czecho-slovak" und „bit.listserv.slovak-l" treffen (letztgenannte ist eine Listserv-Mailingliste, die komfortabel über Newsserver abgerufen werden kann). In den Newsgroups findet man am ehesten Kontakt zu Einzelpersonen und könnte so auch Kontakte über das Internet hinaus knüpfen („Kann jemand einen Rechtsanwalt in ... empfehlen?").

Abb. 4.12:
Liste slowakischer WWW-Server

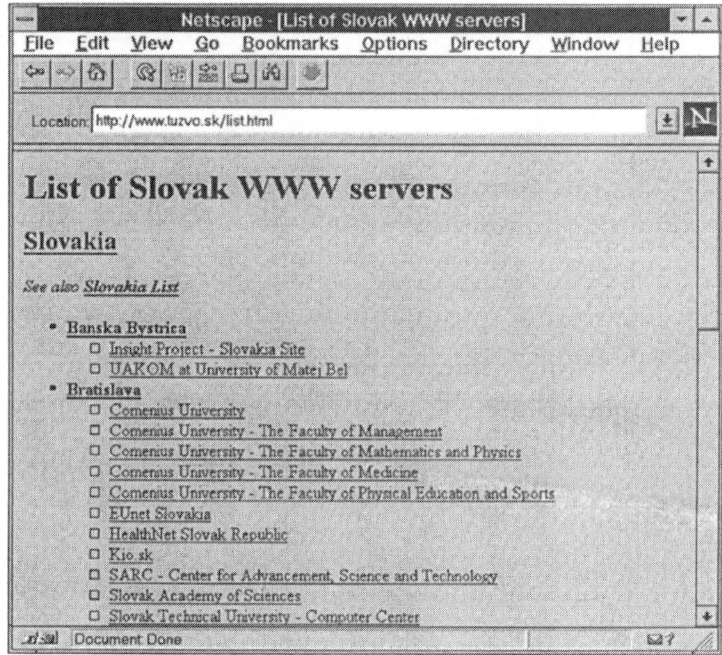

Beispiel 2: Suche nach einem bestimmten Programm

Für einen OS/2-Rechner, der bereits an das Internet angeschlossen ist, suchen Sie das Programm „nslookup", mit dem man die Informationen aus DNS-Servern abfragen kann. In einer Zeitschrift haben Sie gelesen, daß dieses Programm „unter dem Namen nslook16.zip auf gutsortierten FTP-Servern erhältlich" sei.

Hier bietet sich die Benutzung von „Archie" an, um herauszufinden, auf welchem FTP-Server sie das Programm bekommen. Zwar könnte man auch versuchen, den Namen „nslookup" oder „nslook16.zip" in einen der zahlreichen WWW-Suchdienste einzuspeisen, aber man erhielte dabei vermutlich eine große Menge unpassender Information.

Abbildung 4.13 zeigt eine Archie-Sitzung, die die gesuchte Information liefert (die Benutzereingaben dabei sind der Login-Name „archie" und der Suchbefehl „prog nslook16.zip").

Eine genaue Beschreibung der Archie-Suchbefehle ist übrigens mit „help" erhältlich; außerdem gibt es spezielle Archie-Programme, die man auf dem eigenen Rechner installieren kann und die statt der Eingabe von Befehlsworten übersichtliche Menüs bieten. Diese Programme stellen dann nur noch für die eigentliche Anfrage eine kurze Verbindung zum Archie-Server her.

Abb. 4.13:
Archie-Sitzung

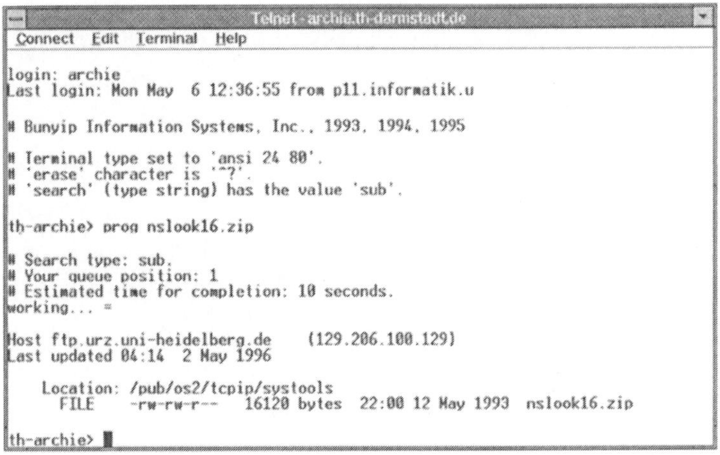

Literatur

Zur weiteren Informationsbeschaffung sind die folgenden Bücher bzw. Übersichtsartikel zu empfehlen:

Franke, T: Gezielt suchen im Internet, Düsseldorf, 1995.

Gilster, Paul: Suchen und Finden im Internet, München, 1995.

Hase, Hans: Als Anhalter durchs Internet: Mit dem PC auf Inforeise, Hannover, 1995.

Jaros-Sturhahn, Anke; Löffler, Peter: Das Internet als Werkzeug zur Deckung des betrieblichen Informationsbedarfs, *in:* IM Information-Management, 10. Jg., Heft 1, 1995, S. 6-13.

Kaiser, Alexander: Möglichkeiten der Integration von Internet in die betriebliche Informationswirtschaft, *in:* Journal für Betriebswirtschaft, 45. Jg., Heft 2, 1995, S. 95-104.

Zu Gopher, USENET und WWW siehe auch:

Klau, Peter; Klau, Michele: Das Internet-Adressbuch, Bonn, 1995,

Paustian, G.: Using Gopher, QUE, 1995.

Pfaffenberger, B.: The USENET Book, Addison-Wesley, 1995.

Ramm, Frederik: Das World Wide Web, Recherchieren und Publizieren im WWW, 2. Aufl.,Wiesbaden, 1996.

Unternehmenskommunikation über das Internet

Der Begriff „Kommunikation" wird häufig als „Austausch von Informationen zwischen Sendern und Empfängern" definiert. Dabei kann Kommunikation in diesem Kontext nicht nur zwischen Menschen, sondern auch zwischen Mensch und Maschine sowie zwischen Maschinen auftreten. So können Computer – mit Hilfe kleiner Programme, sogenannter „Scripts" – automatisiert im Internet Informationen beschaffen.

Unterscheidung in interne und externe Kommunikation

Bei der Unternehmenskommunikation können zwei Arten, die „interne" und die „externe" Kommunikation, unterschieden werden. Unter „interner Kommunikation" wird hier der Informationsaustausch zwischen den Mitgliedern einer Organisation, unabhängig von ihrer räumlichen Anordnung, verstanden. „Externe Kommunikation" umfaßt die Übermittlung von Information aus dem Unternehmen an Außenstehende. Beide Möglichkeiten sollen hier dargestellt werden. Bevor dies jedoch geschieht, möchte ich die wichtigsten Dienste und Möglichkeiten der Kommunikation im Internet vorstellen.

5.1 Welche Dienste lassen sich einsetzen?

Grundsätzlich Eignung aller Dienste zur Kommunikation

Grundsätzlich findet bei allen Internet-Diensten Kommunikation im Sinne des Informationsaustauschs statt, daher lassen sich theoretisch alle Dienste auf die eine oder andere Weise zur Kommunikation nutzen. An dieser Stelle sollen jedoch nur die speziell für die Kommunikation entwickelten Dienste näher erläutert werden, sofern sie nicht schon im vorangegangenen Kapitel 4 ihren Platz hatten.

Die speziell für Kommunikationszwecke geeigneten Dienste umfassen vor allem die folgenden:

- E-Mail und Mailinglisten
- News
- WWW
- Talk und IRC (Internet Relay Chat)

**Neuere Entwick-
lungen**

E-Mail, Talk und IRC sind die Kommunikationsdienste schlechthin, in einigen Betrieben werden aber mittlerweile auch WWW- und News-Server für die Kommunikation verwendet. Daneben wurden in letzter Zeit einige Neuheiten auf dem Gebiet der Komunikation entwickelt. Dazu zählen die Programme „Iphone" und „CU-seeMe", die hier ebenfalls kurz vorgestellt werden sollen. Angesprochen werden muß auch die für manche Firmen interessante Möglichkeit, von Providern bereitgestellte virtuelle private Netzwerke (VPN) auf Basis des TCP/IP zu nutzen.

5.1.1   E-Mail und Mailinglisten

Ziel der Entwicklung von E-Mail („elektronische Post") war es, Nachrichten schnell und kostengünstig in Computernetzen zu befördern. Es gibt rund um den Globus über 30 Netze anderer Protokolle, zu denen „E-Mail-Gateways" aus dem Internet bestehen. E-Mail ist der am weitesten verbreitete Dienst des Internet.

Mail-Server

Die E-Mail-Adresse eines Nutzers funktioniert dabei ähnlich einem Briefkasten oder einem Postfach. Dieser Briefkasten existiert in Dateiform auf einem Computer, der „Mail-Server" genannt wird. Vom PC zu Hause oder von einem Terminal irgendwo auf der Welt kann man unter Verwendung eines Paßwortes auf die eingegangenen Nachrichten zugreifen, sie lesen, speichern, drucken oder löschen und natürlich selber Post versenden.

**Vorteile von
E-Mail**

Die Vorteile von E-Mail gegenüber der Briefpost liegen in der Geschwindigkeit, in der bequemen Versendung bzw. Zustellung und im Preis. Eine versandte Nachricht ist in der Regel nach wenigen Sekunden im elektronischen Briefkasten des Empfängers, egal, wo sich dieser auf der Welt befindet. Sie kann zu jeder Tages- und Nachtzeit aufgegeben und empfangen werden.

Abb. 5.1:
E-Mail-Programm Eudora

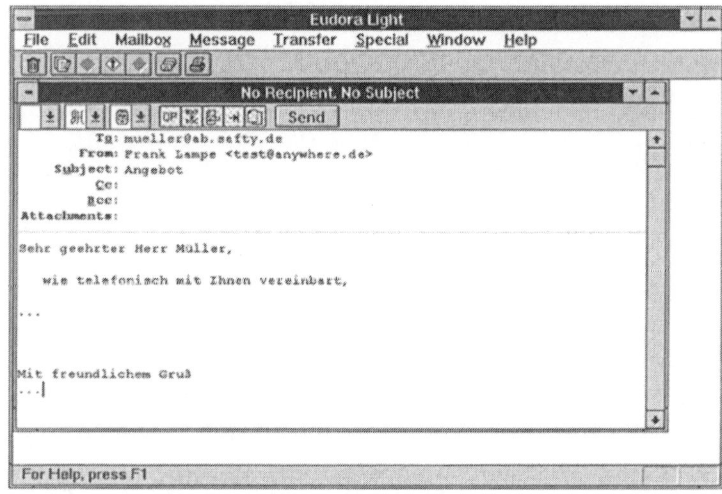

Geringe oder keine Kosten

An Kosten fallen bei privater Nutzung meist nur die Telefongebühren zum Einwählpunkt an. Je nachdem, was für einen Zugang man hat, können vom Anbieter des Zugangs auch weitere Gebühren (z.B. volumenorientiert, d.h. abhängig von der versandten Datenmenge) erhoben werden (siehe dazu auch Kapitel 7). Wenn ein Firmennetz ohnehin über eine Standleitung an das Internet angeschlossen ist, entstehen für E-Mail gar keine zusätzlichen Kosten. Tabelle 5.1 (folgende Seite) stellt die drei Kommunikationsmedien E-Mail, Telefon und Briefpost einander gegenüber und bewertet ihre Vor- und Nachteile – zum Teil subjektiv – anhand einiger Kriterien.

Die E-Mail-Adresse

Um weltweit automatisiert Post zustellen zu können, muß jeder Nutzer eine weltweit einmalige „E-Mail-Adresse" besitzen. Diese „Anschrift" wird in die Kopfzeile einer E-Mail eingetragen und dient den befördernden Computern als Wegweiser. Sie besteht aus zwei Teilen, dem Namen des Empfängers und, getrennt durch das At-Zeichen „@" der Adresse des empfangenden Computers, bei dem der Empfänger sein „E-

Mail-Account", also sein Postfach, hat. Dabei kann der Name auch ein Synonym, ein Kürzel oder ähnliches sein. Ein beispiel für eine E-Mail-Adresse ist: lampe@zfn.uni-bremen.de.

Tab. 5.1:
Vergleich der Kommunikationsmedien

Kriterium	E-Mail	Telefon	Briefpost
Geschwindigkeit	mittel	hoch	niedrig
Sicherheit gegen „Abhören"	gering	mittel	hoch
Synchronismus	nein	ja	nein
Formalität der Kommunikation	mittel	abhängig von Partnern	abhängig von Partnern
Zuverlässigkeit des Erreichens	mittel	gering	hoch
Konferenzmöglichkeit	nur asynchron	kleine Gruppe	nein

Quelle: In Anlehnung an Krol: Die Welt des Internet, S. 118.

Abb. 5.2.:
Empfangene Mail im Netscape Navigator

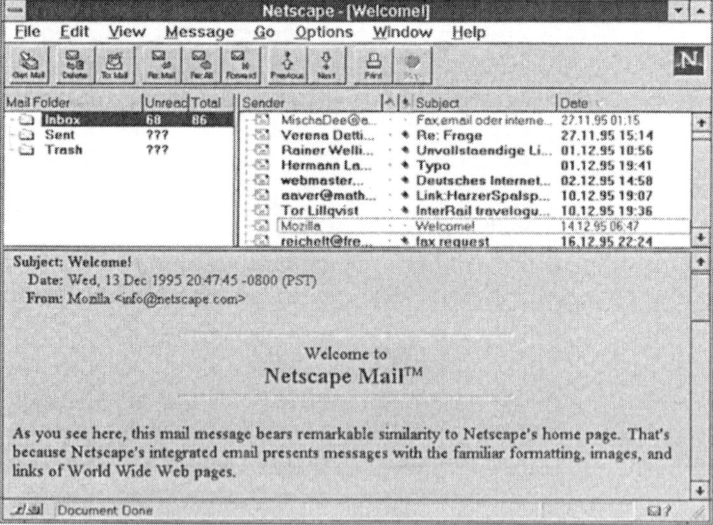

Abb. 5.3:
Mail mit dem
Netscape Navigator versenden

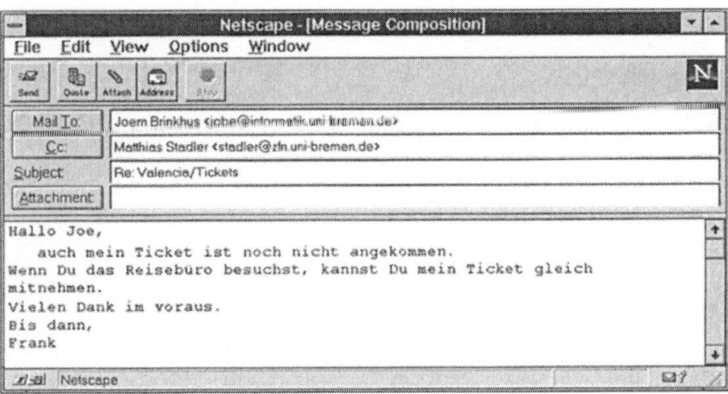

Mailroboter

Verschiedene Netzdienste können über sog. „Mailroboter" genutzt werden. So kann man etwa eine per E-Mail formulierte Datenbankabfrage an ein Mailroboter-Programm schicken und bekommt etwas später die Antwort ebenfalls per E-Mail in seinen elektronischen Briefkasten zugestellt. Über diesen „Umweg" lassen sich z.B. Archie, WAIS, Gopher und andere Dienste nutzen. Dieses System erlaubt auch Nutzern anderer Netze, Ressourcen des Internet per E-Mail zu verwenden.

Abb: 5.4:
E-Mail-Funktionen und -Möglichkeiten

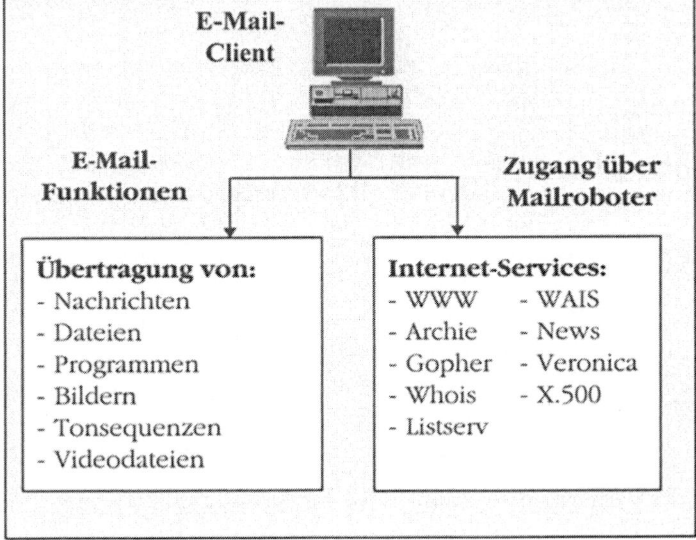

Mailinglisten

Um E-Mail regelmäßig an eine größere Anzahl Personen zu versenden und nicht jedesmal Hunderte von Adressen eingeben zu müssen, entstanden Mailinglisten. Diese Mailinglisten werden oft zu Diskussionen genutzt, daher werden sie auch „Discussion lists"genannt.

Praktisch jeder kann eine Mailingliste eröffnen, in die sich jeder, der an der Diskussion teilnehmen will und die Diskussionsbeiträge in Form von E-Mail erhalten möchte, eintragen kann. Dieses Eintragen bezeichnet man auch als „abonnieren". Will ein Teilnehmer einen Diskussionsbeitrag an alle anderen Teilnehmer senden, schickt er seine E-Mail nur einmal an die Adresse der Mailingliste; das Programm übernimmt die Versendung an alle eingetragenen Teilnehmer. Ein verbreitetes Programm, das diese Funktion übernimmt, ist das im BITNET entstandene „Listserv". Andere Programme dieser Art sind „Mailserv", „Majordomo" oder „Almanac".

Bedeutung für die kommerzielle Nutzung des Internet erlangen die Diskussionslisten durch die Tatsache, daß sie in der Regel von an den speziellen Themen interessierten Menschen gelesen werden. Sie eignen sich daher z.B. im Rahmen der Informationsbeschaffung für Fragen von Spezialisten an Spezialisten. An einer Liste über Hochenergie-Physik nehmen z.B. etwa 2.000 Wissenschaftler weltweit teil. Sie veröffentlichen hier Ideen und Gedanken oder auch kleine Abstracts von Aufsätzen vor deren Veröffentlichung in anderen Medien. Es gibt über 100 Diskussionsgruppen allein für Bibliothekare und professionelle „Informationsbeschaffer". Unter den „Listen" sind auch spezielle Gruppen, in denen Problemfragen plaziert werden können. Meist finden sich in kurzer Zeit Menschen, die die Fragen beantworten können, ohne daß man es mit einer großen und anonymen Öffentlichkeit wie in den „News" zu tun hat. Eine Liste von frei zugänglichen Mailing-Lists finden Sie im WWW unter:

```
http://www.neosoft.com/internet/paml.
```


Man kann moderierte und unmoderierte „Listen" unterscheiden. Im letzteren Fall werden alle Nachrichten automatisch –

und damit unzensiert – an alle Teilnehmer weitergeleitet. In ersterem gehen die Nachrichten zunächst an einen Moderator, meist der Begründer einer Diskussionsliste. Der Moderator kann bestimmte (z.B. unpassende oder unhöfliche) Beiträge aussortieren, ähnlich der redaktionellen Behandlung von Leserbriefen in einer Tageszeitung.

5.1.2 Online-Kommunikation

Synchrone versus asynchrone Kommunikation

Unter „Online-Kommunikation" sollen hier nur die Dienste und Möglichkeiten gefaßt werden, die „synchrone", sogenannte „Echtzeit-Kommunikation" ermöglichen. E-Mail und News als „asynchrone Kommunikationsmedien" erlauben nur die zeitversetzte Kommunikation zwischen zwei oder mehreren Personen an verschiedenen Orten. Bei den Diensten „Talk" und „Chat" bzw. „IRC" (Internet Relay Chat) können die Teilnehmer jedoch die eingetippten Mitteilungen lesen, während sie geschrieben werden und sofort „online" beantworten. Tabelle 5.2 zeigt die speziellen Kommunikations-Dienste des Internet auf.

Tab. 5.2: Online-Kommunikation

		Zeit	
		synchron	*asynchron*
Personen	*bilateral*	Talk	E-Mail
	multilat.	IRC	News

Quelle: In Anlehnung an Wetzstein, in: Kubicek: Jahrbuch Telekommunikation 1995, S. 130.

Die Dienste bzw. Programme „Talk" und „IRC" sollen hier kurz vorgestellt werden.

Vier-Augen-Gespräche mit Talk

Das Programm Talk ermöglicht Vier-Augen-Gespräche via Rechner, ähnlich einem getippten Telefongespräch. Einfache Kommandos ermöglichen den Aufbau einer Verbindung zwischen zwei Personen, die beide gerade online – sprich an einem Rechner angemeldet – sind. Talk teilt dann den Bildschirm beider Teilnehmer in eine obere und eine untere Hälfte und ordnet jeder Person eine Hälfte zu.

„CB-Funk" mit IRC	IRC ermöglicht Gruppengespräche ähnlich einer Telefonkonferenz mit mehreren Teilnehmern. Beim Internet Relay Chat handelt es sich um ein System, das Online-Kommunikation mit extrem vielen Teilnehmern erlaubt, indem es eine Vielzahl von Kanälen einrichtet, auf denen jeweils kleine Gruppen von Teilnehmern zu einem bestimmten Thema miteinander „sprechen". Am Tag kommen so im Internet etwa zigtausend Verbindungen zustande. Es kann beliebig viele IRC-Kanäle und eine beliebige Anzahl von Personen pro Kanal oder besser pro Gesprächsthema geben. Dieser Dienst wird daher gern mit dem CB-Funk verglichen.

„CB-Funk"
mit IRC

IRC ermöglicht Gruppengespräche ähnlich einer Telefonkonferenz mit mehreren Teilnehmern. Beim Internet Relay Chat handelt es sich um ein System, das Online-Kommunikation mit extrem vielen Teilnehmern erlaubt, indem es eine Vielzahl von Kanälen einrichtet, auf denen jeweils kleine Gruppen von Teilnehmern zu einem bestimmten Thema miteinander „sprechen". Am Tag kommen so im Internet etwa zigtausend Verbindungen zustande. Es kann beliebig viele IRC-Kanäle und eine beliebige Anzahl von Personen pro Kanal oder besser pro Gesprächsthema geben. Dieser Dienst wird daher gern mit dem CB-Funk verglichen.

„CU-seeMe", das
Bildtelefon

Die neuesten Entwicklungen im Bereich der Online-Kommunikation auf dem Internet sind die Programme „CU-seeMe" der Cornell University und „Iphone" der Firma Vocaltec. „CU-seeMe" ermöglicht die Übertragung von „Echtzeit-Bewegt-Bild und Ton", d.h. Bildschirmtelefon via Internet. Die Teilnehmer müssen eine Videokamera sowie eine spezielle Schnittstellenkarte besitzen. Gegenwärtig werden Bilder mit 8 Graustufen übertragen. Die „normalen" Modem-Übertragungsgeschwindigkeiten dürften hierfür jedoch etwas langsam sein. Die für fließende Bilder notwendige Rate von 24 Frames/sec. wird mit einfachen 28.8er Modems in der Regel nicht erreicht, so daß häufig der Eindruck einzelner Standbilder entsteht. Verfügt man über schnellere Anschlüsse, erhält man fließende Bilder. Das Programm „CU-seeMe" ist bei `ftp://gated.cornell.edu/pub/video` erhältlich.

Iphone: Telephonie im Netz

„Iphone" ermöglicht die „Echtzeit-Sprachübertragung" im Netz. Derzeit funktioniert dieses System jedoch nur, wenn der andere Partner ebenfalls gerade „online" ist. Ein spontaner Anruf ohne vorherige Absprache ist somit nicht möglich.

Probleme der
neuen
Techniken

Beide Technologien stellen für das Netz als Ganzes eine starke Belastung dar. Da die erzeugten Datenströme kontinuierlich in das Netz eingespeist werden, können Datenpuffer eines Routers auf dem Weg vom Sender zum Empfänger durch diese Anwendungen zum Überlaufen gebracht werden. D.h. eigene und/oder fremde Datenpakete können verloren gehen.

5.2   Die interne Kommunikation

Firmeninterner Informationsaustausch

Das Internet bzw. einige Dienste des Internet lassen sich leicht in die firmeninterne Kommunikation integrieren. Dabei kann die Kommunikation hausintern, regional, national oder international stattfinden. Die in Unternehmen vorhandenen LANs, die in physischer Form z.B. als Ethernet vorliegen, können an das Internet angebunden werden.

Überregionaler Einsatz, mit regionalen Einschränkungen

Unternehmen mit Niederlassungen an verschiedenen Standorten innerhalb eines Landes oder in verschiedenen Staaten auf verschiedenen Kontinenten können das Internet zum Informations- und Datenaustausch nutzen. Einschränkungen bezüglich der Möglichkeiten und der Leistungsfähigkeit ergeben sich jedoch in Ländern oder Kontinenten mit mangelnder Telekommunikationsinfrastruktur, wie etwa Afrika.[1]

Einsatz von FTP und Telnet

Grundsätzlich kann auch über Anwendungen wie Telnet oder FTP (Dateiübermittlung) kommuniziert werden. Diese Dienste lassen sich im Rahmen der Unternehmenskommunikation jedoch nur recht umständlich nutzen. So können Nachrichten z.B. auf einem FTP-Server abgelegt werden, und der Empfänger wird veranlaßt, sich die entsprechenden Dateien abzuholen.

Videokonferenzen

Die wichtigsten Dienste zur Internet-Kommunikation sind jedoch – wie eingangs erwähnt – E-Mail, News und WWW. Daneben lassen sich die in Abschnitt 5.1.2. angesprochenen Online-Kommunikationsmöglichkeiten IRC und Talk für Computerkonferenzen einsetzen. Mit dem vorgestellten Programm CU-SeeMe werden zukünftig auch bildunterstützte Konferenzen möglich. Das Internet stellt dann eine Konkurrenz zu den herkömmlichen Videokonferenzen auf angemieteten Leitungen dar – wenn auch in vielen Unternehmen Videokonferenzen noch nicht sehr verbreitet zu sein scheinen, wie verschiedene Studien zeigen.

E-Mail-Einsatzbeispiele

Per E-Mail kann heute alles, was in irgendeiner Form digitalisierbar ist, versandt werden. Es kann normale Hauspost oder

---

1   Zur Internet-Anbindung einzelner Regionen siehe auch Abschnitt 3.2.

auch das gesamte Berichtswesen über diesen Dienst abgewickelt werden. Der Einsatz kann z.B. im Beteiligungscontrolling, bei der Steuerung der Außendienstmitarbeiter, bei der Steuerung nationaler oder internationaler Niederlassungen und Tochtergesellschaften sowie bei der Steuerung und Koordination verschiedener Produktionsstandorte erfolgen. Gerade im internationalen Einsatz kann hier Zeit und Geld gespart werden. Telefonrückstaus bei nicht erreichten Teilnehmern sowie Sprach- und Zeitzonen-Probleme entfallen.

Kostensenkungspotentiale

Verschiedene Autoren haben versucht, die Kostensenkungspotentiale in diesem Bereich zu quantifizieren. Besonders wichtig ist dabei die Tatsache, daß man beim Telefonieren den Gesprächspartner häufig nicht sofort erreicht, sondern erst beim zweiten oder dritten Mal. Hier spart E-Mail häufig bis zu dreiviertel der Zeit für ein Telefonat. Wichtig ist auch der andere Ansatz bei der Gebührenberechnung. Während Fax und Telefon je nach Zeitdauer und Entfernung Gebühren verschlingen, entstehen beim Versand von E-Mails – bei vorhandenem Internet-Anschluß – keine bzw. nur sehr geringe Kosten.

Nachteil von E-Mail

Verschwiegen werden darf allerdings nicht, daß sich – anders als im Telefongespräch – per E-Mail Rückfragen eben nicht sofort im Gespräch klären lassen, sondern der Versendung einer weiteren E-Mail bedürfen. Da diese jedoch in Sekunden um die Welt gehen, auch hier kann die Geschwindigkeit sehr hoch sein – sofern der Gesprächspartner seine E-Mail sofort liest und beantwortet.

Beispiel Außendienststeuerung

Verschiedene Firmen ermöglichen schon heute ihren Außendienstmitarbeitern, Aufträge und Anfragen elektronisch über Modem an die Zentrale zu senden, so z.B. die Firma Würth in Künzelsau. Die Firma Würth vertreibt u.a. Werkstatt- und Montagebedraf. Eine größere Anzahl von Außendienstmitarbeitern besucht dazu regelmäßig die Kunden. Wieder zuhause, geben die Mitarbeiter abends die tagsüber gesammelten Aufträge in den von der Firma bereitgestellten PC ein und wählen sich dann per Modem in den Firmenrechner in Künzelsau. Dieser nimmt die Aufträge entgegen und bearbeitet sie weiter. Die Aufträge kommen so in kürzester Zeit zur Auslieferung. Diese Vorgänge können leicht auch über das Internet abgewickelt werden.

Abb. 5.5:
Beispiele für die interne Kommunikation

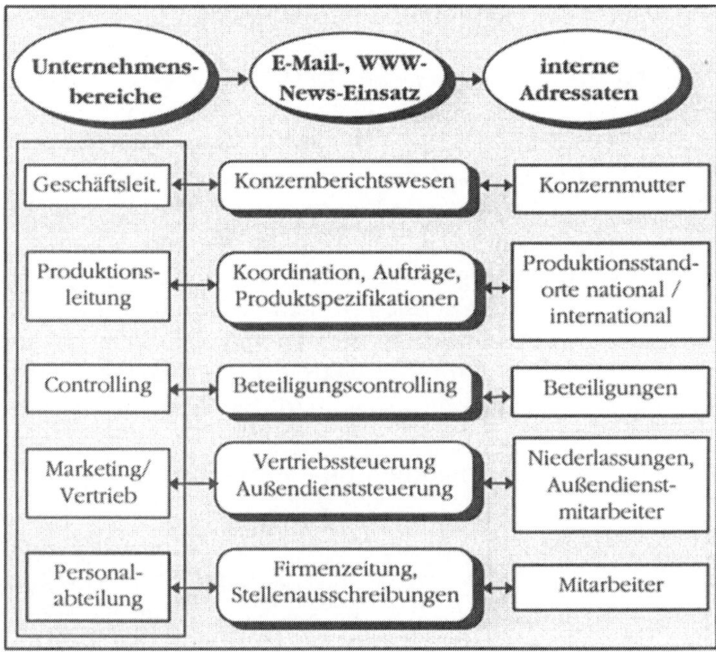

Beispiel Mitarbei-terzeitung

In Form von News oder E-Mail lassen sich auch hausinterne Mitteilungen gezielt, schnell, kostengünstig und parallel an die Mitarbeiter mit „Computeranschluß" verteilen. Auch die Firmen- oder Mitarbeiterzeitung oder interne Stellenaus-schreibungen lassen sich auf diese Weise publizieren. Bei-spiele hierfür finden sich bei Hewlett-Packard und Asea Brown Boveri, die ihren Mitarbeitern auf hausinternen Ser-vern Mitteilungen und die Mitarbeiterzeitung präsentieren. Solche hausinternen Server können als WWW- oder Newsser-ver konzipiert sein.

Einschrän-kungen

Die Voraussetzung der Nutzung solcher Möglichkeiten bleibt jedoch das Vorhandensein entsprechender vernetzter Compu-terarbeitsplätze. Herkömmliche Industriearbeitsplätze sind daher nicht direkt durch die elektronische Mitarbeiterzeitung zu erreichen. Abbildung 5.5 auf der vorigen Seite gibt einen Überblick über einige der verschiedene Anwendungsmöglichkeiten bei der internen Kommunikation via Internet.

Virtuelle private Netze über das Internet

Ein weiterer Aspekt ist die Möglichkeit sogenannter „Virtual Private Networks" (VPN). Provider wie die Firma EUnet bieten Firmen die globale Nutzung des Internet in Form geschlossener Benutzergruppen an. Damit können Internet-Dienste wie der Informationsaustausch in Form von Texten, Bilder oder Videos realisiert und intern verwendet werden. Es erfolgt jedoch kein Zugriff von außen auf das Firmennetz, was die entsprechende Sicherheit, die für die interne Versendung sensibler Daten notwendig ist, garantiert. Die Software-fima SAP AG sich kann über solche VPNs in die Rechner ihrer Kunden „einklinken" und neue Software installieren bzw. Fehlerdiagnosen und Korrekturen vornehmen.

5.3   Die externe Kommunikation

Unter „externer Kommunikation" werden im Folgenden alle Kontakte zu „Nicht-Organisationsmitgliedern" erfaßt. Die externe Unternehmenskommunikation läuft nach dem gleichen Schema und mit ähnlichen Möglichkeiten ab wie die interne Unternehmenskommunikation, nur, daß die Empfänger diesmal nicht innerhalb der eigenen, sondern in fremden Organisationen zu finden sind. Neben den zuvor beschriebenen Anwendungen E-Mail und News lassen sich bei der externen Kommunikation auch andere Internet-Dienste sinnvoll nutzen bzw. anbieten. So kann ein Unternehmen je nach der Art der Kommunikation z.B. auch Angebote auf Telnet-, FTP-, Gopher- oder WWW-Servern bereithalten und so die „Mensch-Maschine-Kommunikation" unterstützen. Dies kann speziell dann nützlich sein, wenn immer wiederkehrende Standard-Informationen abgefragt werden, für die keine „Mensch-zu-Mensch-Kommunikation" erforderlich ist. Telnet, FTP, Gopher- und das WWW erfüllen damit gleichzeitg Informations- und Kommunikationsfunktionen.

Adressaten der externen Kommunikation

Als Adressaten der externen Kommunikation kommen generell alle Interessengrupen rund um das Unternehmen in Frage. Da das Internet zur Zeit noch nicht ausreichend weit verbreitet ist, bestehen in diesem Bereich noch deutliche Einschränkungen. Die zukünftigen Möglichkeiten sollten aber keinesfalls unterschätzt werden. So plant etwa Singapur, einen Großteil seiner Bürokratie an das Internet anzuschließen und z.B. Bauanträge in elektronischer Form zur Verfügung zu stellen. Die Anträge sollen dann elektronisch ausgefüllt und per E-Mail an die Behördenadresse gesandt werden können, wo ein Computer den Antrag automatisch prüft und zur Genehmigung vorschlägt oder ablehnt.

Beispiel Behörden in Singapur

Abb. 5.6:
Homepage des Auswärtigen Amts

Deutsche Ministerien und Behörden im Internet

Auch in Deutschland sind Regierung und erste Ministerien und Behörden im Internet. Neben dem Auswärtigen Amt, welches u.a. Informationen für Auslandsreisen bereithält, ist auch das Bundesministerium für Bildung, Wissenschaft, Forschung und Technologie (BMBF) sowie das Bundesministerium für Ernährung, Landwirtschaft und Forsten (BML) im Internet erreichbar:

- `http://www.bundesregierung.de/`
- `http://www.auswaertiges-amt.government.de/`
- `http://www.zadi.de/BML/`
- `http://www.bmbf.de/`

Beispiele für Behörden im Internet sind:

- Physikalisch-Technische Bundesanstalt
  (`http://www.ptb.de/`)
- Bundesamt für Sicherheit in der Informationstechnik
  (`http://www.cert.dfn.de/`)
- Bundesanstalt für Materialforschung und -prüfung
  (`http://trappist.kb.bam-berlin.de/`)

Abb. 5.7:
Home Page des
BMBF

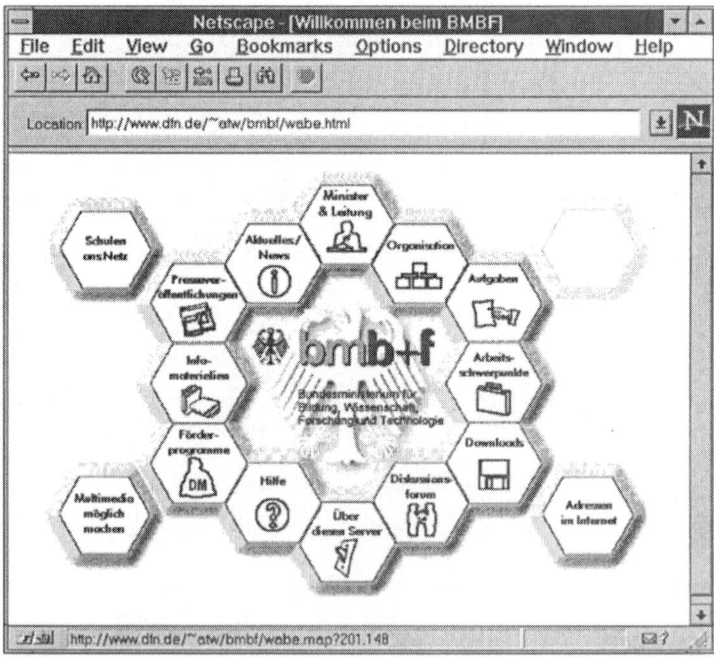

Liste der Regie-rungsstellen im Netz

Eine gute, regelmäßig aktualisierte Liste der in Deutschland erreichbaren Ministerien und Behörden findet sich im WWW unter `http://www.laum.uni-hannover.de/iln/bibliotheken/bundesamter.html`.

Finanzierung und Kapital-anlage

Besonders interessant ist das Internet schon heute im Bereich Finanzierung und Kapitalanlage. Dieser Bereich weist ohnehin eine hohe Informations- und Kommunikationstechnologiedichte auf. Eine Reihe von Gesellschaften aus diesem Sektor, wie etwa Dun & Bradstreet, haben Internet-Zugänge und stellen, wie erwähnt, auch Informationen zur Verfügung.

Creditreform im Internet

Creditreform stellt neben allgemeinen Informationen zum Unternehmen und zur Bonitätsprüfung seinen Mitgliedern die Möglichkeit der elektronischen Auskunftsbestellung zur Verfügung.[2] Die Auskunft selber gelangt dann auf dem üblichen, sicheren Postweg an den Kunden (siehe auch Abbildung 5.7).

Abb. 5.8: Creditreform-Auskunftsseite

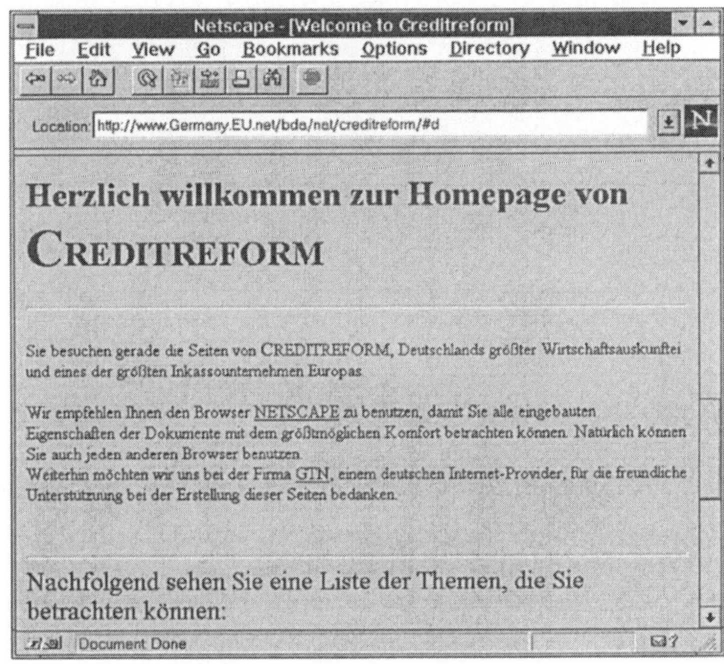

---

2 `http://www.Germany.eu.net/bda/nat/creditreform`

Außenwirtschaft

Für den Bereich „Außenwirtschaft" gibt es neben den zahlreichen internationalen Quellen auch eine neue, deutsche Online-Zeitschrift unter `http://www.localglobal.de/`.

Geschäftsberichte im Internet

Unternehmen können außerdem im Internet z.B. Geschäftsberichte oder aktuelle Unternehmensdaten präsentieren. Dies wird beispielsweise von den Firmen:

- BMW AG (`http://www.bmw.de/`)
- Leica AG (`http://bodan.net/leica/index.html`)
- Hoechst AG (`http://www.hoechst.com/`)

praktiziert.

Abb. 5.9:
BMW-
Geschäftsbericht
im Netz

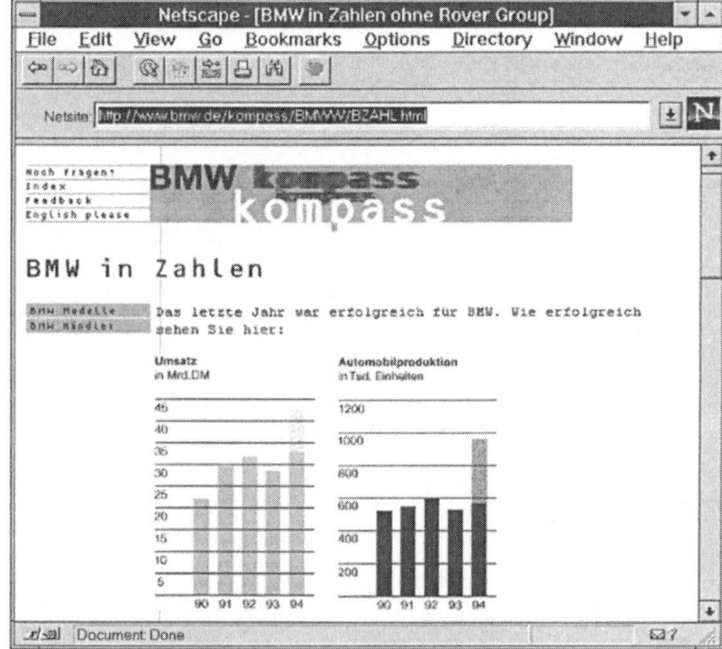

Anleger-Service

Aktiengesellschaften können für ihre Aktionäre bzw. Kapitalanleger spezielle Informationen und Serviceangebote bereitstellen, auch Daimler-Benz tut dies im WWW.

Bewerberinformationen im Internet

Die Personalabteilung kann im Internet zusätzliche „Bewerberinformationen" ablegen. In die Stelleninserate der Tageszeitungen können Hinweise auf die zusätzlichen Informationsquellen aufgenommen werden. Die Firma CSC Plönzke AG gibt z.B. bei Stellenangeboten in ihrer Firmenadresse auch die WWW-Adresse an und stellt dort allgemeine Unternehmensinformationen bereit.[3] Die Merck KGaA veröffentlicht auf Ihrem Server auch die Stellenangebote selbst.[4] Speziell Hard- und Software-Firmen veröffentlichen seit längerem ihren Personalbedarf im Netz. Die Zeitung „Die Zeit" verschickt seit März 1996 Kurzinformationen zu individuell zusammengestellten Stellenanzeigen der jeweiligen Freitagsausgabe per E-Mail im Internet.[5] In den News gibt es außerdem eigene Newsgroups zum Thema „Jobs", in denen Stellenanzeigen publiziert werden.

Unternehmenskooperationen via Internet

Unternehmenskooperationen – etwa zur Zusammenarbeit im F&E-Bereich – erfordern einen gewissen Koordinations- und Abstimmungsaufwand. Heute wird dieser neben persönlichen Treffen meist per Telefon und Fax erledigt. Die Verwendung des Internet kann hier Zeit und Geld sparen, da die Informationen beim Empfänger als Datei vorliegen und sofort im Computer weiterbearbeitet werden können. Die Mitarbeiter verschiedener Forschungsteams können außerdem z.B. per Telnet simultan am selben Problem arbeiten – sogar am selben Rechner – obwohl sie an völlig verschiedenen geographischen Orten auf der Welt tätig sind.

Vorteile von E-Mail bei der Kommunikation

Der Aufwand für die Erstellung und den Versand einer E-Mail ist minimal. Intensiver Gedankenaustausch über bestimmte Probleme verursacht bei Verwendung von E-Mail deutlich geringere Kosten als die normale Briefpost oder ein Ferngespräch. Telefonnotizen oder die Eingabe von per Fax übermittelten Daten in den Computer entfallen. Graphiken und ähnliches werden der Mail in Dateiform als Anhang beigefügt – müssen dafür jedoch in digitaler Form vorliegen.

Öffentlichkeitsarbeit im Netz

Für die allgemeine Öffentlichkeit kann die Public Relations-Abteilung Firmeninformationen beispielsweise über den Um-

---

3 http://www.cscploenzke.de/
4 http://www.merck.de/
5 http://www.zeit.de/

weltschutz im Unternehmen bereitstellen. Die Corporate Identity kann „transportiert" werden. Die Daimler Benz AG etwa stellt den gesamten Konzern einheitlich vor und bietet Verzweigungen zu den Servern einzelner Konzernbereiche wie der Mercedes-Benz AG an. Mercedes-Benz stellt ab dem 1. Mai 1996 u.a. die neuen Fahrzeugmodelle auf einem eigenen Server vor. Der Konzern präsentiert aber auch Umweltschutzdaten und vieles andere mehr.[6]

Abb. 5.10:
Daimler-Benz
Home Page
(Mai 1996)

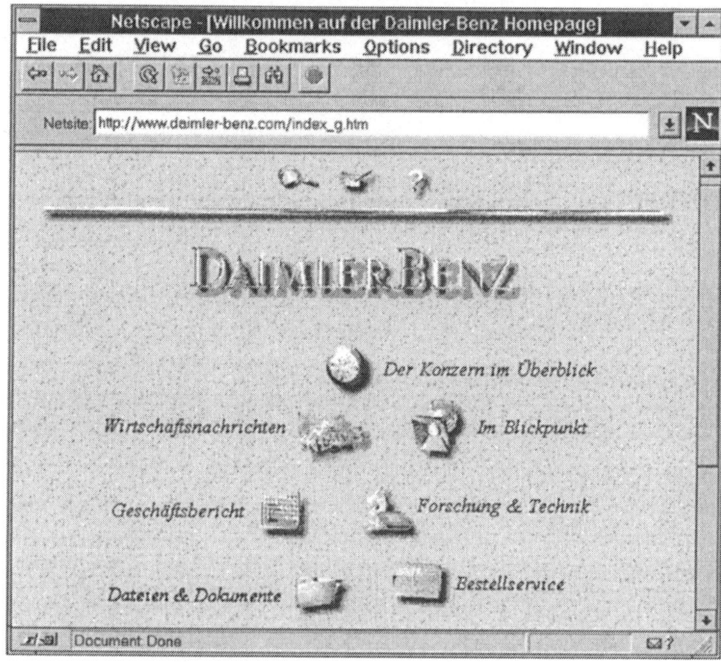

Per Mausklick gelangt man in die einzelnen Konzernbereiche und kann sich dort ausführlich informieren. Neben Produktinformationen findet man dort u.a. (Stand Mai 1996):

- den Konzerngeschäftsbericht
- Informationen zu Forschung und Technik
- Dateien und Dokumente zum Konzern

---

[6] http://www.daimler-benz.com/

- Wirtschaftsnachrichten bzw. Presseerklärungen des Konzerns

- Einen „Blickpunkt", der auf Interessantes außerhalb und innerhalb des WWW verweist, wie z.B. Ausstellungen.

- Einen online-Bestellserevice für Firmenbroschüren und Informationsmaterial

- Möglichkeiten, Fragen zu stellen bzw. ein Feedback zu geben.

Abb. 5.11:
Mercedes-Benz-
Seite

Umwelt- und
Verbraucher-
schutzinfor-
mationen

Neben Umweltschutzinformationen bietet die Firma Henkel auf ihrem Server auch Verbraucherschutzdaten an.[7] Die Volkswagen AG stellt neben einem Presse-Service mit Informationen zu aktuellen Entwicklungen bei VW auch Informa-

---

[7] http://henkel.germany.net/index.htm

tionen über aktuelle Messen, an denen das Unternehmen teilnimmt, zur Verfügung.[8]

Abb. 5.12:
Daimler-Benz-
Umweltbericht

Abbildung 5.13 auf der folgenden Seite gibt einen Überblick über die Möglichkeiten des Internet im Rahmen der externen Kommunikation.

IBM-Umfrage zur
Internet-Nutzung

Eine 1994 durchgeführte Umfrage unter 1287 Angestellten der Firma IBM, USA ergab, daß 35% der Befragten das Netz für die Kommunikation mit Kollegen nutzten (E-Mail), 26% nutzten es für den Kundenkontakt, 19% für Schulungs- und Konferenzzwecke und 5% für die Kommunikation mit Regierung und Behörden. 1993 verschickte der Konzern rund 600.000 E-Mails. Diese Zahl hat sich mittlerweile vervielfacht.

---

[8] http://www.vw.iplus.com/

Telefax im Internet

Eine Erweiterung der Möglichkeiten der externen Kommunikation über das Internet entsteht durch die Versendung von E-Mails bzw. Dateien als Fax. Im Computer erzeugte Texte können mit entsprechender Software im Internet versandt werden und gelangen über Fax-Gateways an gewöhnliche Telefaxmaschinen im Telefonnetz. Einen kostenlosen (!) Fax-Service innerhalb Deutschlands bietet die Firma Tobit an.[9]

Abb. 5.13:
Externe Unternehmenskommunikation

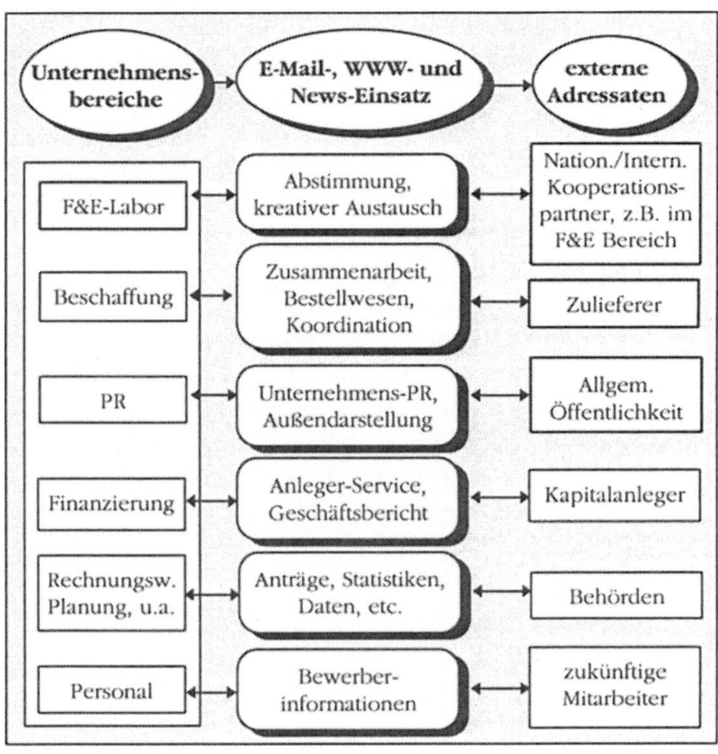

---

9 http://www.hpcs.de/

Literatur

Zu den Kommunikationsmöglichkeiten vergleiche:

Glines, S. Tanner, M.: Using Internet Relay Chat, 1995.

Krol, Ed: Die Welt des Internet: Handbuch und Übersicht, Bonn, 1995.

Lamb, L.; Peek, J.: Alles über E-Mail, Bonn, 1995

Maier, Gunther; Wildberger, Andreas: In 8 Sekunden um die Welt, Kommunikation über das Internet, 4. Aufl., Bonn, Paris, Reading/MA., 1995.

Scheller, Martin; Boden, Klaus-Peter, Geenen, Andreas et.al.: Internet: Werkzeuge und Dienste, Berlin, Heidelberg, New York, 1994.

Weidner, Klaus; Schneider, Stefanie: Internet im Unternehmen: Weltweit Telefonieren zum Ortstarif, *in:* Computerwoche, 22. Jg., Heft 15, 1995, S. 42.

Allgemein zur Telekommunikation:

Kubicek, Herbert (Hrsg.): Jahrbuch Telekommunikation und Gesellscahft, Bd. 3: Multimedia sucht Anwender, Heidelberg, 1995.

6   Marketing im Internet

Zum Begriff „Marketing" existieren eine Vielzahl von Definitionen unterschiedlichster Ausrichtung.

Marketing als Strategie

Strategisch gesehen ist Marketing eine Konzeption der Unternehmensführung, bei der im Sinne einer intensiven Kundenorientierung der gesamte Betrieb auf die Märkte bzw. die Kunden ausgerichtet wird.

Operative Marketing-Aspekte

Unter stärkerer Einbeziehung operativer Aspekte definiert die American Marketing Association „Marketing" bzw. „Marketing-Management" als den Planungs- und Durchführungsprozeß der Konzipierung, Preisfindung, Förderung und Verbreitung von Ideen, Waren und Dienstleistungen, um Austauschprozesse zur Zufriedenheit individueller und organisationeller Ziele herbeizuführen.

Marketing-Strategien

Diese Definition trägt auch dem Aspekt Rechnung, daß zur Gewährleistung eines zielorientierten Handelns der Einsatz von Marketinginstrumenten geplant und in Marketingstrategien festgelegt wird. Entsprechend sollen in diesem Buch auch mögliche Auswirkungen des Internet auf einige Marketingstrategien betrachtet werden. Den Schwerpunkt bildet nachfolgend jedoch die Betrachtung und Erläuterung des Einsatzes der verschiedenen Marketinginstrumente.

Marketing-Politiken

Die große Anzahl absatzpolitischer Instrumente wird meist in vier Gruppen untergliedert:

- Produktpolitik
- Preispolitik
- Kommunikationspolitik
- Distributionspolitik

Marketing-Mix

Innerhalb dieser Politiken wird über den Einsatz und die Intensität einzelner Marketingmaßnahmen entschieden. Sie bilden Teilmixe des „Marketing-Mix", der die Summe aller Einzelentscheidungen über den Einsatz von Marketinginstrumenten darstellt. Im Rahmen der vier Politiken lassen sich weitere Kategorien bilden. Abbildung 6.1 gibt einen Überblick.

Abb. 6.1:
Kategorien von Marketinginstrumenten

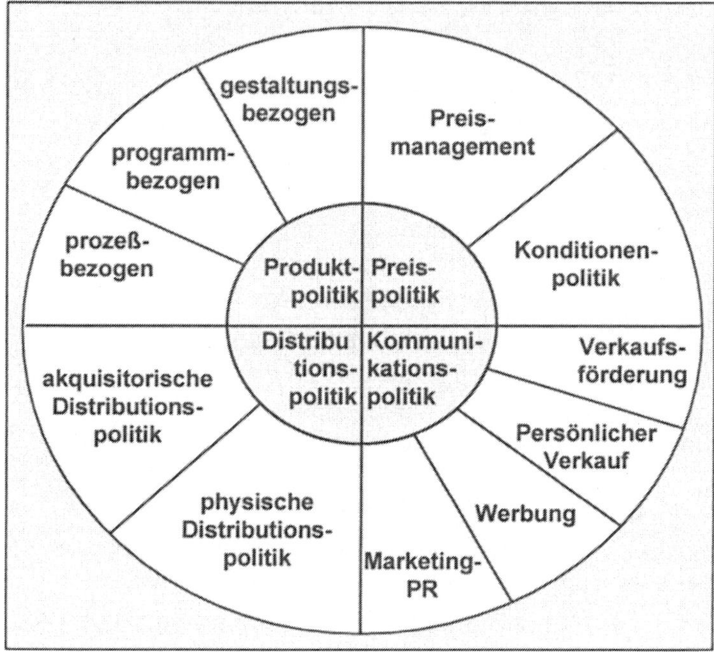

Innovative Technologien und Marketing

Im Prinzip sind sämtliche Marketingteilbereiche aus der Abbildung 6.1 Einsatzfelder für innovative Technologien. Die Ursache hierfür liegt in der informations- und kommunikationsorientierten Aufgabe des Marketing. Um die vom Marketing geforderte Ausrichtung auf den Markt bzw. die Kundennähe zu erzielen, bedarf es der Information und Kommunikation.

Marketing im World Wide Web

Für das Marketing im Internet ist – wie erwähnt – das World Wide Web aufgrund seiner Ton- und Bildfähigkeiten besonders prädestiniert. Es eignet sich, wie in den folgenden Abschnitten noch zu zeigen ist, in besonderem Maße ‚die Informations- und Kommunikationsaufgaben des Marketing zu unterstützen. Im weiteren Verlauf des Kapitels wird daher in erster Linie auf das Marketing im WWW abgestellt. Das WWW stellt quasi den Standard des Marketing im Internet dar. Dies bedeutet jedoch nicht, daß sich die anderen Internet-Dienste nicht im Marketing einsetzen lassen.

Bei den Auswirkungen neuer, innovativer Technologien wie dem Internet auf das Marketing können im allgemeinen drei Wirkungsrichtungen unterschieden werden:

- Unterstützung von konventionellen Marketingfunktionen

- Substitution von konventionellen Marketingfunktionen

- Generierung von innovativen Marketingfunktionen

In bestimmten Bereichen erfolgen Modifikationen der bisher praktizierten Anwendung einzelner Instrumente. Dies wird u.a. bei der Kommunikationspolitik deutlich: Das Internet unterstützt nicht nur den Kommunikationsprozeß, indem es bestimmte Zielgruppen erschließt, es schafft auch neue Möglichkeiten etwa hinsichtlich des Kundenkontaktes. Inwieweit es einmal wirklich Marketingfunktionen ersetzen wird, ist zum gegenwärtigen Zeitpunkt nicht eindeutig zu beantworten.

6.1 Das World Wide Web

Der aktuellste und auch interessanteste Dienst, der zugleich auch über das größte „kommerzielle Potential" verfügt, ist das „World Wide Web", auch „WWW", „Web" oder „W3" genannt. Es wurde von Wissenschaftlern des CERN, dem Europäischen Laboratorium für Teilchenphysik in Genf, entwickelt.

Informationen zu allen Fragen rund um das WWW sind u.a. erhältlich vom World Wide Web Consortium, einem Zusammenschluß von WWW-Anbietern. Das Consortium fördert die Verbreitung des WWW und stellt neben Antworten auf die elektronischen FAQs (Frequently Asked Questions), also die häufig gestellten Fragen, auch die Referenzen der WWW-Protokolle zur Verfügung.

Abb. 6.2:
W3 Consortium

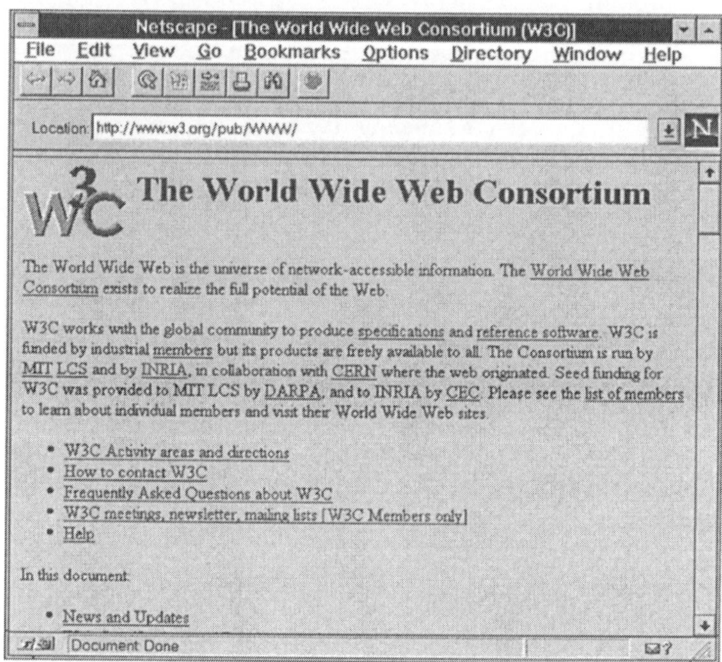

Navigations-
system auf Mul-
timedia-Basis

Ähnlich dem Dienst „Gopher" ist auch das **WWW** ein Navigations- und Recherchesystem und verwaltet Ressourcen des Internet auf eigenen Servern, die auf der Basis der Client/Server-Struktur arbeiten. Die Besonderheit des Systems liegt jedoch darin, daß die Informationen – anders als bei Gopher – nicht in der Form von Menüs, sondern als sogenannte Hypertext-Dokumente dargestellt werden (siehe auch Abbildung 6.2).

HyperText-
Funktionsweise

Beim Hypertext befinden sich auf der Bildschirmseite bzw. im Text farblich markierte oder unterstrichene Wörter, Zeilen oder Buttons, hinter denen sich Verweise – sogenannte „Links" – zu anderen Dokumenten verbergen. Ein Mausklick darauf genügt, um vom aktuellen in ein anderes, neues Dokument zu „reisen". Dabei kann das neue Dokument auf demselben WWW-Server liegen oder auf einem Rechner am anderen Ende der Welt. Es muß sich auch nicht um einen „Link" auf einen WWW-Server handeln, es können genausogut Telnet-, FTP- oder Gopher-Server direkt aus dem Dokument heraus erreicht werden. Im „WWW-Browser", also dem WWW-Client-Programm des Nutzers, sind die notwendigen Programme zur Anwendung der anderen Internet-Dienste meist bereits integriert. Andernfalls benötigt man kleine Hilfsapplikationen, die der Browser automatisch aufruft, wenn sie gebraucht werden.

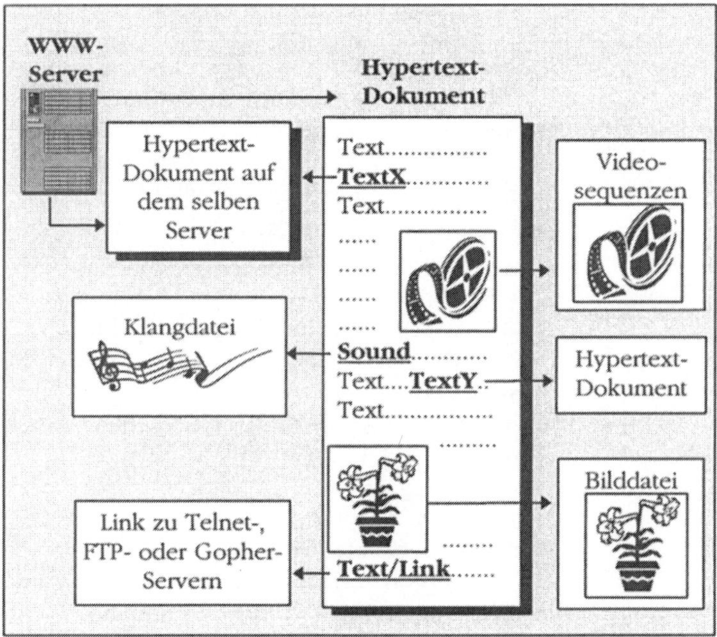

Abb. 6.3: Funktionsweise des World Wide Web

Verweise auf andere Web-Seiten

Ein Hyperlink ähnelt praktisch einem Querverweis in einem Lexikon oder den Fußnoten in einer wissenschaftlichen Arbeit; anstatt jedoch ein angegebenes Buch erst besorgen zu müssen und nachzublättern, „klickt" man sich einfach an die entsprechende Stelle. Dies weist auf den zentralen Punkt des WWW hin: Ein Dokument ist erst dann sinnvoll und nützlich, wenn es erstens eine Reihe Verbindungen zu anderen Dokumenten enthält und zweitens, wenn möglichst viele andere Dokumente „Links" zu diesem Dokument bzw. zu dieser „Web-Seite" aufweisen und es damit bei Bedarf auch leicht verfügbar ist. Diesen Verknüpfungen bzw. dem entstehenden weltweiten „Gewebe" verdankt das World Wide Web seinen Namen. Web-Seiten können natürlich auch direkt angewählt werden, sofern man die jeweilige Adresse und den Pfad kennt.

Liste mit WWW-Servern

Ein sortierte Liste mit allen weltweit registrierten WWW-Servern findet sich unter `http://www.w3.org/hypertext/Data-Sources/WWW/Servers.html`. Leider ist jedoch nicht jeder Server im WWW auch registriert.

Layout-Möglichkeiten und gemischte Dateiformate

Videoclips und Klangdateien

Die Dokumente können neben reinem „ASCII-Text" auch verschiedene Formatierungsbefehle enthalten. (ASCII ist ein Standardverfahren zur Darstellung von Zeichen; der Begriff wird in der Computerwelt allerdings oft im Sinn von „unformatierter Text" eingesetzt.) Sie ermöglichen so, anders als die bisher vorgestellten Dienste, unterschiedliche Hervorhebungsarten, Schriftgrößen, etc. und damit ein ansprechendes Layout. Das wichtigste aber ist die Möglichkeit der Einbindung von Bild-, Ton- und Videodateien in die Dokumente. Verfügt man über einen entsprechenden Browser, können die Dokumente bzw. Seiten mitsamt den Bildern durchgeblättert werden. Mit einigen zusätzlichen „Hilfsapplikationen" lassen sich Videoclips und Klangdateien abspielen. Das W3 ermöglicht damit Multimedia „online". In diesem Zusammenhang sind auch Möglichkeiten von Realaudio zu erwähnen (`http://www.realaudio.com/`). Die Realaudio-Software ermöglicht die kontinuierliche Übertragung von Audiodaten im Netz.

HTTP und HTML

Um die Einbindung unterschiedlichster Dateiarten zu ermöglichen, verwendet das WWW ein spezielles Protokoll, das HTTP (Hypertext Transfer Protocol). Die Dokumente werden in einer entsprechenden Seitenbeschreibungssprache verfaßt, die Formatierungsbefehle im Text enthält, diese heißt HTML (Hypertext Markup Language).

URL (Uniform Ressource Locator)	Damit auch Verbindungen zu anderen Diensten des Internet möglich werden, verwendet man ein spezielles Adressierungssystem, die URLs (Uniform Resource Locator). Sie bestehen aus einem Rechner- bzw. Server-Namen und (optional) dem Pfad, unter dem ein bestimmtes Dokument auf diesem Rechner zu finden ist. Beispiele für solche URLs sind :

Beispieladressen

- `http://www.w3.org/hypertext/Datasources/`
- `gopher://yaleinfo.yale.edu/`
- `ftp://ftp.nic.merit.edu/`
- `telnet://weel.sf.ca.us/`

WWW und Terminalemulation

Obwohl heute fast ausschließlich graphische Browser (siehe z.B. Abb. 6.2) zur Anwendung kommen, sind Graphiken und Mausbedienung keine Selbstverständlichkeit. Sauber erstellte WWW-Dokumente können beispielsweise auch auf reinen Textbildschirmen angezeigt werden. Die Auswahl von Hyperlinks erfolgt dann durch Cursortasten oder Nummerneingaben. WWW-Dokumente können sogar Blinden automatisch vorgelesen werden.

Animierte Web-Seiten mit Java

Zu den neueren Entwicklungen rund um das W3 zählen vor allen die vom Computerhersteller und Softwareentwickler Sun Microsystems entwickelte, C++-ähnliche Programmiersprache Java, die die Erstellung noch vielseitigerer Angebote im WWW ermöglicht. U.a. können animierte Graphiken wie z.B. Laufbandschriften in Web-Seiten eingebaut werden. Mit Java können automatisch kleine Programme vom jeweils angewählten Server auf den heimischen Rechner geladen und dort gestartet werden; das Besondere ist dabei, daß diese Programme rechner- und betriebssystemunabhängig sind. Java wird auch vom Netscape Navigator sowie einer Anzahl anderer Browser unterstützt und darf bereits ein neuer Standard genannt werden.

Abb. 6.4:
Java Home
Page

6.2   Möglichkeiten der Marktforschung im Internet

Grundlage von Marketingentscheidungen bilden meist Informationen aus der Marktforschung. Wie schon erwähnt, kann die Marktforschung als ein Spezialfall der Informationsbeschaffung aufgefaßt werden. Da das Internet in diesem Bereich interessante neue Möglichkeiten eröffnet, und da die Marktforschung von einiger Bedeutung für Unternehmen ist, möchte ich dem Thema an dieser Stelle einen eigenen Abschnitt widmen.

Begriff der
Marktforschung

Unter Marktforschung wird meist ein systematischer Prozeß der Gewinnung und Analyse von Daten für Marketingentscheidungen verstanden.

Phasen der
Marktforschung

Die Marktforschung wird regelmäßig in folgende fünf Phasen eingeteilt:

- Definition und Klärung der Problems
- Design (Research Design/Anlage der Untersuchung)
- Datengewinnung
- Datenanalyse
- Dokumentation und Präsentation der Ergebnisse

Verschiedene Aspekte des Internet wirken sich auf die einzelnen Phasen der Marktforschung aus. Besonders intensiv ist der Einfluß auf die Möglichkeiten der Datengewinnung, doch auch für die anderen Phasen ergeben sich Veränderungen.

Neue Formen der Datenkollektion

Das Netz ermöglicht neue Formen der Datenkollektion. Es lassen sich die „direkte Datenkollektion" – sprich: die „elektronische" Befragung – und die „indirekte", vom Nutzer unbemerkte Erfassung bzw. Registrierung von Daten bezüglich seines Verhaltens unterscheiden. Letzteres entspricht damit in etwa der in der Marktforschung eingesetzten Beobachtung. Die „direkte" Datengewinnung ist im Internet auf viererlei Weise möglich:

Indirekte und direkte Datengewinnung

- durch den Versand von E-Mail-Fragebögen
- durch die Einrichtung von Fragebögen im WWW
- durch auszufüllende Registrierkarten
- durch Online-Gruppendiskussionen

Ich möchte die einzelnen Formen hier etwas näher vorstellen.

E-Mail-Fragebogen

Im Netz können elektronische Fragebögen entworfen und an die E-Mail-Adresse einer Person oder Firma geschickt werden. Diese Fragebögen entsprechen inhaltlich den herkömmlichen Papier-Fragebögen, stellen jedoch ein elektronisches Dokument dar. Der Empfänger wird gebeten, den Fragebogen auszufüllen und entweder mit der Post, per Fax oder direkt per E-Mail zurückzusenden. Die Rücksendung per E-Mail ist dabei vorzuziehen, da sie die automatische Auswertung der Fragebogen ermöglicht, ohne daß die Daten erneut in einen Computer eingegeben werden müssen.

Vor- und Nachteile

E-Mail-Umfragen sind schnell und kostengünstig durchzuführen. Die Zustellung ist einfach und relativ sicher. Es gibt keinen Interviewer-Effekt, und die computerisierte Auswertung verringert Codierungsfehler. Als Nachteil muß die gegenwärtig noch zu geringe Verbreitung von E-Mail gewertet werden, die auch bezüglich der Repräsentativität der jeweiligen Untersuchung Probleme verursacht. Für die automatisierte Auswertung sind die Schlüsselunganforderungen sehr hoch, es bleibt nur sehr wenig Raum für individuelle Antworten.

Tab. 6.1:
Vor- und Nachteile einer E-Mail-Befragung

Vorteile	*Nachteile*
Schnell und einfach durchzuführen, automatisierte Auswertung	Die Befragten müssen ein E-Mail-Account haben, „mangelnde Repräsentativität"
Kostengünstig durchführbar	Es handelt sich um eine begrenzte Zielgruppe
Relativ sichere Zustellung	Geringere Antwortbereitschaft als schriftliche Befragung
Umweltschonend, da keine Papierverschwendung	Rigide Schlüsselungserfordernisse machen klare, einfache und korrekte Anweisungen zu einem absoluten Muß
Flexible Antwortmöglichkeiten (Brief, Fax, E-Mail)	Fehlende Standardisierung bei den „Mail-Clients" der Befragten kann zu Problemen führen
Keine Zeitzonen-Probleme (wie z.B. bei Telefoninterviews in den USA)	Formular-Ansicht-Konfigurationen bei den Nutzern können die Größe des Fragebogens begrenzen
	Unsicherheit im Umgang mit E-Mail oder Computer-Angst können die Antwortraten und Ergebnisse beeinflussen
	Anonyme Antworten sind nicht möglich
	Ausgefüllte Fragebogen können abgefangen werden

Probleme können sich auch aus den unterschiedlichen Standards und Konfigurationen der Mail-Client-Programme ergeben. Ist die Mail größer als ein vom Empfänger gesetztes Limit, wird der Fragenbogen möglicherweise nicht vollständig angezeigt. Besonders problematisch ist die Tatsache, daß die per E-Mail zurückgeschickten, ausgefüllten Fragebogen weder anonym noch sicher sind. Sie können im Netz abgefangen bzw. kopiert werden. Tabelle 6.1 stellt die Vor- und Nachteile einer E-Mail-Befragung einander gegenüber.

Empfehlung

E-Mail-Fragebögen sollten nicht in Form eine Massenmailings an „ahnungslose" Netzteilnehmer versandt werden. Sinnvoller ist es, die Fragebögen an Empfänger zu richten, die entweder einen Bezug zur jeweiligen Materie haben oder das vorherige Einverständnis der Empfänger einzuholen. Auf diese Weise kann die Rücklaufquote erheblich erhöht und möglichen negativen Reaktionen vorgebeugt werden.

WWW-Fragebogen

Eine neue Methode zur Datenerhebung stellt auch das World Wide Web zur Verfügung. Hier können Dokumente erstellt werden, die die Beantwortung von Fragen und die anschließende, automatische Übermittlung an einen Rechner erlauben. Zur Erläuterung komplexer Sachverhalte lassen sich auch die Multimedia-Möglichkeiten des WWW einsetzen; Bilder oder kleine Film- und Tonausschnitte können den Fragebogen ergänzen. Der Computer, der die ausgefüllten Fragebogen erhält, kann die Antworten sammeln oder kontinuierlich die Ergebnisse auswerten. So kann man beispielsweise auf dem WWW-Server des „Spiegel"[1] jede Woche an einer Umfrage teilnehmen, deren Ergebnisse stündlich ausgewertet und am Orte veröffentlicht werden.

Vor- und Nachteile

Werbung für Umfragen im WWW

Als Vorteil stellen sich die schnelle Auswertung und die günstige Durchführung dar. Der große Nachteil liegt in der Tatsache begründet, daß die Web-Nutzer die Seite mit der Umfrage aus eigenem Antrieb besuchen müssen. In der Praxis muß deshalb regelmäßig „Werbung" für eine Umfrage betrieben werden, d.h. an anderer, meist hochfrequentierter

---

[1] `http://www.spiegel.de/`

Stelle des Internet werden Hinweise plaziert und Verweise auf die entsprechenden Fragebogen geschaltet. So können in bestimmten Newsgruppen Artikel zur Umfrage inklusive der Adresse des Umfrage-Dokuments erscheinen. Außerdem können auf anderen Web-Seiten, besonders in Verzeichnissen und Übersichten, Verweise installiert werden, die zum Mitmachen auffordern und per Mausklick den Nutzer zum Fragebogen „transportieren". Ein weiteres Problem ist die Möglichkeit, daß Nutzer bei Befragungen mehrfach abstimmen können.

Abb. 6.5:
West-Umfrage

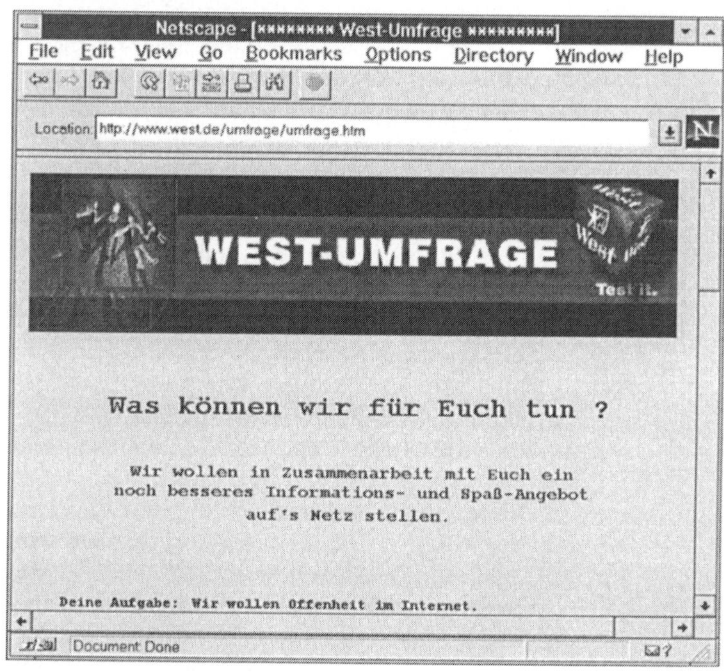

Beispiel für Umfragen im Netz

Der Heise Verlag hatte im Dezember 1995 auf seiner „Homepage" einen Link zu einem eigenen Fragebogen. Nutzer, die den Fragebogen ausfüllten, nahmen an einer Verlosung von 50 Fachbüchern des Verlags teil.[2] Auch die Zigaretten-Marke West ist mit einem Server im Internet vertreten, auf dem ein

---

[2] http://www.ix.de/

Fragebogen mit „Gewinnchance" eingerichtet wurde[3]. Regelmäßig finden auch größere Umfragen an folgenden Orten statt:

- `http://www.w3b.de/`

- `http://www.cc.gatech.edu/gvu/user_survey/`

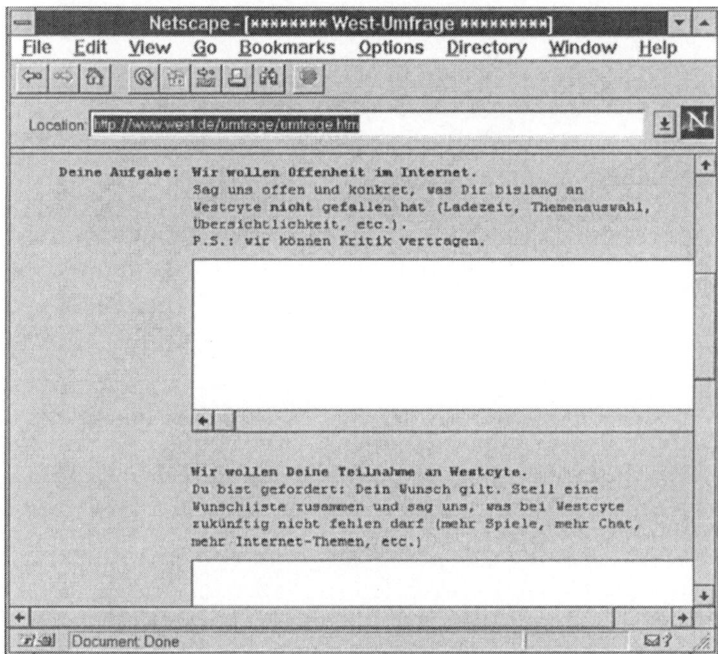

Abb. 6.6: Eingabefelder der West-Umfrage

Die West-Homepage weist auf den West-Fragebogen hin. Es sollen Anregungen für verbesserte Informationsangebote des Servers gegeben werden. Um die Nutzer zum Mitmachen zu motivieren, wird unter den Teilnehmern ein Gewinn verlost. Der Fragebogen enthält verschiedene Felder, in die freier Text geschrieben werden kann (Abbildung 6.6).

Am Ende des Fragebogens sollen die Teilnehmer ihren Namen und ihre Adresse eingeben, was u.a. für die Benachrichtigung des Gewinners wichtig ist, jedoch gleichzeitig eine An-

---

[3] `http://www.west.de/`

zahl von „Kundenadressen" ergibt. Diese können beispielsweise (sofern nicht, wie in diesem Fall, Anonymität zugesichert und die Weiterverwendung ausgeschlossen wird) bei besonderen Aktionen oder Angeboten auf dem Server eine Mail erhalten (Abbildung 6.7).

Abb: 6.7:
Adreßfeld und
Absen-
demöglichkeit

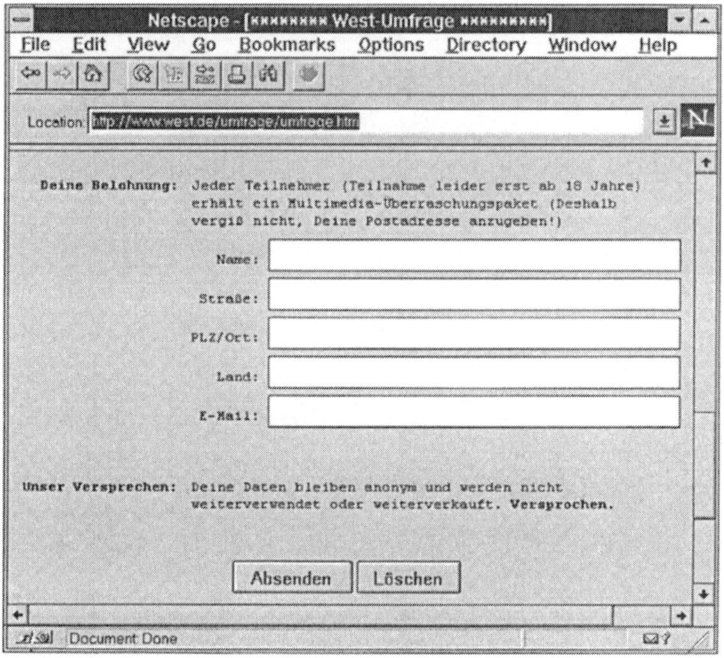

Datensammlung über Coupons und Registrierkarten

Als weitere Möglichkeit der „direkten" Datensammlung können Coupons oder Abonnementangebote bzw. Registrierkarten entweder an E-Mail-Adressen geschickt oder auf einer WWW-Seite plaziert werden. Will man z.B. „HotWired", ein sehr populäres WWW-Magazin, lesen, so muß man eine „elektronische Registrierkarte" ausfüllen. Das Lesen der Zeitung ist zwar kostenlos, um aber an die Seiten zu kommen, müssen zunächst eine spezielle Registriernummer und ein selbstgewähltes Paßwort eingegeben werden. Die Nummer erhält der Leser erst nach der Registrierung per E-Mail zugeschickt, so daß man die korrekte E-Mail-Adresse angeben muß, um in den Genuß des Magazins zu kommen. Neben der Sammlung von Kunden- bzw. Leseradressen, die dann auch für „Cross- und Upselling-Strategien" verwendet werden können, ermöglicht dies auch kleinere Befragungen. So wird bei „HotWired" u.a. gefragt, auf welchem Wege man von „HotWired" erfahren hat, was für eine Modemgeschwindigkeit genutzt wird u.ä.[4]

Abschreckende Wirkung

So praktisch dieses Verfahren für den Anbieter auch sein mag, darf nicht übersehen werden, daß es für den Nutzer eine erhebliche Einbuße an Bedienungskomfort bedeutet: Man stelle sich vor, er müßte für jeden Seitenanbieter seine persönliche Nummer bereithalten! Überdies verlangsamen solche Paßwort-Methoden die Datenübertragung. Es ist weiter zu vermuten, daß viele der im Datenschutzbereich äußerst sensiblen Netz-Benutzer von der Nutzung eines derartigen Angebots Abstand nehmen, wenn sie kein wirklich starkes Interesse an der dargebotenen Information haben.

Gruppendiskussionen im Netz

Gruppendiskussionen, wie sie des öfteren in der Marktforschung eingesetzt werden, lassen sich im Internet mit dem „Internet Relay Chat" durchführen. (Siehe dazu auch Abschnitt 5.1.2.) Man kann einen „Interview-Kanal" eröffnen und versuchen, diskussionswillige Internet-Nutzer zum Mitmachen zu animieren. Da jedoch keine Möglichkeit zur Beobachtung des Verhaltens der Teilnehmer gegeben ist, gehen bei „Online-Gruppendiskussionen" bestimmte, wichtige Auswertungsmöglichkeiten der „klassischen" Gruppendiskussion verloren. Es könnten auch Mailinglisten für solche Gruppendiskussionen genutzt werden, jedoch entfällt dann zusätzlich noch der Aspekt der Spontaneität bei den Antworten.

Indirekte Datensammlung durch Registrierung von Nutzerverhalten und Adressen

Anders als bei den Methoden der direkten Datenerhebung erfolgt die indirekte Erfassung von Daten ohne ein vorheriges, explizites Einverständnis der Nutzer. Bei der indirekten, verdeckten Datengewinnung werden neben den Computer- oder E-Mail-Adressen auch Nutzungsgewohnheiten und Verweildauern während des Besuchs einer WWW-Seite gespei-

---

4 http://www.hotwired.com/

chert und ausgewertet. Es läßt sich damit nachvollziehen, welche Elemente einer WWW-Seite den Betrachter besonders angesprochen haben bzw. welche uninteressant für ihn waren.

Analyse der Nutzer anhand der gewonnenen Daten

In einem weiteren Schritt können die gewonnen Nutzungsdaten dazu dienen, bei einem erneuten Besuch des Nutzers speziell auf dessen Bedürfnisse zugeschnittene Informationen bereitzustellen. Allerdings ist es nicht in allen Fällen möglich, sicher festzustellen, wer „am anderen Ende der Leitung" ist – ein und dieselbe Computeradresse bedeutet nicht notwendigerweise, daß man den gleichen Nutzer zu Gast hat. Damit befindet man sich bereits bei der Verwertung der aus der Datenanalyse gewonnen Informationen. Diese Verfahren können auch mit anderen Servern, etwa bei Telnet- oder FTP-Sitzungen genutzt werden. Der Server speichert die vom Benutzer durchgeführten Aktionen bzw. den Verlauf der Sitzung in einer Datei, wo sie dann für eine Auswertung zu statistischen Zwecken, aber eben auch zur Nutzungsanalyse bereitstehen.

Beispiel Versandhandel

Besucht der Nutzer beispielsweise die Web-Seite eines Versandhandels und blättert intensiv in den Seiten mit modischen Damenblusen, so kann bei einem späteren erneuten Besuch des Nutzers auf dem Server ein Hinweis auf ein besonderes Angebot aus eben diesem Warenbereich erfolgen.

Präsentation der Ergebnisse

Bei der Dokumentation ergibt sich im Internet die Möglichkeit, Untersuchungsergebnisse schnell und günstig per E-Mail an denjenigen zu leiten, der sie benötigt. Weiterhin können Ergebnisse per auf diese Weise schnell diskutiert werden.

Feedback für Umfrageteilnehmer

Persönliche Auswertung

Den Befragten kann ein allgemeines oder auch ein individuelles Feedback über die Ergebnisse der Umfrage gegeben werden. Bei der in Kapitel 6.6.1 vorzustellenden W3B-Umfrage erhielten die Teilnehmer beispielsweise ein individuelles Paßwort, mit dem sie nach Auswertung der Fragebogen eine persönliche Analyse ihrer Antworten im Vergleich zu denen anderer Nutzer abrufen konnten. Dies motiviert die Befragten u.u. zur Teilnahme an weiteren Befragungen. Für Unternehmen wird ein solches Feedback nicht einfach sein, da die gewonnenen Daten für sie oft nur so lange einen Wettbewerbsvorteil darstellen, solange sie der Konkurrenz nicht bekannt sind.

Definition, Design und Analyse

Natürlich müssen auch bei der Problemdefinition, dem Forschungsdesign und der Datenanalyse im Rahmen einer im Internet durchgeführten Untersuchung die Besonderheiten des Mediums berücksichtigt werden. So kann durch eine WWW-Umfrage z. B. kein echtes „zufälliges" Sample im Sinne einer uneingeschränkten Zufallsauswahl gewonnen werden, da man einen Selbstauswahleffekt der Befragten erhält. Bei einer E-Mail-Umfrage ist zwar theoretisch eine zufällige Auswahl der Befragten möglich, jedoch ist anzunehmen, daß die Befragten aufgrund der Tatsache, daß sie alle über E-Mail und entsprechendes Computerwissen verfügen, bezüglich einiger Kriterien nicht repräsentativ für z. B. die Gesamtbevölkerung eines Landes sind. Diese systematisch auftretenden Fehler (Biases) müssen beim Research Design und der späteren Datenanalyse berücksichtigt werden.

Besonderheiten des Mediums

Rücklaufquoten

Aufgrund der Neuheit der Umfragemethode existieren nur sehr wenig Erfahrungen bezüglich der Rücklaufquote. Die Rücklaufquote eines E-Mail-Fragebogens scheint jedoch im Bereich zwischen 10 und 20% zu liegen und ist damit im Vergleich zu einer schriftlichen Befragung recht niedrig. Es muß also eine größere Anzahl von Personen elektronisch angeschrieben werden, um die gleiche Anzahl auswertbarer Fragebögen zu erhalten.

Sekundärforschung

Die Nutzungsmöglichkeiten des Internet für die Marktforschung berühren neben der Primärforschung auch die Sekundärforschung. So sind neben den oben geschilderten Anwendungen bei der Datenerhebung auch eine Vielzahl von Quellen zur Sekundärforschung im Internet erhältlich. Einige dieser Quellen finden sich im Anhang. Abbildung 6.8 faßt die Internet-Möglichkeiten im Rahmen der Marktforschung noch einmal zusammen.

Abb. 6.8:
Internet und
Marktforschung

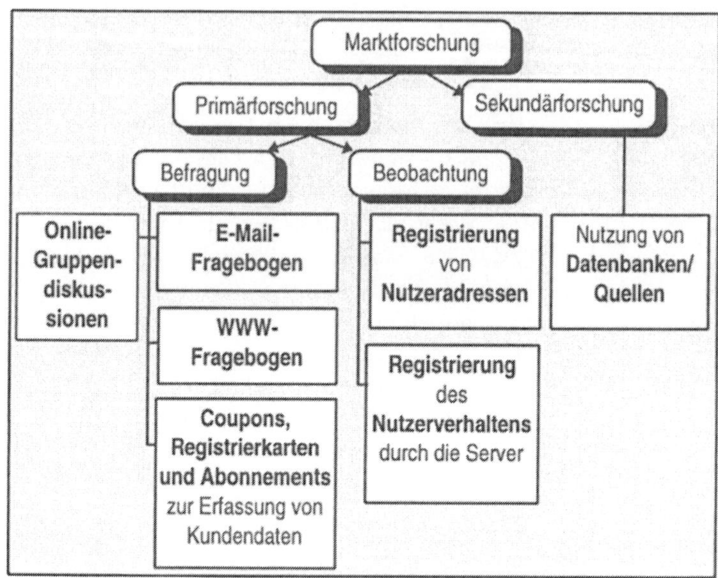

6.3   Das Internet und traditionelle Marketingstrategien

Strategie-Begriff

Unter betriebswirtschaftlichen Strategien versteht man häufig mittel- bis langfristig wirkende Grundsatzentscheidungen. Marketingstrategien steuern den Einsatz von Ressourcen und Instrumenten im Rahmen des Marketing und legen, orientiert an den Unternehmenszielen, Handlungsfelder und Handlungsspielräume fest.

Arten von Marketing-Strategien

Es gibt eine Anzahl von Marketingstrategien, die unterschiedlich systematisiert werden können. Sie werden häufig nach der Wahl der Produkt-Markt-Kombination, nach der Art der Marktbeeinflussung, nach dem Grad der Marktbearbeitung sowie nach dem Grad der räumlichen Marktausdehnung unterschieden. Danach gibt es „Marktfeldstrategien", „Marktstimulierungsstrategien", „Marktparzellierungsstrategien" und „Marktarealstrategien". Abbildung 6.9 illustriert diese Systematisierung.

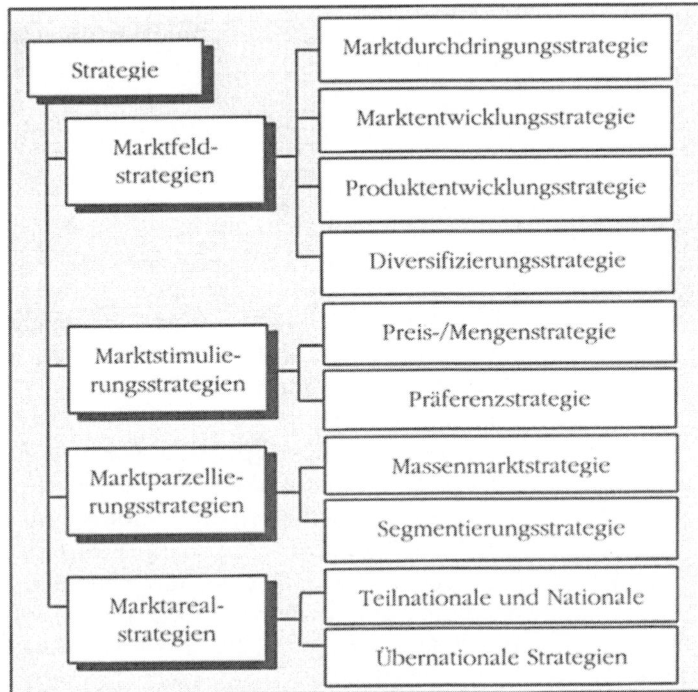

Im folgenden werde ich auf neun der genannten Marketingstrategien eingehen, um für diese zu klären, inwieweit das
Netz bei der Verfolgung einzelner Strategien eingesetzt werden kann. Die Marktarealstrategien werden hier als eine einzige, interdependente Strategieentscheidung betrachtet und
nachfolgend nicht weiter unterteilt.

Marktdurchdringungsstrategie

Die „Marktdurchdringungsstrategie" ist eine der vier „Ansoff-
schen" Marktfeldstrategien. Dabei soll auf gegenwärtig bear-
beiteten Märkten mit gegenwärtig vorhandenen Produkten
der Umsatz oder der Marktanteil gesteigert werden. Dazu
können bisherige Nicht-Verwender zu Kunden gemacht,
Kunden der Konkurrenz abgeworben oder ein Mehrbedarf
bisheriger Kunden erzeugt werden. Das Internet kann im
Rahmen der Marktdurchdringungsstrategie in erster Linie als

Werbemedium eingesetzt werden, um beispielsweise neue Kunden anzusprechen, die auf herkömmlichen Kanälen nur schwer erreichbar sind (wie etwa Computerfreaks). Daneben können „Konkurrenzkunden" durch überzeugende Kommunikationsarbeit im Internet abgeworben werden.

Marktentwicklungsstrategie

Erweiterung von Produktfunktionen

Durch neue Kunden und/oder neue Verwendungszwecke sollen für vorhandene Produkte neue Märkte gefunden bzw. geöffnet werden, um „Wachstum" zu erzielen. Dafür können z.B. Produktfunktionen erweitert werden. Dies geschieht etwa bei den professionellen Online-Datenbank-Anbietern wie Data-Star, Dialog, Orbit oder STN/FIZ, die durch Einrichtung eines Internet-Zugangs alten und neue Kunden die Möglichkeit geben, die jeweiligen Dienstleistungen günstiger zu nutzen. Neue Produktfunktionen werden auch bei verschiedenen „Online-Zeitungen" und Informationsdiensten wie z.B. „Pathfinder" sichtbar.[5] Abonnenten können angeben, zu welchen Themenbereichen sie Informationen wünschen und zu welchen nicht. Pathfinder stellt die Informationen aus verschiedenen Publikationen des Time-Verlages (Times, Vibes, Sports Illustrated u.a.) zusammen. Damit wird dem Leser quasi eine „Zeitung" nach seinen persönlichen Wünschen präsentiert, der Leserkreis wird erweitert und eine zusätzliche Verwendungsmöglichkeit des journalistischen Materials geschaffen.

Neue Verwendungsmöglichkeiten

Die Möglichkeit der Schaffung zusätzlicher Produktfunktionen besteht in erster Linie für digitalisierbare Produkte und Dienstleistungen; es können aber auch zusätzliche Features, z.B. die Fernwartung bzw. Fehlerdiagnose für Investitionsgüter wie Maschinen und ähnliches, über das Internet abgewickelt werden. Damit wird das zum Produkt gehörende Servicespektrum erweitert.

---

[5] http://www.pathfinder.com/

Produktentwicklungsstrategie

Generierung von
Innovationen

Bei dieser Strategie werden für bereits bearbeitete Märkte neue Produkte geschaffen. Das Internet kann u.a. bei der Generierung von Innovationen als „Ideen- und Informationslieferant" eingesetzt werden. Der Einsatz des Internet im Bereich Forschung und Entwicklung wurde ja bereits in Kapitel 4 angesprochen. Außerdem kann das Produkt in Verbindung mit dem Internet selbst eine Innovation oder eine „Quasi-Innovation" sein. Ein Beispiel hierfür sind die sogenannten „Cyber-Cafés", in denen man neben dem Kaffeetrinken gegen Gebühr im Internet „surfen" kann.

Diversifikationsstrategie

Kooperationen
Akquisitionen

Der Versuch, Wachstum durch neue Produkte auf neuen Märkten zu erzielen, wird als Diversifikationsstrategie bezeichnet. Dies ist die letzte der vier Marktfeldstrategien. Sie erfordert vielfach horizontale, vertikale oder diagonale Unternehmenskooperationen oder Akquisitionen bzw. den Erwerb von Beteiligungen. Dazu können im Internet Kooperationspartner gesucht und Kontakte geknüpft werden. Speziell in den USA, aber auch an anderen Orten stehen hierfür einige Server bereit. Ferner können – wie weiter oben angesprochen – die Kommunikationsmöglichkeiten des Internet bei der Durchführung von Kooperationen oder der Steuerung von Beteiligungen eingesetzt werden.

Vermittlung von
Geschäfts-
kontakten

Es existieren mittlerweile eine Reihe von seriösen Firmen und Organisationen, die sich auf die Vermittlung von Geschäftskontakten spezialisiert haben, so z.B.:

- Trade Match in England (`http://www.trademmatch.co.uk/`)

- Trade Zone in den USA (`http://www.tradezone.com/`)

- Small Business Exporters Association
  (`http://www.freetrader.com/titlepage.html`)

- Washington Trade Center
  (`http://www.eskimo.com/~bwest/`)

- Asian Pacific Business and Marketing Resources
  (`gopher://hoshi.cic.sfu.ca/11/dlam/business/forum/`)

- I-TRADE (`http://www.i-trade.com/`). Die Nachfolgerin von Trade Point USA stellt u.a. zusammen mit der UNCTAD Verbindungen zu regionalen, elektronischen Export-Adreßbüchern bereit.

Präferenzstrategie

Markenimage

Die Präferenzstrategie ist eine der beiden Marktstimulierungsstrategien. Dabei soll die Kundenbindung durch die Erzeugung eines besonderen „Markenimage" erfolgen, wodurch häufig die Erzielung höherer Preise möglich wird.

Abb. 6.10:
Werbeseite der Zigarettenmarke „West"

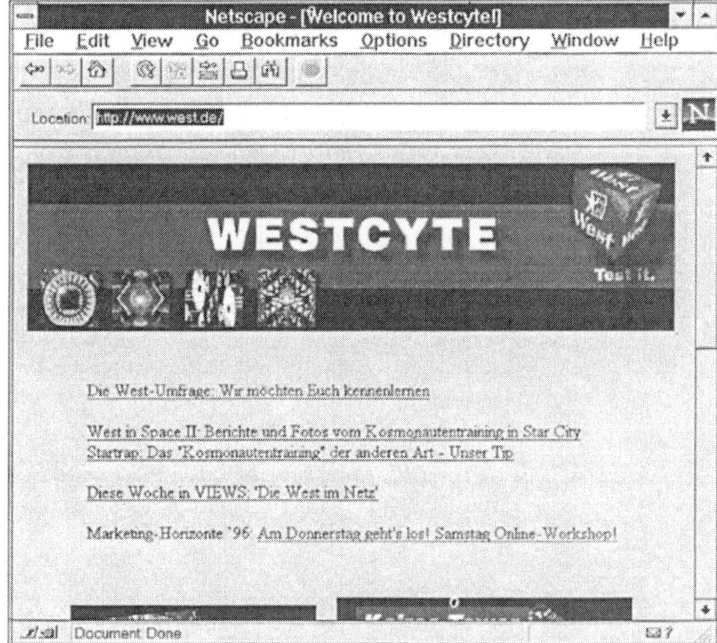

Das Internet eignet sich gut für den langfristigen Aufbau eines Markenimage in bestimmten Zielgruppen. Es kann als Transportmedium für Imagewerbung in Form von Bildern oder Filmen genutzt werden, d.h. „emotionale Werte" können transportiert werden. Anders als im Fernsehen oder im Radio kann zu jeder Uhrzeit für sämtliche Produkte geworben werden, einschließlich Zigaretten (http://www.west.de/). Außerdem genießen Firmen im Internet zur Zeit noch den Ruf, modern und innovationsfreudig zu sein. Einschränkungen im Bereich der Werbung ergeben sich jedoch aus der zu erläuternden Zielgruppenbeschränkung des Internet.

Preis/Mengenstrategie

Kostenwirkung des Internet

Die Kundenbindung wird bei der Preis/Mengenstrategie fast ausschließlich durch niedrige Preise erzielt. Die Preis/Mengenstrategie ist damit in gewisser Weise eine konkurrenzorientierte Strategie, da preislich „niedrig" meist in bezug auf Preise von Konkurrenzprodukten zu sehen ist. Für solche „Niedrigpreisstrategien" eignet sich das Internet nur bedingt. Zum einen kosten „Online-Minuten" den normalen privaten Nutzer Telefongebühren und verteuern damit den Preis einer Ware oder einer Dienstleistung. So ist etwa das „Online-Lesen" einer Zeitung um einiges teurer als der Preis des gedruckten Exemplars. Andererseits gibt es Beispiele von sogenannten „Online-Stores", die, da sie keine Kosten für Ladenlokale und entsprechendes Personal haben, ihre Ware, wie z.B. „Levis Jeans", sehr günstig anbieten können.

Weiterhin können in bestimmten Fällen durch das Internet auch bei den Kommunikationskosten signifikante Einsparungen erzielt werden, welche die notwendigen Aufwendungen zur Internet-Nutzung mehr als kompensieren. Damit können Kostensenkungspotentiale eröffnet werden, die die Niedrigpreisstrategie unterstützen. Aufgrund der hohen Transparenz im Netz scheint es insgesamt jedoch bedenklich, beispielsweise einen Preiskampf im Internet führen zu wollen. (Siehe zu den „Kostensenkungspotentialen" des Internet auch Abschnitt 6.5.1.)

Massenmarktstrategie

Internet ist kein echter Massenmarkt

Die undifferenzierte Bearbeitung des gesamten Marktes wird als „Massenmarktstrategie" bezeichnet. Sie stellt das Gegenstück zur noch anzusprechenden Marktsegmentierung dar. Das Internet stellt zwar angesichts der Nutzerzahlen einen „Massenmarkt" dar, die Nutzer verteilen sich jedoch über verschiedene Kontinente und Kulturen. National ist in großen Bevölkerungsteilen noch kein Internet-Anschluß vorhanden. Wie die Nutzer-Analysen im Kapitel 6.6.1 noch zeigen werden, sind z.B. Frauen extrem unterrepräsentiert. Auch Kinder, ältere Menschen und Menschen mit niedrigem Bildungsniveau sind nur gering im Netz vertreten.

Das Netz selbst stellt also zur Zeit bereits eine starke Segmentierung bzw. ein eigenes Segment und keinen „echten" Massenmarkt dar. Auch in Zukunft wird das Internet aller Wahrscheinlichkeit nach Schwierigkeiten haben, ein „echter" Massenmarkt zu werden.

Segmentierungstrategie

Gegenwärtig eigenständiges Marktsegment

Hierunter versteht man die Auswahl und Bearbeitung bzw. Ansprache eines oder mehrerer homogener Teilmärkte. Das Internet ist zur Zeit noch relativ homogen in bezug auf die Zusammensetzung der Nutzer. Gegenwärtig herrschen männliche Computer-Professionals, Wissenschaftler und Studenten vor. Damit bildet es – wie angedeutet – bereits ein eigenes Segment. Gleichzeitig ist es international und multikulturell, aber bis zu 80% der Nutzer sind US-Amerikaner. Werbung kann gezielt dort plaziert werden, wo sich potentielle Nutzergruppen aufhalten.

Es existieren mit E-Mail, den News und den Mailinglisten Möglichkeiten zur differenzierten Zielgruppenerfassung und direkten Ansprache. Durch die Registrierung von Nutzungsverhalten kann die Werbung auf Nutzertypen oder sogar individuell auf einzelne Kunden zugeschnitten werden (siehe auch Abschnitt 6.2). Bestimmte Zielgruppen entziehen sich allerdings dem Zugriff, da sie gegenwärtig nicht bzw. nicht ausreichend im Internet vertreten sind.

Marktarealstrategien

Internationalität des Mediums

Die Wahl der räumlichen bzw. geographischen Marktausdehnung wird als Marktarealstrategie bezeichnet. Man kann teilnationale und nationale von übernationalen Strategien unterscheiden. Gemeinhin ist das Internet nicht an Staatsgrenzen oder Grenzen kultureller oder sprachlicher Art gebunden.

Dies stimmt jedoch nur bedingt: Im August 1994 gab es z.B. zehn Staaten (z.B. Kroatien, China, Vietnam) mit sogennanter „Route Filtering Policy" im Internet. Dabei wurde der Zugang zu bestimmten Teilen des NSFNET bzw. internationalen Netzteilen durch nationale oder NSFNET-Router verhindert. Darüber hinaus kann die Sprache etwa bei kyrillischen oder anderen Schriftzeichen zum Problem werden – auch wenn hierfür teilweise speziell angepaßte Browser zur Verfügung stehen.

Lokale, regionale und überregionale Unternehmen

Es besteht für Unternehmen immer die Möglichkeit, entweder nur lokal zu agieren oder multinational. Die „Online-Pizza-Services" im Netz sind der Beweis. Sie liefern ihre Pizza nur in der jeweiligen Region aus. Die großen Konzerne dagegen, wie etwa „global player" Sony, agieren multinational.

Internationaler Absatz kleiner und mittlerer Firmen

Der Schritt zur internationalen Marktbearbeitung wird durch das Internet speziell auch für kleine und mittlere Firmen interessanter. Die Informationsmöglichkeiten des Netzes können zur Knüpfung ausländischer Geschäftskontakte genutzt werden. Die Kommunikationsmöglichkeiten beschleunigen, vereinfachen und verbilligen den Kontakt zu ausländischen Niederlassungen oder Tochtergesellschaften und ermöglichen es auch kleinen Firmen, globale Kommunikationsnetze aufzubauen. Das Marketing im Internet gibt kleinen Firmen darüber hinaus die Möglichkeit, ihr Angebot weltweit zu präsentieren. Ein Beispiel hierfür ist der Buchladen J. F. Lehmanns in Berlin, der Buchkataloge zu den Themen Informatik, Medizin und Ökologie im Internet bereithält und elektronische Bestellungen ermöglicht. Aufträge gehen aus ganz Europa sowie Nord- und Südamerika ein.[6]

Beispiel Buchladen

---

[6] `http://www.Germany.eu.net/shop/JFL`

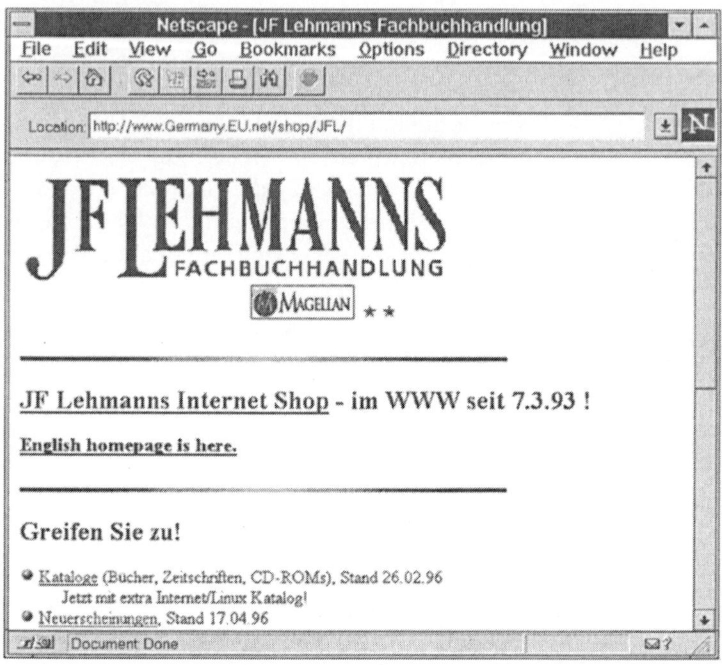

Abb. 6.11:
Buchladen
J.F.Lehmanns

Multinationale
Unternehmen im
Netz

Die „Globalisierung" im Sinne der weltweit einheitlichen Zielgruppenansprache wird durch das Internet erleichtert. Sony Electronics Inc. stellt beispielsweise Produktinformationen in englischer Sprache und mit Dollar-Preisen versehen ins Netz.[7] Ein Server mit einer „Homepage" reicht aus, um in der ganzen Welt identisch aufzutreten. Andererseits ist es jedoch einfach, nationale Eigenheiten durch sprachlich oder kulturell speziell angepaßte Firmeninformationen bzw. Werbung zu berücksichtigen, wenn man in einzelnen Ländern unterschiedlich auftreten möchte. Dem Nutzer werden dann auf einem Server verschiedene nationale „Seiten" zur Auswahl bereitgestellt, oder er wird zu anderen Servern „geschickt". Viele WWW-Angebote liegen daher zwei- oder mehrsprachig vor, meist in der Landessprache des Anbieters und auf Englisch. So weist Sony etwa auf seine japanische Homepage in

---

7 http://www.sony.com/

Tokio hin. Insgesamt stehen in sieben verschiedenen Ländern WWW-Server der Firma Sony und ergänzen damit das weltweite Angebot. Andere Web-Seiten haben einen „Schalter" für die Umstellung auf andere Sprachen.

Abb. 6.12:
Sony-Homepage

Zusammenfassend läßt sich festhalten, daß das Internet an vielen Stellen in die gängigen Marketingstrategien integrierbar ist. Besonders im Rahmen der Internationalisierung sowie der Globalisierung läßt sich das Netz gut einsetzen. Das Internet stellt zudem ein interessantes eigenes Marktsegment dar, welches mit der weiteren Ausdehnung des Netzes kontinuierlich größer, aber auch inhomogener wird. (Zu den Eigenschaften dieses Segments siehe die Studien über die Internet-Nutzer im Abschnitt 6.7.2.)

6.4 Der Einfluß des Internet auf die Produktpolitik

Gegenstand der Produktpolitik

Die „Produktpolitik" umfaßt in der Regel alle Entscheidungstatbestände, die sich auf die marktgerechte Gestaltung des Leistungsprogramms einer Unternehmung beziehen. Als Produkte werden hier sowohl Waren als auch Dienstleistungen verstanden.

Dreiteilung der Produktpolitik

Unter dem Begriff „Produktpolitik" werden meist eine Reihe von Teilpolitiken zusammengefaßt. Die wichtigsten darunter sind die Produktgestaltung, die Sortiments- bzw. Programmpolitik, die Verpackungspolitik, und die Kundendienstpolitik sowie die Markenpolitik. Zur Systematisierung soll die folgende Einteilung dienen:

- gestaltungsbezogene Produktpolitik
- prozeßbezogene Produktpolitik
- programmbezogene Produktpolitik

Abbildung 6.13 verdeutlicht die Instrumente der Produktpolitik innerhalb der drei Kategorien.

Abb. 6.13:
Instrumente der Produktpolitik

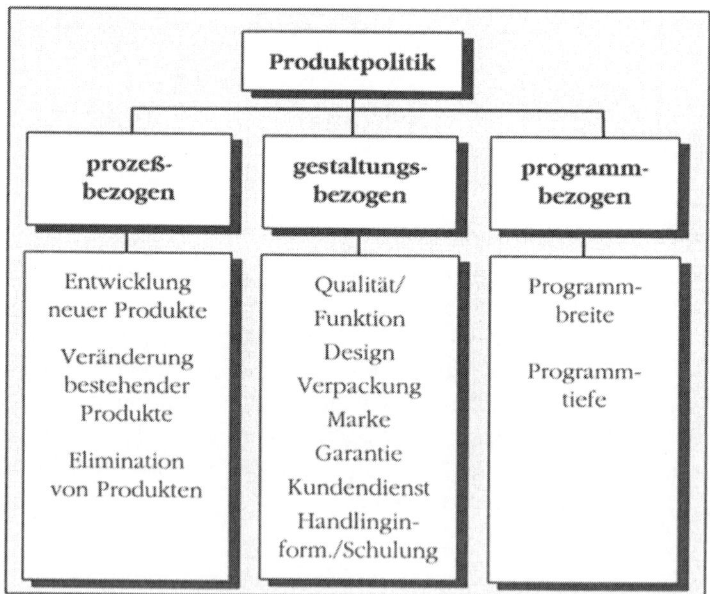

Die Verpackungspolitik und die Kundendienstpolitik werden hier in die gestaltungsorientierte Produktpolitik integriert. Ebenso soll mit der Markenpolitik und Beschwerdepolitik verfahren werden.

Sektoren, Branchen und Produkttypen im Netz

Es fällt schwer, Aussagen hinsichtlich der Produktpolitik im Internet zu treffen, die sich an den sonst üblichen Unterscheidungen in Sektoren, Branchen oder Produkttypen festmachen ließen. Sowohl in der Industrie als auch im Dienstleistungsbereich und in der Landwirtschaft läßt sich das Netz einsetzen. Es gibt eigentlich keine Branche, deren Produkte sich nicht für das Internet eignen würden. Werbung im Netz ist generell für alles denkbar, auch wenn es beim Verkauf sicherlich Vorteile auf Seiten der genormten Massenprodukte gibt, deren Eigenschaften dem Käufer i.d.R. bereits bekannt sind. Jemand, der eine Levis 501 besitzt, kennt die Paßform dieser Jeans und kann das nächste Stück problemlos im Netz bestellen. Bekannte Markenprodukte haben es also leichter im Netz.

Es existiert jedoch nur eine begrenzte Anzahl von digitalisierbaren Waren, die also auch im Netz *geliefert* werden können. Eine Reihe von Dienstleistungsprodukten hat aufgrund der guten Digitalisierbarkeit der Leistung Vorteile im Netz. Aber auch bei den Dienstleistungen gibt es eine große Zahl nicht-digitalisierbarer Produkte, wie beispielsweise in den Bereichen Handwerk und Gastronomie. Selbst hier können allerdings Service- und Zusatzleistungen wie beispielsweise Terminvereinbarungen, Reservierungen oder Angebote über das Netz erfolgen.

Konsum- und Investitionsgüter im Netz

Es können im Internet sowohl Konsumgüter als auch Investitionsgüter beworben und verkauft werden. Da Software ebenfalls ein Investitionsgut sein kann, kann sogar der Transport solcher Investitionsgüter im Netz erfolgen. Gegenwärtig ergibt sich noch ein Übergewicht der Konsumgüter im Internet. Das hängt u.a. damit zusammen, daß es allgemein mehr Konsumgüterproduzenten und Einzelhändler als Investitionsgüterhersteller gibt und damit, daß Investitionsgüter generell weniger bzw. mit anderen kommunikationspolitischen Mitteln beworben und verkauft werden.

Dabei scheint das Internet gerade für die häufig beratungsintensiven Investitionsgüter aufgrund seiner Möglichkeiten der Informationsvermittlung und Produktpräsentation besonders geeignet zu sein. Obwohl viele Firmen als potentielle Investitionsgüterkäufer im Netz aktiv sind, ist die Business-to-Business-Werbung im Netz bislang hauptsächlich die Domäne der Computer- und Softwarehersteller.

Im Netz werden Produkte zur Befriedigung der unterschiedlichsten Bedürfnisse angeboten, physiologische Bedürfnisse werden genauso wie Sicherheit, Prestige, Wertschätzung, soziale Bedürfnisse oder Selbstverwirklichung angesprochen. So wird im Internet jede Art von Produkten von Nahrungsmitteln und Kleidung über Schmuck und Wohnungen bis hin zu Kontakten, Gesprächen, Therapien und Sex angeboten.

Unterscheidung: digitalisierbar/ nicht-digitalisierbar

Bevor auf die einzelnen Teilbereiche der Produktpolitik und die Bedeutung des Internet für sie eingegangen werden kann, muß noch zwischen „digitalisierbaren" und „nicht-digitaliserbaren" Produkten unterschieden werden. Abbildung 6.14 verdeutlicht dies anhand einiger Beispiele.

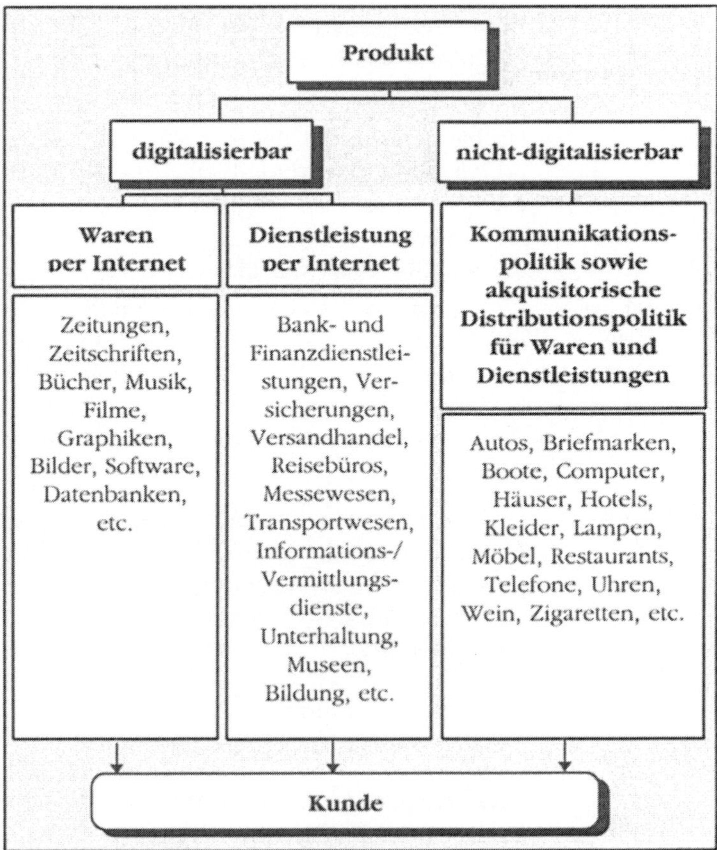

Abb. 6.14:
Produkte im Internet

Bedeutung der
Informations-
produkte

Das Internet hat auf die Produktpolitik nicht digitalisierbarer Produkte einen ungleich geringeren bzw. anderen Einfluß als auf digitalisierbare Waren und Dienstleistungen. Nicht digitalisierbare Produkte lassen Angebot und Werbung sowie den Verkauf über das Netz zu, nicht aber den physischen Transport bzw. die prompte Leistungserbringung im Netz. Digitalisierbare Produkte werden auch als Informationsprodukte bezeichnet; insofern kann man von Informationsprodukten als den Internet-Produkten im engeren Sinne sprechen. Angebot und Verkauf von digitalen und nicht-digitalen Waren und

Dienstleistungen über das Internet fällt in den Bereich der „akquisitorischen Distributionspolitik", die in Abschnitt 6.8.1 behandelt wird.

Nachfolgend sollen die in Abbildung 6.13 aufgezeigten Kategorien der Produktpolitik und die darin enthaltenen Instrumente auf mögliche Einflüsse des Internet untersucht werden.

6.4.1 Die prozeßbezogene Produktpolitik

Innovation, Variation und Eliminierung

Die „prozeßbezogene Produktpolitik" umfaßt die grundlegenden Entscheidungen über die Entwicklung und Produktion neuer Waren und Dienstleistungen (Produktinnovation), die Veränderung bzw. Anpassung des Produkts an veränderte Bedingungen (Produktvariation) sowie die Eliminierung des Produkts.

Einflüsse auf Produkte

Das Netz kann auf verschiedene Produkte unterschiedliche Einflüsse ausüben. Es lassen sich für alle drei Kategorien der prozeßbezogenen Produktpolitik – also Innovation, Variation und Elimination – Produkte finden, die durch das Internet beeinflußt werden. D.h. es werden durch das Internet neue Produkte geschaffen, bestehende verändert und zukünftig möglicherweise einige Produkte durch das Internet vom Markt verdrängt.

Neue Produkte und Dienstleistungen durch das Internet

Innovation?

Es ist nicht leicht, eine eindeutige Abgrenzung zwischen „echten" Innovationen und „Quasi-Innovationen" vorzunehmen. Ist der PC eine echte Innovation oder nur die Weiterentwicklung bzw. die Verkleinerung von Großrechnern?

Neue Dienstleistungen

Das Netz selbst kann als eine echte Innovation angesehen werden. Internet-Provider, die kommerzielle Netze betreiben, stellen ein neue Kategorie von Dienstleistungsunternehmen dar, ebenso die Betreiber von Online-Diensten. Im Rahmen des Internet sind auch die bereits erwähnten Internet-Suchdienste entstanden. Informationsdienste wie die „Yahoo

Hard- und Software rund um das Netz

Search Engine" finanzieren sich durch Werbung auf ihren Seiten. Internet-Multimedia-Software wie etwa der „Netscape Navigator" stellt eine weitere Produktgruppe dar, die durch das Internet entstanden ist. Für die private Nutzung ist diese Software zwar oft kostenlos, nicht aber für Unternehmen. Darüber hinaus bietet die Firma Netscape auch die Software zum Betrieb von WWW-Servern an. Im Umfeld des Internet sind außerdem viele Internet-Agenturen entstanden, die Internet-Werbung bzw. Beratung und Service bei der Nutzung des Internet anbieten. Damit hat sich ein ganzer Zweig von neuen Dienstleistungen entwickelt.

Veränderte Produkte und Dienstleistungen durch das Internet

Neue Funktionalität bei Büchern, Zeitschriften und Zeitungen

Elektronische Zeitungen und Magazine sind das beste Beispiel für veränderte vorhandene Produkte, die durch das Internet an neue Bedingungen und Möglichkeiten angepaßt wurden. Gegenüber den gedruckten Versionen sind sie nicht nur aktueller (sie erscheinen häufig vor der gedruckten Ausgabe), sondern sie sind auch interaktiv. Die wöchentliche Meinungsumfrage zu aktuellen Themen des „Spiegel" wurde bereits erwähnt; die Autoren der einzelnen Artikel sind teilweise für ein „Feedback" bzw. Leserbriefe erreichbar.[8] (Siehe Abbildung auf der nächsten Seite.)

Banken und Versicherungen

Banken,[9] Finanzdienstleister und Versicherungen[10] bieten im Internet ihre Dienstleistungen, wie Homebanking, Anlageberatung oder Versicherungsberatung an. Durch die meist automatisiert durchgeführte Informationsabgabe bzw. -aufnahme stehen die Serviceleistungen der Unternehmen rund um die Uhr und an fast jedem Platz der Welt zur Verfügung.

---

[8] `http://www.spiegel.de/`

[9] z.B. `http://www.bank24.de/`

[10] z.B. `http://www.skandia.de/`

Abb. 6.15:
Spiegel-Online

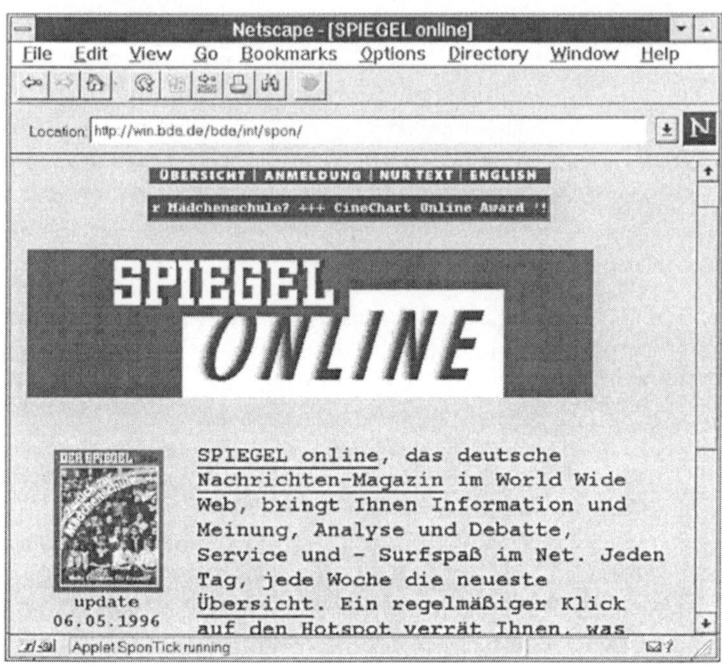

Informations-
dienstleister

Ein ebenfalls verändertes Produkt stellen die Informations-
und Vermittlungsdienste dar. Gemeint sind hier z.B. interaktive Fahrplan- oder Terminauskünfte, Mitfahr- oder Mitwohn-
zentralen,[11] Job-Börsen,[12] Makler, Immobilien-Börsen usw.
Museen, wie der Louvre in Paris, machen Ausstellungen im
Internet zugänglich. Bilder können für den privaten Gebrauch
gespeichert, nachbearbeitet und ausgedruckt werden. Enzy-
klopädien, Wörterbücher und Lexika im Internet verfügen
über Hypertext-Querverweise und ermöglichen die automatische Schlagwortsuche sowie animierte Erklärungen.[13]

Beispiel Federal
Express Service

Transportunternehmen wie z.B. Federal Express und der
United Parcel Service ermöglichen Ihren Kunden über das
Internet den Zugriff auf die aktuellen Transport- und Aufent-

---

[11] http://www.sektor.de/

[12] http://www.dv-job.de/

[13] http://hyperg.tu-graz.ac.at:80/B3074B33/C0x811b9908_0x0002e0e2

haltsdaten ihrer Sendungen.[14] Kunden können so feststellen, auf welchem Teilstück der Wegstrecke sich Ihr Paket gerade befindet, oder ob es bereits erfolgreich zugestellt wurde.

Elimination von Produkten oder Dienstleistungen durch das Internet

Bislang sind nur sehr wenige Produkte oder Dienstleistungen gänzlich durch das Internet verdrängt worden. Anfangs stellten sich zwar viele Unternehmen in der Verlagsbranche die Frage nach dem Überleben der Printmedien; diese Frage scheint jedoch mittlerweile eindeutig entschärft und beantwortet: Zumindest mittelfristig werden sich keine gravierenden Verschiebungen ergeben. In bestimmten Bereichen sind die Auswirkungen des Internet aber dennoch deutlich spürbar. So ist etwa in den USA der Markt für gedruckte Informationsdienste auf 50% des gesamten Marktanteils gefallen. Der Gebrauch von Netzquellen steigt dagegen deutlich an. Nach Erscheinen von „Britannica Online", der elektronischen Ausgabe der „Encyclopedia Britannica" ist die Nachfrage nach der gedruckten Version fast völlig zum Erliegen gekommen.[15] In den USA erscheinen auch einige Special-Interest-Zeitschriften und Magazine aus den Bereichen Jura und Medizin jetzt nur noch im Internet. Diese sind aufgrund des teilweise geringen Leserkreises günstiger, als die jeweiligen Print-Ausgaben zuvor waren.

6.4.2   Die gestaltungsbezogene Produktpolitik

Die zentralen Instrumente der „gestaltungsorientierten Produktpolitik" sind die Qualität bzw. Funktionalität, die Ausführung und das Design eines Produkts. Weitere Instrumente sind die Marke, die Verpackung und der Kundendienst. Daneben sind die Garantie und die mitgelieferten Bedienungsanleitungen oder spezielle Produktschulungen, die hier unter dem Stichwort „Handling-Information" zusammengefaßt sind, wichtig.

---

[14] http://www.fedex.com/

[15] http://www.eb.com/eb.html

Strukturelle und symbolische Leistungsinhalte

Die Qualität besteht neben den funktionalen Eigenschaften auch aus strukturellen und symbolischen Leistungsinhalten. Während die strukturellen Eigenschaften wie Form oder Farbe bei Informationsprodukten an Bedeutung verlieren, kommt den symbolischen Leistungsinhalten auch im Internet ein gewisser Stellenwert zu. So ist es z.B. „in", das Internet-Magazin „HotWired" zu lesen.

Produkt- und Verpackungs-design versus Web-Layout

Die Informationsprodukte bedürfen keiner Verpackung. Das Produkt- und Verpackungsdesign verliert seine Bedeutung, dafür steigt die Bedeutung des „Layout" der Webseiten, auf denen die Produkte und Informationen angeboten werden bzw. auf denen sich Firmen präsentieren. Das Layout von Webseiten spielt eine erhebliche Rolle hinsichtlich des Erfolgs von Produkten im Internet.

Seh- und Hör-gewohnheiten der Internet-Nutzer

Die Qualität und das Design sind wichtige Merkmale von Produkten, die sich im Internet verändern bzw. die neu gestaltet werden müssen. Dabei muß die Funktionalität und das Layout an die Möglichkeiten und die Seh- und Hörgewohnheiten des Netzes bzw. seiner Nutzer angepaßt werden. So sollten, in Anbetracht der geringen Übertragungsraten der Modems privater Nutzer, große Mengen farbiger Bilder oder Audiodaten sinnvollerweise nur auf Anforderung bereitgestellt und nicht unaufgefordert übertragen werden. Trotzdem muß die Aufmachung der Informationsprodukte graphisch bzw. optisch ansprechend gestaltet sein, um die Nutzer zum Verweilen einzuladen, neugierig zu machen.

Wichtig ist jedoch, daß es mit gutem Layout allein nicht getan ist. Auch die Inhalte müssen dem Besucher einer Webseite einiges bieten, wenn dieser sich nicht sofort wieder verflüchtigen soll. In der Praxis heißt dies häufig, daß nicht nur firmen- oder produktbezogene Informationen angeboten werden dürfen, sondern daß Originielles, Spannendes, Informatives und Unterhaltendes angeboten werden muß. Nicht zu unrecht macht in diesem Zusammenhang das geflügelte Wort vom „Infotainment" die Runde. Zusätzlich muß – damit die Besucher zu regelmäßigen Besuchern werden – der Inhalt der Seiten regelmäßig (z.B. wöchentlich) verändert bzw. aktualisiert werden. Internet-Nutzer sind tendentiell anspruchsvoller als z.B. der durchschnittliche Zeitungsleser. Sie unterscheiden kritisch zwischen handfester Information und „Werbeschnickschnack".

Neue technische Möglichkeiten

Daß Produkte im Netz ihre alten Qualitäten verlieren und neue hinzugewinnen, liegt nicht nur an der immateriellen Struktur der Internet-Produkte, sondern auch an den technologischen Möglichkeiten, die sich im Netz bieten. Besonders Dienstleistungsprodukte können von den vielfältigen Möglichkeiten profitieren, wie am Beispiel der automatisierten Anlageberatung im Netz deutlich wird.

Kundenbeziehung/ Kundenbindung

Testmarkt Internet

Die Funktionen eines Produktes als Bestandteil seiner Gesamtqualität müssen auf die Bedürfnisse und Wünsche der Kunden zugeschnitten sein. Hier bietet das Internet über produkt- oder firmenbezogene Mailinglisten und Diskussionsforen die Möglichkeit der direkten Einflußnahme vorhandener und potentieller Kunden auf die zukünftige Produktentwicklung. Den Kunden können auch „Produktproben" zum Test angeboten werden, mit der Bitte, gefundene Fehler und Probleme an den Hersteller zu melden. Dieses Verfahren wird besonders häufig von Software-Produzenten angewendet, findet sich aber auch bei Verlagen, die Leseproben anbieten und um Stellungnahmen dazu bitten. Bei der Software-Produktion werden auf diese Weise Fehlerquellen schnell entdeckt und ausgemerzt. Das Internet dient damit auch als Testmarkt.

Ebenso können Informationen von Nutzern der Konkurrenzprodukte (z. B. in den Diskussionsforen und in den Mailinglisten der Konkurrenz) dazu dienen, Aufschlüsse über die Vor- und Nachteile eines Produkts aus der Sicht der Anwender zu erhalten. Das Internet ermöglicht auf diese Weise die Kundennähe, die durch das Marketing angestrebt wird.

Kommunikativer Kundendienst

Einfluß übt das Internet auch auf die Kundendienst- bzw. die Servicepolitik aus. Über das Internet kann „kommunikativer Kundendienst" in bestimmten Fällen direkt und günstig Probleme einzelner Kunden lösen. Probleme, Fragen und Rückmeldungen von Kunden z.B. in News-Gruppen, in denen sich die Nutzer über ihre Produkterfahrungen austauschen können, tragen zur Entlastung des Kundendienstes bei. Diese Gruppen können von den Firmen selbst oder von Privatpersonen initiiert und/oder moderiert werden. So können Mitarbeiter des Vertriebs oder Kundendienstes an den Diskussionen aktiv teilnehmen und Fragen beantworten oder selber Fragen zu Erfahrungen der Nutzer stellen. Die Antworten – positive wie negative – stehen dann allen Kunden im Netz zur Verfügung. Computerfirmen und Software-Produzenten entlasten auf diese Weise ihre telefonischen „Hotlines". Das Internet stellt somit auch neue Möglichkeiten des „After-Sales-Service" bzw. „After-Sales-Marketing" bereit. Diese können auch im Rahmen des „Beschwerdemanagements" sowie bei der Gebrauchsinformation und der Schulung von Nutzern eingesetzt werden.

Produktschulungen lassen sich gut über das Netz durchführen. Sie sind zeitlich und inhaltlich flexibel und gestatten die Einflußnahme des Schülers auf die zu behandelnden Themen.

Markenpolitik

Die Marke ist auch im Internet von großer Bedeutung. Sie fungiert in gewisser Weise als Orientierungshilfe bei der Auswahl der unzähligen Angebote im Netz. Das Image bzw. die Bekanntheit einer Marke kann im Internet übernommen werden. Der Coca-Cola-Server ist ein gutes Beispiel hierfür.[16] Bekannte Namen und Marken heben sich von der Vielzahl kleiner, unbekannter Firmen ab, die sich im Netz tummeln und um die Gunst der Besucher buhlen. Umgekehrt fördert die Internet-Präsenz ein modernes, technologieorientiertes Image. Marken, die Werte wie Naturverbundenheit oder Natürlichkeit auf sich vereinigen, haben entsprechend eine weniger gute Werbeplattform im Internet. (Dennoch findet sich beispielsweise auch die Firma Birkenstock im WWW. [17])

---

[16] http://www.cocacola.com/

[17] http://www.footwise.com/

6.4.3 Die programmbezogene Produktpolitik

Absatzprogramm und Handelssortiment

Unter der „programmbezogenen Produktpolitik" wird die Entscheidung über das Absatzprogramm bzw. im Falle des Handels über das Angebotssortiment verstanden. Man unterscheidet zwischen der „Tiefe" und der „Breite" eines Sortiments. Ein breites Programm umfaßt viele Produktlinien bzw. Produktgruppen. Die Tiefe des Angebots bestimmt die Anzahl einzelner Produkte oder Varianten innerhalb einer Produktgruppe.

Programmbreite und -tiefe

Die Auswirkungen des Internet auf die Programm- und Sortimentspolitik zu beurteilen, fällt nicht leicht. Zum einen übt das Internet keinen oder nur sehr indirekten Einfluß auf die Programmpolitik von Unternehmen aus. Andererseits können „Online-Stores", die materielle Waren in Form des Versandhandels anbieten, ihr Angebotssortiment unbegrenzt ausdehnen, da im Grunde keine vergrößerte Ladenfläche oder Lagerhaltung notwendig ist. Es ergibt sich einerseits eine gewisse Beschränkung des Angebotssortiments im Netz aus der Aufnahmefähigkeit des Konsumenten, andererseits können Produkte in durchsuchbaren Katalogen angeboten werden, die ebenfalls ein fast unbegrenztes Angebot enthalten können. Die Firma GE Plastics bietet im Netz z. B. auf über 1.500 Seiten Informationen über ihre Produkte an. Das Internet ist daher sowohl von Spezialisten mit sehr tief gegliedertem Sortiment als auch von Generalisten mit breitgefächertem Angebot einsetzbar.

6.5 Preispolitik im Internet: Was zu bedenken ist

Inhalt der Preispolitik

Die Preispolitik umfaßt vor allem die Maßnahmen und Entscheidungen, die notwendig sind, um Preise zu bestimmen und am Markt durchzusetzen. Andere Autoren nennen diesen Instrumenten-Bereich auch Preismanagement oder Kontrahierungspolitik.

Die Bestimmung des Angebotspreises wird im Folgenden als „Preismanagement" bezeichnet. Die Festlegung von Zahlungs- und Lieferungsbedingungen sowie die Gewährung von Rabatten und die Gewährung oder Vermittlung von Krediten wird als „Konditionenpolitik" bezeichnet. Abbildung 6.16 zeigt die vorgenommene Einteilung. Die Auswirkungen des Internet auf die Preispolitik sollen entsprechend der vorgenommenen Zweiteilung untersucht werden.

Abb. 6.16:
Preispolitik und
Internet

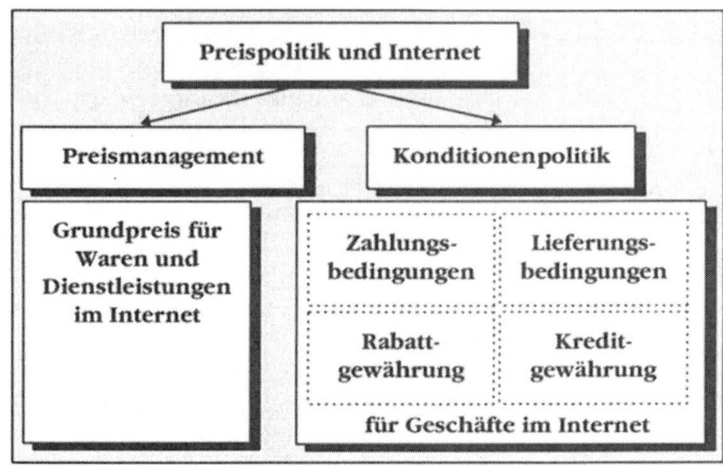

6.5.1 Preismanagement im Internet

Ermittlung des
Grundpreises
von Waren

Preis der Inter-
net-Nutzung

Unter „Preismanagement" wird hier die Ermittlung des „Grundpreises" einer Ware oder Dienstleistung, die über das Internet verkauft werden soll, verstanden. Das Preismanagement hat in diesem Kontext aber noch einen anderen Aspekt. So ist eine lebhafte Diskussion über die Notwendigkeit nutzungsbezogener Preise für Internet-Anschlüsse von Universitäten und anderen Großnutzern entbrannt. Die bislang erhobenen pauschalen Nutzungsgebühren haben bei den meist nicht direkt belasteten Endnutzern eine gewisse „Free-Rider-Mentalität" entstehen lassen. Kapazitätsengpässe im Bereich der Netzinfrastruktur, wie sie in den achtziger Jahren bereits auftraten, sollen nach Meinung der Befürworter durch die nutzungsbasierte Abrechnung verhindert werden. Diese Problematik möchte ich hier jedoch nicht vertiefen.

Auswirkung des Internet auf Produktpreise	Das Internet kann die Preise von Waren und Dienstleitungen verbilligen oder verteuern, je nachdem, wie es eingesetzt wird und um welche Art von Produkten es sich handelt. Die Preisfindung bei Produkten wird vor allem beeinflußt von

- der Nachfrage
- den Produktionskosten
- den Preisen der Konkurrenz.

Nachfrageorientierte Preise	Im Rahmen der kundenorientierten Preisbildung wird meist vom Konzept der Preis-Absatz-Funktion ausgegangen. Die Preis-Absatz-Funktionen fallen für unterschiedliche Marktformen (Anzahl der Konkurrenten bzw. Nachfrager) unterschiedlich aus. Alle Anbieter müssen jedoch die Kosten, die dem Kunden durch die Internet-Nutzung entstehen können, mit in ihre Preisüberlegungen einbeziehen. Diese sorgen für eine veränderte Position auf der Preis-Absatz-Kurve.

Zusätzliche Produktkosten	Der Produktpreis erhöht sich für den Kunden zunächst um die Providerkosten, sofern beim Kunden volumen- oder zeitorientierte Tarife zur Anwendung kommen. Dies betrifft sowohl die Suchphase bzw. Auswahl von Produkten als auch den Bestellvorgang und die Lieferung über das Netz. Zusätzlich fallen für alle Phasen die Telefongebühren an. Kann die Ware oder Dienstleistung nicht über das Netz geliefert werden, entstehen Transport- und Verpackungskosten bzw. Portokosten. Folgende zusätzlichen Kosten entstehen beim Verkauf über das Netz:

Beispielrechnung

Produktverkaufspreis im Netz
+ Anteilige Providerkosten, z.B. bei zeit- oder volumenorientierten Tarifen
+ Telefongebühren für den Auswahl und Bestellvorgang
+ Telefongebühren für die Lieferung digitalisierter Produkte bzw. Porto und Verpackung bei nicht-digitalisierbaren Produkten

= Endpreis für den Kunden

Kostensituation

Bei der Bestimmung der Auswirkung des Internet auf die Kostensituation der Anbieter spielen die folgenden Kriterien eine zentrale Rolle:

- digitales oder nicht-digitales Produkt?

- Internet als Absatzkanal, als Transportweg oder beides?

- Internet-Einsatz zusätzlich oder als Ersatz herkömmlicher Wege?

Kostensenkung

An dieser Stelle möchte ich exemplarisch einige Bedingungen für die Nutzung der Kostensenkungspotentiale des Internet skizzieren, um den Einfluß des Netzes auf die Kostensituation von Unternehmen zu verdeutlichen.

Vervielfältigung, keine Verpackung

Zu den gravierendsten Einflüssen des Internet zählen die möglichen Effekte im Bereich der digitalisierbaren Produkte. Bei der Herstellung bzw. der Vervielfältigung digitaler Produkte fallen keine Materialkosten an. Für Software werden keine Disketten oder CD-ROMs mehr benötigt. Papierkosten für Bücher und Zeitschriften oder Preßkosten für Musik-CDs entfallen beim Vertrieb über das Netz. Allerdings müßte sich der Kunde z.B. die Zeitung oder ein Buch selber ausdrucken, was gegenwärtig nicht gut vorstellbar ist.

Einsparung bei Auftragsbearbeitung

Der amerikanische Computer-Versender American Computer Group hat gegenüber schriftlichen oder telefonischen Bestellvorgängen für elektronische Bestellungen eine Reduzierung der Auftragsbearbeitungskosten von bislang ca. US\$ 15,– auf US\$ 4,– pro Auftrag errechnet.

Auslieferung von Produkten über das Internet

Bei der Auslieferung digitalisierter Produkte über das Internet fallen keine Verpackungskosten an. Keine bzw. nur geringe Transportkosten entstehen auf Seiten des Verkäufers. Ist im Unternehmen ein Internet-Server vorhanden, entstehen neben den Fixkosten der Internet-Nutzung praktisch keine weiteren variablen Kosten für die Versendung von digitalisierten Produkten (Siehe zu den Kosten der Internet-Nutzung auch Abschnitt 7.2). Die Kosten für den herkömmlichen Absatzkanal entfallen jedoch nur dann, wenn das Internet als vollständiger

Ersatz des regulären Absatzweges genutzt werden kann. Da es den meisten Unternehmen nicht möglich sein wird, auf den traditionellen Absatz- und Transportkanal zu verzichten, reduzieren sich die Absatz- und Transportkosten nur für den über das Netz abgesetzten Teil der Produktion. Die Investitionen für den Betrieb eines eigenen Servers beispielsweise müssen sich also durch die im Netz zusätzlich abzusetzenden Produkte amortisieren.

Einsparung bei nicht-digitalen Gütern

Bei nicht-digitalisierbaren Gütern und Dienstleistungen sind durch das Internet keine Einsparungen im Bereich der Transportkosten möglich; dafür kann das Netz jedoch als günstige Werbefläche und als zusätzlicher Absatzkanal genutzt werden. Auch hier dürften jedoch die wenigsten Unternehmen auf ihre sonstige Werbung verzichten können, so daß sich die Werbung im Internet als zusätzlich Ausgabe darstellt. Die Kosten für die Werbung im Netz sind vergleichsweise gering, da neben den Kosten für etwaige Agenturdienstleistungen keine „Media-Ausgaben" anfallen. Dies gilt jedoch nur, sofern keine volumenabhängigen Provider-Tarife gezahlt werden.

Absatz nichtdigitaler Güter bedeutet Versandhandel

Die Nutzung des Internet als Absatzkanal für nichtdigitale Waren erfordert außerdem den Einstieg des Unternehmens in den Versandhandel und so die Schaffung entsprechender Kapazitäten zur Kundenbetreuung. Für viele Produzenten ist die Nutzung des Internet als Absatzkanal damit uninteressant, sofern sie den Absatz nicht völlig automatisieren können. Für bestimmte Produktgruppen, wie etwa Lebensmittel, die sich schlecht für den Versandhandel eignen, scheint das Internet ebenfalls wenig geeignet zu sein. Dennoch gibt es auch hier Ausnahmen wie Weinhandlungen, Pizza-Lieferdienste etc.

Senkung der Kommunikationskosten

In allen Unternehmen können die Kommunikationskosten sowohl intern als auch im Rahmen der externen Kommunikation gesenkt und die Kosten der Informationsbeschaffung reduziert werden. Dies gilt auch für Investitionsgüterproduzenten, die zwar das Netz zu Absatz- und Werbezwecken nutzen können, vom Internet als Transportmedium aufgrund der Besonderheiten ihrer Produkte im Regelfall (d.h. mit Ausnahme von Software) nur wenig Gebrauch machen können.

<table>
<tr><td>Konkurrenz-
orientierte
Preisfindung

Marktformen

Markt-
transparenz</td><td>Auch die Preise der Konkurrenz innerhalb und außerhalb des Internet sind bei der Preisfestlegung zu berücksichtigen. Für die Unternehmen, die über das Internet Produkte verkaufen, können, wie auf anderen Märkten auch, unterschiedliche Marktformen eintreten. Je nach Produkt können Unternehmen vom Monopol bis zum Polypol mit allen Markttypen konfrontiert werden. Die Informationstechologie schafft jedoch im Vergleich zu anderen Märkten ein um ein Vielfaches transparenteres Marktgeschehen. Es ist möglich, sehr schnell einen guten Marktüberblick zu erhalten und bei vergleichbaren Produkten gezielt nach den günstigsten Angeboten Ausschau zu halten. Kunden müssen nicht mehr verschiedene Geschäfte aufsuchen, sondern erhalten innerhalb von Minuten die Preise der möglichen Anbieter. Auch hier wirkt sich jedoch momentan die noch zu geringe Anzahl von Unternehmen im Netz als Hemmschuh aus. Darüber hinaus zeichnen bisher nur wenige ihre Warenangebot mit Preisen aus. Für viele Produkte wird man daher derzeit noch keine bzw. nur amerikanische Preise finden.</td></tr>
<tr><td>Regionale
Preisdifferen-
zierung</td><td>Probleme ergeben sich für Unternehmen, die mit regional differenzierten Preisen arbeiten. Da die regionalen Preisunterschiede im Internet transparent werden würden, können solche Unternehmen entsprechend keine Preisangaben im Netz machen.</td></tr>
<tr><td>Comparison
Shopping und
persönliche
Agenten</td><td>Für die Zukunft wird unter dem Stichwort „Comparison Shopping" außerdem an sogenannten „persönlichen Agenten" gearbeitet. Dabei handelt es sich um Programme, die automatisch im Netz Waren und Preise ausfindig machen und auch in der Lage sind, selbständig einzukaufen.</td></tr>
</table>

6.5.2

Konditionenpolitik im Internet

Inhalt der Konditionenpolitik

Die Konditionenpolitik zerfällt – wie in Abbildung 6.16 zu sehen war – in vier Bestandteile:

- die Zahlungsbedingungen
- die Lieferbedingungen
- die Rabattgewährung
- die Kreditgewährung

Keine Auswirkungen auf Rabatte und Kreditierung

Das Internet wirkt sich dabei in erster Line auf die Zahlungs- und Lieferbedingungen aus. Die Möglichkeiten der Rabattgewährung sowie der Vergabe von Krediten werden im Grunde nicht verändert. Aufgrund rechtlicher und sicherheitstechnischer Probleme werden Kredite bislang noch nicht über das Internet abgewickelt. Die Rabatt- und Kreditgewährung sollen daher hier nicht näher erläutert werden. (Die zweitgrößte kalifornische Bank „Wells Fargo" ermöglicht jedoch trotz aller Risiken schon „Homebanking" über das Internet, und auch Aktien werden im Netz gehandelt.)

Zahlungsbedingungen

Unter dem Begriff „Zahlungsbedingungen" versteht man das „wie" und „wann" einer Zahlung. Man spricht von der Zahlungsweise, den Zahlungsfristen sowie der Zahlungsabwicklung.

Zahlung im Netz oder außerhalb

Elektronische Zahlungsmittel

Für Geschäfte im Internet sind grundsätzlich zwei Wege der Zahlung möglich. Zum einen kann die Zahlung extern – sprich außerhalb des Internet – erfolgen. Dies ist der sicherste, aber auch der umständlichste Weg. Es stehen dann alle bekannten Zahlungsmöglichkeiten zur Verfügung. Zum anderen kann die Zahlung im Internet selbst erfolgen. Im engeren Sinne sind damit die „elektronischen Zahlungsmittel" gemeint, die sich gegenwärtig zwar erst in der Erprobungsphase befinden, aber schon von verschiedenen Unternehmen genutzt werden. Im weiteren Sinne kann auch die Zahlung per Kreditkarte als Zahlung im Netz betrachtet werden, da auf den Kunden keine weiteren Aktivitäten außerhalb des Internet zukommen. Abbildung 6.17 zeigt die Zahlungsmöglichkeiten bei Geschäften im Internet im Überblick.

Die Zahlungsmöglichkeiten außerhalb des Internet sind bekannt, daher muß ich sie hier nicht näher erwähnen. Eingehen möchte ich jedoch auf die Konzepte der Zahlung im Internet selbst.

Abb. 6.17:
Zahlungs-
möglichkeiten

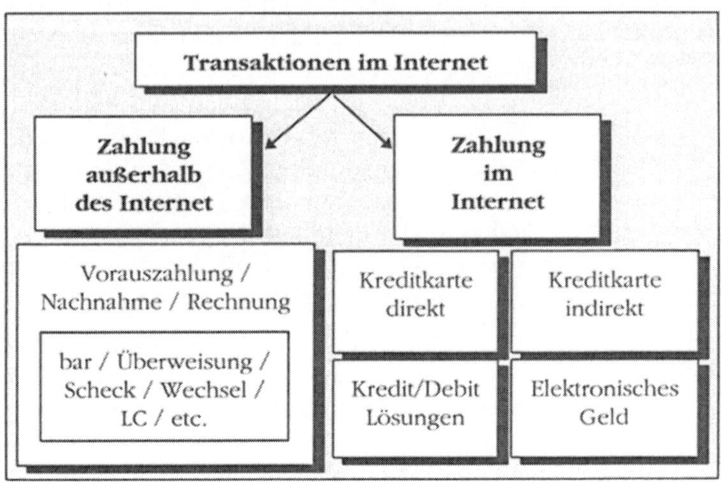

Zahlung mit
Kreditkarte

Die Zahlung per Kreditkarte gleicht im Grunde der Einzugsermächtigung für ein Konto. Die Einzugsermächtigung selbst eignet sich jedoch für die im Netz häufig internationalen Transaktionen (u.a. wegen der teilweise benötigten Unterschrift und der hohen Bankgebühren) nicht. Gerade im internationalen Zahlungsverkehr können z.B. bei Überweisungen schnell Bankgebühren entstehen, die den Wert der gekauften Ware übersteigen. Bei der Kreditkartenzahlung braucht der Käufer nur den Namen des Karteninhabers, die Kartennummer sowie die Gültigkeitsdauer der Kreditkarte anzugeben und diese Informationen an den Verkäufer zu schikken. Dieser rechnet dann über die Kreditkartenfirma ab. Die Zahlung per Kreditkarte stellt damit einen einfachen und bequemen Weg der Zahlung dar.

Problem der
Kreditkarten-
zahlung

Gegen die Zahlung per Kreditkarte spricht allerdings die mangelnde Sicherheit beim Datentransfer im Netz (siehe zur Datensicherheit auch Abschnitt 8.1). So können die Kreditkarteninformationen des Kunden im Netz relativ einfach „abgehört" werden und in die falschen Hände geraten. Dennoch stellt die Zahlung per Kreditkarte gegenwärtig die am häufigsten angebotene Zahlungsweise im Netz dar. Für die Übertragung der sensiblen Daten werden oft Browser verwendet, die die Verschlüsselung der Daten durch ein Kodierungsprotokoll erlauben, doch einheitliche Kryptographieprotokolle mit hoher Sicherheit haben sich noch nicht durchgesetzt.

Indirekte Kreditkartenzahlung

Bei der indirekten Zahlung per Kreditkarte werden Bestellung und Bezahlung getrennt. Ein zwischengeschalteter „Finanzdienstleister" übernimmt die Abrechnung über die Kreditkarte. Die Kreditkarteninformationen gehen nicht über das Netz, sondern werden der Abrechnungsstelle telefonisch mitgeteilt. Daraufhin erhält man eine PIN (Personal Identification Number), mittels derer man bezahlen kann. Dieses System wird von der Firma First Virtual praktiziert, ist jedoch aufgrund des Aufwands nicht für die Zahlung kleinerer Beträge geeignet. Ähnliche Verfahren werden von einigen Firmen auch direkt, ohne Einschaltung eines Dienstleisters, angeboten.

Debit/KreditLösung

„Debit/Kredit-Lösungen" sind ähnlich den Kreditkartenlösungen aufgebaut. Die Abrechnung erfolgt über ein extra eingerichtetes, zwischengeschaltetes Konto, auf das eingezahlt werden muß bzw. für das Kredit vorhanden sein muß.

Electronic Cash direkte Zahlung im Netz

Derzeit experimentieren etwa 200 Firmen weltweit an unterschiedlichen Electronic-Cash-Konzepten zur direkten Zahlung im Internet. Nur wenige Unternehmen haben eine Chance, sich mittelfristig durchzusetzen. Da das Fehlen eines allgemein akzeptierten Zahlungsmittels im Internet eines der Hindernisse für eine intensivere kommerzielle Nutzung des Internet ist, möchte ich auf die Konzepte für elektronisches Geld im folgenden Abschnitt näher eingehen.

Lieferungsbedingungen im Netz

Neben den Zahlungsbedingungen sind die Lieferbedingungen wichtige Bestandteile von Kaufverträgen. Bei den Lieferbedingungen sind vor allem folgende Fragen zu klären:

- Gibt es Mindestbestellmengen?

- Wie sind der Ort und die Zeit der Warenübergabe festgelegt?

- Wer trägt das Porto bzw. die Fracht, wer Verpackung und Versicherung?

- Ist der Umtausch der Ware möglich und wenn ja, unter welchen Bedingungen?

- Werden Konventionalstrafen für den Fall der Vertragsverletzung vereinbart?

Incoterms für internationale Warengeschäfte

Im Rahmen nationaler und internationaler Geschäfte werden zur Regelung der Warenübergabe, des Gefahrenübergangs sowie der Verteilung von Fracht und Versicherung häufig die Incoterms der Internationalen Handelskammer (ICC) in Paris verwendet. Da es für Geschäfte im Internet oder generell in Computernetzen noch keine entsprechenden Standardverträge oder Klauseln gibt, besteht hier Handlungsbedarf. Wer trägt das Risiko bei der fehlerhaften Übermittlung von Software über das Netz? Wo ist der genaue Erfüllungsort, und wie können Anbieter bzw. Versender von Informationen die Erfüllung nachweisen? Auch die Frage nach dem Umtausch, der Wandlung oder Minderung bei Geschäften mit digitalen Waren sind noch ungeklärt. Die Internationale Handelskammer könnte hier mit neuen Klauseln Klarheit schaffen. (Siehe zu den „rechtlichen Problemen" auch Abschnitt 8.2.)

6.5.3 Exkurs: Elektronisches Geld

Das Fehlen eines sicheren, einfachen und bequemen Zahlungsmechanismus für Verkaufstransaktionen im Netz ist ein großes Manko für den weiteren kommerziellen Ausbau des Internet. Derzeit wird von vielen Firmen weltweit mit verschiedenen Technologien und Ideen im Bereich der Abrechnungstechnik experimentiert. Einige Technologien sollen hier vorgestellt werden, um einen Eindruck von den sich damit eröffnenden Möglichkeiten zugeben.

Electronic Data Interchange

EDI-Systeme (Electronic Data Interchange) werden schon seit längerem zwischen Unternehmen genutzt. Zwei Firmen treffen dazu eine Rahmenvereinbarung und verbinden dann ihr Bestell- und Abrechnungswesen. Dies funktioniert nur auf vertraglicher Basis, also bei bereits bekannten Partnern.

Micropayments

Geringe Geldbeträge, auch Micropayments genannt, fallen bei vielen kleinen Transaktionen an. Telefonsysteme arbeiten z.B. mit solchen Pfennigbeträgen. Bei diesen Zahlungen kommt es auf die einfache Bedienung an: Man muß einfach an das Geld kommen können, und mit einem Druck auf einen „Zahlknopf" sollte die Authentifizierung und die Geldabbuchung erledigt sein.

Cybercash und Digicash

Ecash

Die Firmen Cybercash und Digicash sind auf diesem Feld diejenigen mit den größten Zukunftschancen. Die Firma Digicash aus den Niederlanden entwickelte „Ecash", die einzige digitale Währung, die anonyme Zahlungen im Netz ermöglicht. Die Nummer des digitalen Geldscheins ist über eine Kette abgesichert, die nicht auf den Benutzer zurückgeführt werden kann. Versucht man, das Geld zu kopieren, so wird es vom System-Server automatisch entwertet. Das Digicash-System geht von der ständigen Online-Gegenwart der einzelnen Glieder der Zahlungskette aus.

Abb. 6.18: Digicash-Homepage

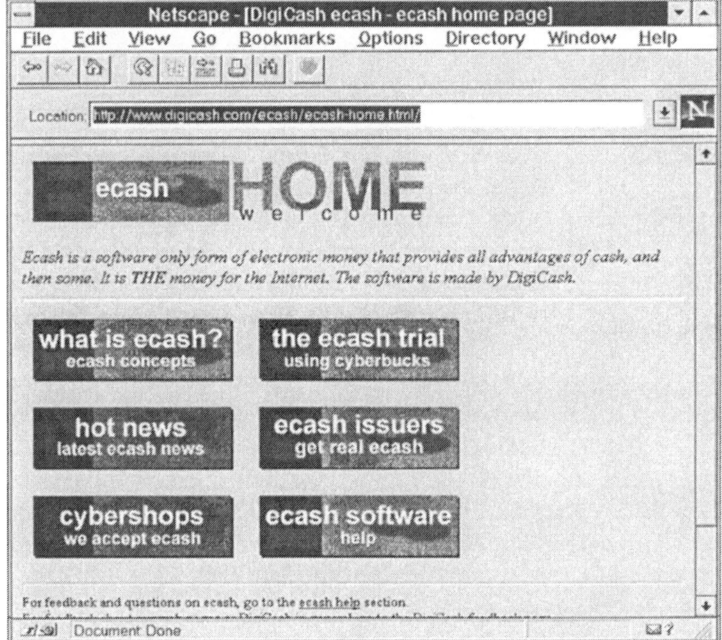

**Ecash funktio-
niert nicht bei
Firewalls**

Technisch ist Ecash nicht ohne weiteres in Umgebungen einsetzbar, in denen „Firewalls" ein Netz schützen. Das Ecash-
System hat bereits Feldversuche hinter sich und einige Anhänger gefunden, die besonders die Anonymität des Zah-
lungssystems zu schätzen wissen.

**Bedeutung der
Banken**

Kopf von Ecash ist David Chaum, ein Kryptographie-Experte,
der einige im Bankwesen genutzte Patente hält. Ecash soll
man bei der Hausbank erwerben können. Die Banken erwerben und bezahlen die Technik. Banken die einzigen
Kräfte, die das notwendige Vertrauen in eine solche Währung
erzeugen können. Wichtig ist das Esprit-Forschungsprogramm
der EU namens CAFE (Conditional Access for Europe). Das
CAFE-Szenario arbeitet mit Ecash.

**Risiken der
elektronischen
Zahlungs-
techniken**

Was Banken und Regierungen an Ecash beunruhigt, ist, daß
mit den elektronischen Geldsystemen Giralgeld geschaffen
wird, also ein währungspolitisches Instrument der Zentralban-
ken – nämlich die Notenpresse – in die Hände privater Unternehmen gelangt. Außerdem kann über das elektronische
Geld leicht und einfach Schwarzgeld gewaschen werden.

Cybercash

Das Konzept der Firma Cybercash besteht aus einen zweitei-
ligen Ansatz. Es gibt sogenanntes peer cash, das im Grunde
eine Lizenzausgabe des Ecash-Systems ist und als Kleingeld
funktioniert. Daneben gibt es Cybercash-Software, mit der ein
Zahlknopf auf einer Web-Seite installiert werden kann. Der
Käufer eröffnet ein Konto bei einer Partnerbank. Klickt er
den Zahlungsknopf an, öffnet sich ein Formular, das er ausfüllen muß. Die Daten gehen verschlüsselt an einem
„Cybercash-Server", der umgehend antwortet und eine PIN
abfragt. Danach schickt der Server die Transaktion in Form
einer Abbuchung zur Bank. Die Software ist kostenlos, dafür
wird dem Käufer beim Kauf eine Gebühr berechnet. Der
Verkäufer muß die Software erwerben eine Standleitung zum
Cybercash-Server unterhalten.

**Aufwendiger
Zahlungs-
mechanismus**

Bei der Cybercash-Technik ist der Käufer eindeutig identifi-
zierbar. Der Mechanismus für größere Geldbeträge erfordert
einen deutlichen Aufwand beim Anwender. Die Einfachheit
der Zahlung per Knopfdruck kommt abhanden.

Netcash für Beträge bis 100$	Es gibt auch Zahlungssysteme, die weder Pfennige noch ganz große Beträge abwickeln. Ein solches System ist die „Netbank" von Software Agents. Die maximale Transaktionssumme beträgt 100 US$. „Netcash" ist ein System für Zahlungen via E-Mail. Es arbeitet mit Einmal-Zahlungen. Wenn Netcash den Besitzer wechselt, zieht der Netbank-Server die Geldnummer des Scheins ein. Der neue Besitzer erhält einen neuen elektronischen Geldschein. Bei Netcash müssen die Zahlungsbeträge bzw. Preise genau stimmen, da es im Netz kein Wechselgeld gibt.
Gebühren	Gebühren fallen bei Netcash nur an, wenn man Geld in das System einbringt oder wieder entnimmt. Bei der Einzahlung werden 2%, beim Rückwechseln 4%. fällig.
First Virtual	Das First Virtual-Konzept ist anders. Gehandelt werden hier die Inhalte, die Informationen. Von 31 Cents aufwärts können Informationen auf dem Internet verkauft werden. Die Minimalgebühr beträgt 1 Cent, 30 Cents ist die Provision von First Virtual. Der Service ist z.Z. noch nicht in Deutschland verfügbar, da Verkäufer ihre Kontoinformationen mit einen US-Scheck an First Virtual schicken müssen.
Funktionsweise	Die Käufer müssen sich auf einem speziellen Server einloggen und ein Konto mit einer selbsterdachten Kennung eröffnen. Auf dem Konto werden dann die Internet-Ausgaben gesammelt und über die Kreditkarte abgebucht.
	Die Daten der Kreditkarte laufen niemals über das Netz. Der Server schickt per E-Mail eine Bestätigung über die Kontoeröffnung. Über ein gebührenpflichtiges Voice-System werden dann die Kreditkartendaten und die E-Mail-Bestätigung abgefragt. Man erhält danach eine weitere E-Mail, deren Kennung an die selbstgewählte Konto-Kennung angehängt werden muß. Dies ergibt eine zusammengesetzte PIN, die dann quasi als Netz-Kreditkarte eingesetzt wird.
Verfahren für den Informationsversand	First Virtual hat ein besonderes Verfahren für den Versand von Informationen entwickelt. Klickt man den First Virtual-Zahlungsknopf an, werden die Information gesendet. Auch nach Eingabe der Nutzerkennung gilt das Produkt jedoch

noch nicht als gekauft! Vielmehr erhält man eine E-Mail mit der Bitte um Bestätigung. Wenn der Verdacht auf illegale Benutzung der First Virtual-Kreditkarte besteht, setzt First Virtual mit Nachforschungen an. Ständig Informationen zu bestellen, ohne diese dann zu bezahlen, ist nicht möglich.

In den USA kann man bei Käufen mit der Kreditkarte binnen 90 Tagen vom Kauf zurückgetreten. Die Verkäufer müssen daher bei First Virtual 91 Tage warten, ehe sie ihr Geld auf dem Bankkonto gutgeschrieben bekommen. Obwohl der Zahlungsakt anonym ablaufen kann, z.B. wenn E-Mail-Pseudonyme benutzt werden, kann First Virtual die Transaktionen verfolgen.

6.6 Kommunikationspolitik im Internet

Unter dem Begriff „Kommunikationspolitik" kann sehr allgemein die Gestaltung der auf den Markt gerichteten Informationen eines Unternehmens verstanden werden. Dabei ist die Kommunikationspolitik aber keineswegs nur auf Unternehmen beschränkt; auch andere Organisationen wie z.B. Vereine betreiben Kommunikationspolitik.

Bestandteile der Kommunikationspolitik

Der Begriff Kommunikationspolitik dient meist als Zusammenfassung oder Oberbegriff für die in diesem Kontext betrachteten vier Instrumentengruppen.

Innerhalb der Kommunikationspolitik wird häufig unterschieden zwischen:

- Persönlichem Verkauf
- Verkaufsförderung
- Public Relations, kurz „PR"
- Werbung, auch „klassische Werbung"

Abbildung 6.19 führt die Instrumente der Kommunikationspolitik innerhalb der ersten drei Kategorien auf.

Abb. 6.19:
Instrumente der Kommunikationspolitik

Quelle: In Anlehnung an Kotler, S. 829.

Der Werbung im Internet wird in diesem Buch aufgrund der großen praktischen Bedeutung ein eigener Abschnitt gewidmet. Nachfolgend wird zu prüfen sein, inwieweit durch das Internet neue Instrumente bzw. Möglichkeiten in den aufgezählten Feldern der Kommunikationspolitik geschaffen werden bzw. welche Instrumente nicht oder nur angepaßt an das neue Medium Verwendung finden können.

6.6.1 Marketing-PR via Internet

Allgemeine versus produktbezogene Öffentlichkeitsarbeit

Das Feld der Public Relations wird gemeinhin auch als Öffentlichkeitsarbeit bezeichnet. Es umfaßt Maßnahmen, die dazu dienen, der Öffentlichkeit ein positives Bild der eigenen Organisation zu vermitteln. Die Instrumente der PR beinhalten u.a.: Veröffentlichungen, Veranstaltungen, Nachrichten,

Reden und Vorträge, Soziosponsoring sowie die Corporate Identity des Unternehmens.

Die allgemeine, unternehmensbezogene PR habe ich bereits als Teilbereich der externen Unternehmenskommunikation kurz vorgestellt. An dieser Stelle möchte ich daher die produktorientierte PR ansprechen.

Ziele der Marketing-PR

Im Rahmen der Produkt-PR sollen einzelne Produkte oder Produktgruppen in der Öffentlichkeit und in den Medien in ein positives Licht gerückt werden. Dazu werden außerhalb des Internet, etwa bei der Markteinführung von Produkten, Pressemappen erstellt und verteilt, um z.B. redaktionelle Beiträge über das Produkt in Zeitungen und Zeitschriften zu plazieren.

Presse-informationen

Das Internet kann für die Produkt-PR ebenso eingesetzt werden wie für die unternehmensbezogene PR – sprich, die allgemeine Öffentlichkeitsarbeit. Für Journalisten können im Internet z.B. elektronische Pressemappen mit vorbereiteten Texten inklusive digitalisierter Bilder bereitgestellt werden.

Rückkanal für Fragen

Da im Bereich Medien und Presse vielfach bereits E-Mail-Anschlüsse vorhanden sind, können Memos und Hinweise schnell und günstig an die entsprechenden Personen verteilt werden. Außerdem steht mit dem Internet ein unkomplizierter Rückkanal für Anfragen, z.B. der Medien, zur Verfügung. Nachrichten und Informationen liegen jeweils sofort im Computer zur Weiterverarbeitung bereit.

Reden, Vorträge und Interviews

Veranstaltungen sind im Internet nicht bzw. nur in Form von aufwendigen Videokonferenzen möglich. Reden und Vorträge können aber als Text oder als Videosequenz bereitgestellt werden. So kann die PR-Abteilung mit verschiedenen Gesprächspartnern Interviews aufzeichnen und im Netz für Journalisten bereitstellen. Firmennachrichten können in Newsgroups verbreitet werden, und auch das Sponsoring von bestimmten Web-Seiten wird bereits praktiziert.

6.6.2 Persönlicher Verkauf im Netz, geht das?

Treffpunkt von Käufer und Verkäufer

Die Antwort ist: „Theoretisch ja, praktisch nein". Der „Persönliche Verkauf" umfaßt sowohl Kommunikations- als auch Distributionsaufgaben. Für den persönlichen Verkauf, der auch den Telefonverkauf und den Verkauf auf Messen und Ausstellungen einschließt, bieten sich im Internet nur beschränkte Möglichkeiten. Der Persönliche Verkauf braucht „Orte", an denen Käufer und Verkäufer zusammentreffen können. In Online-Chat-Gruppen oder im Rahmen von Talk könnten Verkäufer versuchen, Produkte zu veräußern. Dies scheint jedoch unbefriedigend, da – anders als per Telefon – einzelne Kunden nicht spontan direkt angewählt werden können. Der Kommunikationsdienst Talk setzt zum Beispiel voraus, daß der Gesprächspartner ebenfalls gerade am Rechner angemeldet – sprich online – ist. Erschwerend kommt hinzu, daß die Möglichkeiten der nonverbalen Kommunikation – sprich Mimik und Gestik – in diesem Medium gänzlich entfallen.

Eine andere Möglichkeit für den Persönlichen Verkauf ist theoretisch mit dem Dienst IRC (Internet Relay Chat) gegeben. Dieser Dienst bringt die unterschiedlichsten Menschen, Interessen und Meinungen für zumeist lockere Plaudereien zusammen. Es ist jedoch davon auszugehen, daß Verkaufsgespräche in diesem Medium von vielen Netzteilnehmern nicht gern gesehen bzw. abgelehnt werden. In Deutschland ist die gewerbliche Nutzung von IRC neuerdings sogar bei Androhung des IRC-Ausschlusses durch die Konferenz der deutschen IRC-Administratoren untersagt.

6.6.3 Einsatz des Internet bei der Verkaufsförderung

Kurzfristige Kaufanreize

Unter dem Begriff „Verkaufsförderung" versteht man kurzfristige Anreize zum Kauf bzw. Verkauf einer Ware oder einer Dienstleistung. Verkaufsförderung kann auf den Handel oder auf den Verbraucher ausgerichtet sein. Das Internet unterstützt in erster Linie die verbraucherorientierte Verkaufsförderung, obwohl auch Einsatzmöglichkeiten im Rahmen der handelsorientierten Verkaufsförderung denkbar sind. Verkaufswettbewerbe könnten beispielsweise „paßwortgeschützt" über das Internet durchgeführt und abgewickelt werden.

Fast alle der in Abbildung 6.19 aufgeführten Instrumente der Verkaufsförderung lassen sich – abhängig jeweils von der Art der Produkte – im Internet praktizieren.

Proben und Muster

Beispiel DEC

Bei digitalen Waren sind sogar Zugaben, Werbegeschenke, Muster oder Probepackungen etc. im Netz möglich. Speziell Softwarehersteller nutzen dies intensiv. Die Computerfirma Digital Equipment Corp. stellte über das Internet Zugriff auf ihren neu entwickelten Alpha-Rechner zur Verfügung. Interessenten konnten sich kostenlos einwählen und von der Leistungsfähigkeit des Computers überzeugen. Dies beschleunigte den Verkauf von Alpha-Computern sehr.

Messen und Ausstellungen

Messen und Ausstellungen im herkömmlichen Sinne können im Internet nicht durchgeführt werden, allerdings gibt es Konzepte für „virtuelle Messen". Eine Art „Weltausstellung" ist im Internet bereits zu besichtigen.[18] Coupons, Gutscheine, Rabatte sowie Finanzierungs- und Unterhaltungsangebote können problemlos über das Netz angeboten oder gezielt verteilt und auch eingelöst werden. Auch Verbundangebote sind im Netz problemlos möglich und werden häufig von Softwareproduzenten eingesetzt. Einzig Bewirtungsangebote oder Inzahlungnahmen können zwar im Internet offeriert, jedoch nicht im Netz selber umgesetzt werden.

6.7 Werbung im World Wide Web

Begriff und Inhalt der Werbung

Unter „Werbung" kann allgemein jede bezahlte Form der nicht-persönlichen Präsentation und Förderung von Ideen, Waren oder Dienstleistungen durch einen Auftraggeber verstanden werden. Anders gesagt ist Werbung der Versuch, Individuen zu einem Verhalten zu bewegen, das den Zielen des Werbenden förderlich ist.

---

[18] http://park.org/

Zentrale Fragen der Werbung sind die Festlegung

- der Werbeziele,
- des Werbebudgets,
- der Werbebotschaften,
- der Werbeträger (Mediawahl)

Wirksamkeit der Werbung im Internet

Ein weiterer Aspekt ist die Werbewirksamkeitskontrolle. Zur Wirksamkeit der Werbung im Internet bzw. im WWW ist, da es sich um ein recht junges Medium handelt, noch nicht viel bekannt. Auf die andern Abschnitte möchte ich im folgenden näher eingehen. Zuvor werde ich jedoch die generellen Möglichkeiten der Werbung im Netz vorstellen.

6.7.1 Welche Möglichkeiten gibt es?

Unterscheidung in offensive und defensive Werbung

Auch wenn einige im Zusammenhang mit dem Internet von der Umkehr der Werbung von einer „gesendeten" zu einer „angeforderten" Werbung sprechen, darf nicht übersehen werden, daß es im Internet Möglichkeiten sowohl für angeforderte als auch für gesendete Werbung gibt. Danach, ob die Werbung zum Kunden oder der Kunde zur Werbung kommt, kann man im Internet die „direkte" und die „indirekte Werbung" unterscheiden. Diese Einteilung kommt einer Unterscheidung in – für Internet-Verhältnisse – offensive und defensive Werbung gleich. Abbildung 6.20 zeigt die Werbemöglichkeiten des Internet im Überblick auf.

Direkte Werbung

Die „direkte Werbung" entspricht in diesem Kontext etwa dem Direktmarketing bzw. der Direkt-Werbung über Individualmedien. Während die E-Mail-Werbebriefe direkt oder über Diskussionlisten an die Adresse eines Kunden gehen, wenden sich die in einer oder mehreren Newsgroups veröffentlichten Artikel an alle Leser der Newsgroup, also an eine größere Öffentlichkeit. Über den Erhalt von Werbebriefen in ihrer Mailbox werden die wenigsten Nutzer glücklich sein. Es gibt für die Nutzer jedoch theoretisch auch die Möglichkeit, E-Mail automatisch filtern zu lassen und Werbepost und ähnliches gleich im Vorfeld zu eliminieren.

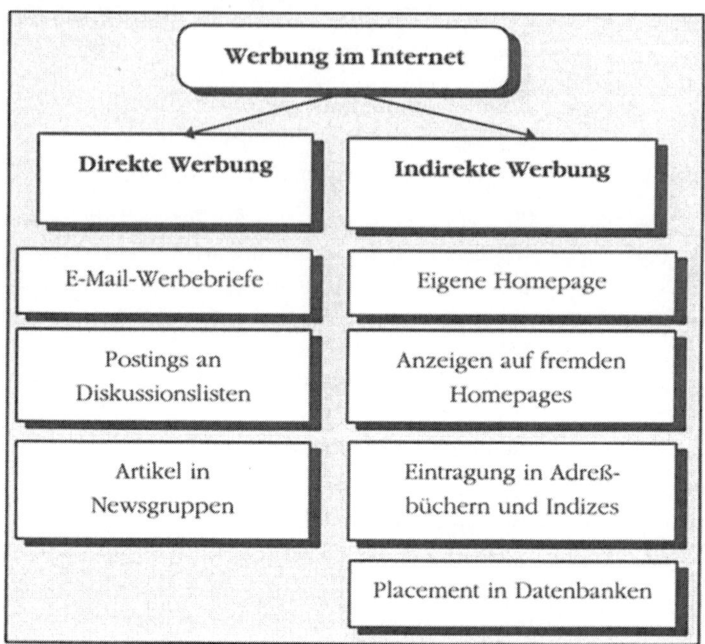

direkte Werbung
meist textbasiert

Allen drei Formen der direkten Ansprache von Nutzern im Internet ist gemein, daß sie in erster Linie textorientiert ablaufen. Per E-Mail oder News kann zwar theoretisch alles versendet werden, jedoch werden die Bild- und Tondokumente als „Anhang" versendet und nicht im Dokument selbst. Hat der Empfänger keine geeignete Software, kann er die Dateien wie Bilder oder Filme nicht öffnen.

Werbung in den
Newsgroups

Das Plazieren von Werbung in den Newsgroups hat bei seiner ersten Anwendung durch Canter/Siegel Stürme der Entrüstung entfacht. News sollten im Rahmen der Internet-Werbung sehr vorsichtig eingesetzt werden. Gefahrlos kann man nur nicht allzu offensichtliche Werbeschreiben an thematisch passende Newsgruppen senden. Verkauft man Sportartikel, könnte man beispielsweise in den Newsgroups zum Thema Ski Testberichte neuer Skier veröffentlichen und auf aktuelle Angebote und ähnliches hinweisen.

Werbung in Diskussionslisten

Werbe-Postings an Diskussionlisten müssen bei moderierten Gruppen damit rechnen, nicht veröffentlicht zu werden. Allerdings kann es, sofern das Produkt für die Abonnenten der Liste interessant ist, sehr gut sein, daß auch in moderierten Gruppen Hinweise auf neue Produkte und ähnliches akzeptiert und verteilt werden. In unmoderierten Gruppen besteht zwar nicht die Gefahr, aussortiert zu werden, dennoch sollte man sich auch hier bemühen, nicht allzu offensichtlich als Werbender oder Verkäufer aufzutreten und nur wirklich passende Gruppen anzusprechen.

Direkte Werbung und Rechtsprechung

Generell sollten alle Formen der direkten Werbung im Internet vorsichtig gehandhabt werden. Da den Beworbenen durch den Erhalt der unaufgeforderten Werbung Kosten entstehen können, ist auf diesem Gebiet langfristig mit einer prohibitiven Rechtsprechung – ähnlich der Fax-Werbung – zu rechnen.

Indirekte Werbung

Bei der indirekten Werbung gibt es vier Möglichkeiten: die eigene Homepage, eine Anzeige auf einer fremden Homepage sowie die Eintragung in Adreßbüchern und Verzeichnissen und die Plazierung von Informationen in Datenbanken. Dabei sind praktisch nur die eigene Homepage sowie das Placement in Datenbanken als eigenständige Werbeformen zu bezeichnen. Sowohl die Schaltung von Anzeigen auf anderen Web-Seiten als auch die Eintragung in Adreßbüchern und Verzeichnissen im Internet erfolgt in der Regel nur, um der eigenen Homepage die nötige Publizität zu verschaffen. Die Plazierung von Firmendaten und Produktinformationen in Datenbanken erfordert dagegen kein eigenes Engagement im Internet. Abbildung 6.21 versucht, dies zu verdeutlichen.

Abb. 6.21:
Werbung im
World Wide Web

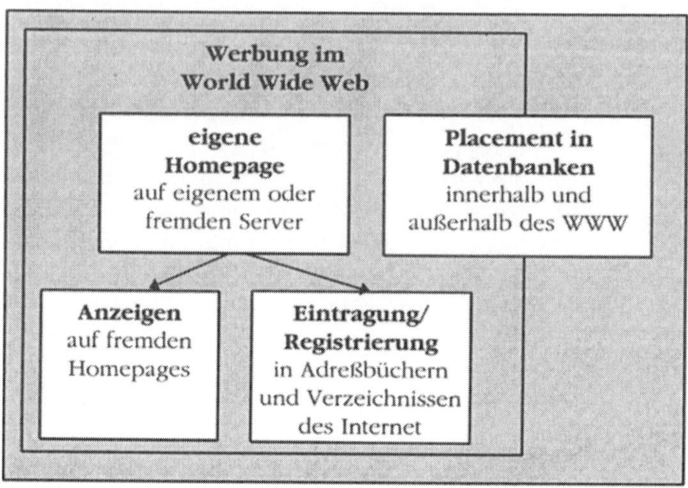

Ziele der
Werbung

Werbung hat ökonomische und kommunikative Ziele. Die ökonomischen Ziele von Werbung werden durch das Internet nicht verändert, d.h. es sind dieselben gewinn- oder umsatzbezogenen Ziele, die auch außerhalb des Internet anzutreffen sind.

Kommunikative
Ziele

Die kommunikativen Ziele der Werbung können in die folgenden drei Bereiche eingeteilt werden:

- Information
- Einstellungsveränderung
- Erinnerung

Vor- und Nachteile des WWW-Einsatzes

Das Internet bzw. das WWW läßt sich grundsätzlich in allen drei Bereichen anwenden, besitzt aber beispielsweise gegenüber dem Fernsehen Vorteile im Bereich Vermittlung von Informationen über Produkte und Nachteile bei der Einstellungsveränderung von Konsumenten oder der Erinnerung an Produkte. Generell lassen sich im Internet viele und sehr detaillierte Informationen vermitteln. Das Fernsehen läßt sich jedoch gezielter einsetzen. Über die Wahl des Fernsehprogramms und des Formats, in dem geworben wird, können gezielt Zielgruppen angesprochen werden. Das Fernsehen erreicht insgesamt mehr Menschen und ermöglicht gegenwärtig besser als das Internet „emotionale Werbung", die speziell für die Veränderung bzw. Beeinflussung von Einstellungen angewandt wird.

Emotionale Werbung

Die emotionale Werbung ist stark auf die Vermittlung von Werten durch Bilder, Filmsequenzen und Musik angewiesen. Um Filme im Internet anzusehen, wird gegenwärtig noch viel Übertragungszeit benötigt. Sollen sich die Kunden Werbespots im Internet ansehen, müssen diese schon etwas ganz besonderes sein, da sie erst aus dem Netz auf den heimischen PC geladen werden müssen. Emotionale Werbung in Form von Bildern ist dagegen im Internet leichter möglich, wenngleich sich eine gute Bildqualität ebenfalls nur mit größeren Datenmengen erreichen läßt.

Abb. 6.22:
Werbeträger außerhalb des Internet

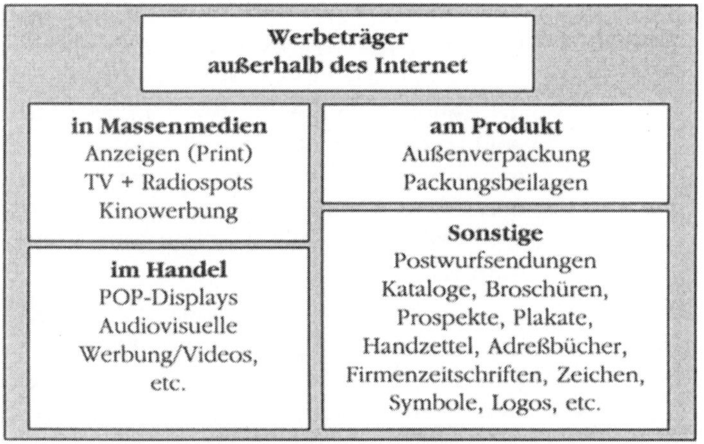

Auswahl der Werbeträger

Die Auswahl der Werbeträger beinhaltet außerhalb des Internet u.a. die Wahl der Zeitungs- und Zeitschriftentitel, in denen die Anzeigen plaziert werden sollen, sowie die Wahl der Radio- und Fernsehprogramme, in denen Werbespots gesendet werden. Außerhalb des Internet stehen eine ganze Reihe von verschiedenen Werbeträgern zur Verfügung. Abbildung 6.22 gibt einen Überblick. Diesen Werbeträgern stehen die in Abbildung 6.21 bereits aufgezeigten Werbemöglichkeiten im Internet bzw. im WWW gegenüber.

Anzeigen auf fremden Homepages

Im Internet bzw. im WWW können Anzeigen auf fremden Homepages geschaltet werden. Dies können elektronische Zeitungen, Zeitschriften oder Magazine sein, aber auch andere vielbesuchte „Orte" im Netz. Indikator für die Attraktivität einer Website ist die Anzahl der „Hits" pro Tag oder Woche, d.h. die gezählten Besucher pro Zeitraum. Hier muß ausgewählt werden, wo eine Anzeigenschaltung sinnvoll ist.

Anzeigenbeispiel Yahoo

Ein Beispiel für einen Platz, an dem Anzeigen geschaltet werden, ist die Yahoo Search Engine. Da dieser Dienst von sehr vielen Personen in Anspruch genommen wird, also hoch frequentiert ist, kann man gegen Gebühren (US$ 20.000,– pro Monat) Werbung auf der Yahoo-Homepage präsentieren, wodurch sich diese Dienstleistung letztendlich finanziert.

Klickbare Anzeigen verweisen auf Homepage

Die Anzeigen auf einer WWW-Seite weisen meist auf den firmeneigenen Internet-Server bzw. auf die Firmen-Homepage hin. Ist ein Leser an mehr Informationen interessiert, kann er die Annonce, die er irgendwo im Netz findet, anklicken und wird dann automatisch auf die Homepage des Unternehmens transportiert, wo er weitere Firmen- und Produktinformationen finden kann. Grundsätzlich sind jedoch auch Anzeigen auf WWW-Seiten denkbar, ohne daß eine Homepage existiert.

Die eigene Homepage

Eigener oder fremder Server?

Es muß sich bei der Firmen-Homepage nicht unbedingt gleich um einen eigenen Server handeln. Sowohl die technische als auch die kreative Seite des Internet-Auftritts eines Unternehmens kann ganz oder teilweise nach außen vergeben werden. Viele Provider, Internet-Agenturen oder Consultants bieten die Möglichkeit an, Speicherplatz auf ihren Servern zu mieten und dort entweder selbst- oder fremderstellte Firmenpräsentationen, elektronische Kataloge oder Broschüren zum Abruf bereit zu halten.

Outsourcing

Das „Outsourcing" der Internet-Werbeaktivitäten stellt eine klassische „Make-or-Buy-Entscheidung" dar. Wichtige Einflußgrößen dieser Entscheidung sollten neben den Kosten vor allem die Qualität, der Präsentation – in technischer und graphischer Hinsicht –, die gute, d.h. schnelle und einfache Erreichbarkeit der Webseite und die Gewährleistung einer guten, regelmäßigen Aktualisierbarkeit des Netzangebots sein.

Als Beispiel für eine gelungene Firmen- und Produktpräsentation im WWW sollen hier einige Seiten des Sony Consumer Electronics-Katalogs vorgestellt werden.

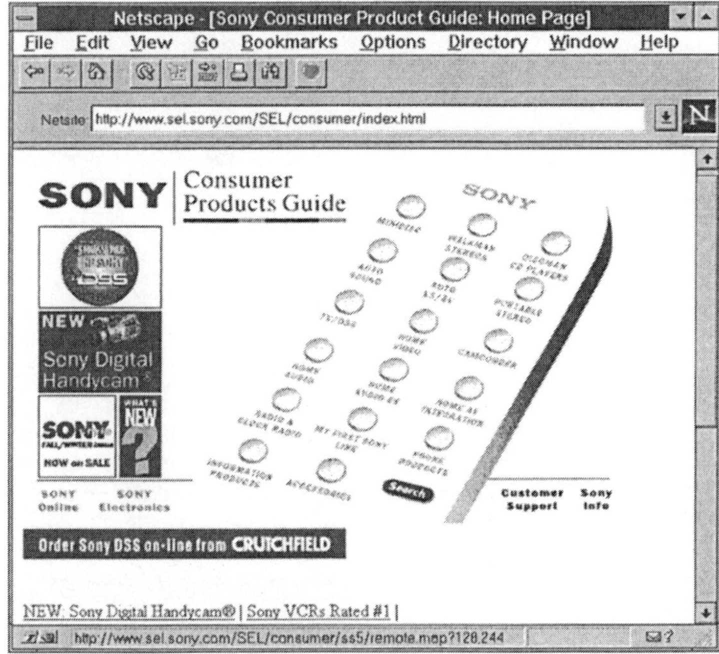

Über die Sony-Homepage (siehe Abbildung 6.12) gelangt man u.a. auf die Consumer Products-Auswahlseite (Abbildung 6.23), die in Form und Funktion einer Fernbedienung nachempfunden ist. Jeder Knopf der Fernbedienung steht für ein anderes Produktsegment. Klickt man auf den Knopf „Walkman/Stereos", gelangt man auf die in Abbildung 6.24 dargestellt Übersichtsseite, die die verschiedenen Typen von Walkmen zur Auswahl bereithält.

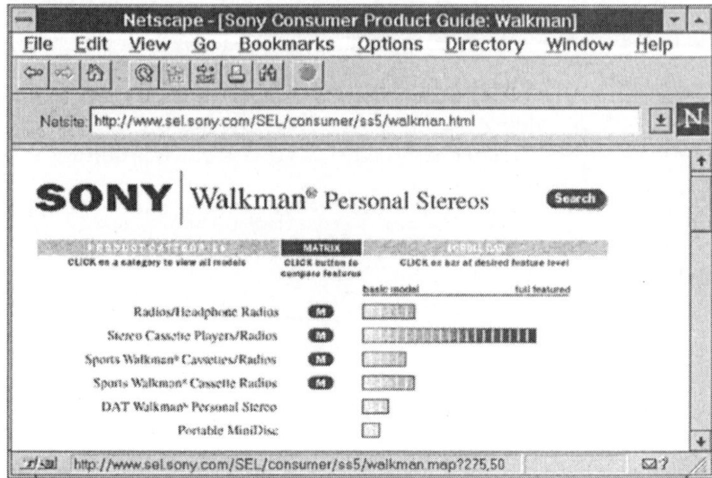

Durch Anklicken der gewünschten Walkmangruppe gelangt man auf die in Abbildung 6.25 dargestellte Übersicht über die in dieser Gruppe erhältlichen Geräte. In der Übersicht wird auch die Anzahl unterschiedlicher Ausführungen in den einzelnen Gruppen angegeben. Über die am unteren Bildschirmrand aufgeführten Auswahlpunkte gelangt man in andere Produktbereiche, wie Video oder TV-Geräte.

Wählt man einen Walkman aus, erhält man die Produktbeschreibung und eine größere Abbildung des Gerätes. Auch die Preisempfehlung der einzelnen Produkte ist angegeben (Abbildung 6.26).

Abb. 6.26:
Produktbeschreibung des
Sony SRF-X90

Kosten für Anzeigenwerbung

Die Kosten für den Betrieb eines Servers werden in Kapitel 7 angesprochen. Die Kosten für Anzeigenwerbung im Internet sind unterschiedlich. Sie richten sich nach der Bekanntheit der Web-Seite, auf der geworben werden soll, und nach der Art, Größe und Dauer der Werbeanbringung. Eine vierwöchige Anzeige in den Seiten des HotWired-Magazins kostete beispielsweise im Juni 1995 US$ 15.000,–. HotWired verfügt über ca. 220.000 registrierte Leser und verbucht 35.000 bis 45.000 Besucher pro Woche. Dieses Werbeangebot haben u.a. schon Volvo und die Fluggesellschaft Cathay Pacific angenommen.

Eine Anzeige im elektronischen Pendant des Playboy[19] oder im Pathfinder Magazine[20] kostete US$ 30.000,– pro Vierteljahr. Die Anzeigenpreise der meisten kleineren Websites liegen deutlich darunter. Ein Preisvergleich lohnt sich, so kön-

---

[19] http://www.playboy.com/

[20] http://www.pathfinder.com/

nen vielfach schon für Preise zwischen 50 und 500 US$ pro Woche Anzeigen an interessanten Stellen geschaltet werden. Einige Provider ermöglichen bereits für Preise unter DM 100,–/Monat die Veröffentlichung einer oder mehrerer Web-Seiten auf ihrem Server, der jedoch häufig kein Besuchermagnet ist.

Besucherzahlen von Web-Seiten

Über die Zahl der Besucher einzelner Webseiten existieren häufig verschiedene Angaben. Beim Playboy beispielsweise reichen sie von 1,8 Mio. Besuchern pro Woche bis zu 800.000 Besuchern täglich. Die Werbung im Internet kann damit – je nach der gewählten Website – unter Berücksichtigung des Tausender-Kontakt-Preises günstiger als in den Printmedien sein. Zu beachten ist jedoch die Einschränkung hinsichtlich der mangelnden Erreichbarkeit bestimmter Zielgruppen (siehe dazu auch Abschnitt 6.7.2).

Werbebudget und Internet

Das Werbebudget im Internet kann entsprechend klein bleiben, sofern nur einfache Anzeigen plaziert werden. Wird ein eigener Server betrieben bzw. soll eine Firmen Homepage präsentiert werden, entstehen neben den Hard- und Software-Investitionen vor allem Kosten durch Wartung, Betrieb und Aktualisierung des Netzangebotes. Ein Verzicht auf traditionelle Werbekanäle wird zumeist nicht möglich sein, so daß die Kosten für die Internet-Werbung zusätzlich zu den Kosten für herkömmliche Werbung anfallen. Sie konkurrieren mit den Werbeausgaben in anderen Medien, sofern das Werbebudget insgesamt nicht erhöht wird, oder die Internet-Präsentation z.B. über das Budget der EDV-Abteilung abgerechnet wird.

Deutschsprachige Medien im Netz

Für deutsche Firmen sind besonders die Anzeigen in deutschsprachigen Zeitungen, Zeitschriften und Magazinen interessant. Eine Liste mit deutschsprachigen Zeitungen und Zeitschriften findet sich z.B. im Spiegel-Online.[21]

Anzeigengröße und -gestaltung

Die Größe der Anzeigen im WWW beträgt meist nur wenige Quadratzentimeter, da sie sonst auf dem Bildschirm als störend empfunden werden. Als Beispiel soll hier die in Abbildung 6.27 dargestellte Werbung im Spiegel-Online dienen.

---

[21] `http://www.spiegel.de/online/meta.html`

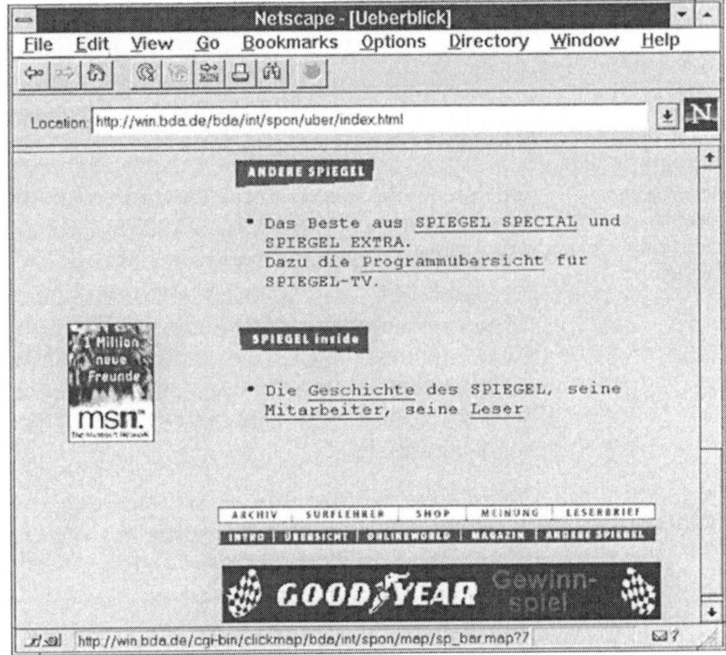

Abb. 6.27:
Werbung im
Spiegel Online

Häufig sind die Anzeigen länglich und je nach Bildschirmgröße etwa 2 bis 4cm hoch und 6 bis 25cm breit. Sie werden oft quer am oberen oder unteren Seitenende untergebracht. Sie können aber auch quadratisch sein und am Bildschirmrand plaziert werden. Bei dieser Größe eignen sich die Anzeigen nicht zur Vermittlung langatmiger Botschaften. Sie sollen, wie erwähnt, in der Regel zum Besuch der Homepage des jeweils Werbenden einladen und werden oft als „klickbares" Bild ausgeführt. Über diese Bilder lassen sich vor allem Zeichen, Logos und kurze Botschaften gut vermitteln.

Werbung für Internet-Werbung

Anzeigen, die auf den eigenen Server hinweisen, sind eine Art Werbung für Werbung. Eine weitere Form der Werbung für Werbung im Internet ist die Registrierung des FirmenWeb-Servers in möglichst vielen Internet-Verzeichnissen und elektronischen Adreßbüchern. Die meisten Verzeichnisse ermöglichen die kostenlose Registrierung, da sie damit voll-

Registrierung von Homepages

ständiger und kompletter werden. Auf den Titelseiten dieser Verzeichnisse kann häufig wie bei den Internet-Suchdiensten Werbung angebracht werden. In bestimmten Verzeichnissen ist die Registrierung jedoch kostenpflichtig. So kostet ein Eintrag in den „Gelben Seiten" des „Global Network Navigators" einmalig US$ 250,– Gebühr.

Werbung für Websites in anderen Medien

Für eine Reihe von Websites wird mittlerweile auch in anderen Medien Werbung gemacht. So werden in Anzeigen in den Print-Medien Internet-Adressen publiziert – und dies nicht nur im guten Dutzend Internet-bezogener Computerzeitschriften. Auch in Fernseh- und Radiospots wird auf die jeweilige Website hingewiesen. Die Sportschuh-Marke Reebok[22] oder auch der Sender MTV[23] weisen im Fernsehen ebenso auf ihre WWW-Homepage hin wie SAT1 auf die Homepage der Harald-Schmidt-Show.

Placement in Datenbanken

Neben der Fernseh- und Printwerbung sowie der Eintragung in Verzeichnisse und Adreßbücher können Firmen sich im Internet auch in verschiedenen Datenbanken präsentieren. Es gibt eine Reihe von Wirtschaftsdatenbanken, die u.a. Geschäftsberichte und Firmendaten präsentieren. Eine gut strukturierte, aktuelle und werbewirksame Firmendarstellung bedeutet in der Regel eine günstige Werbemöglichkeit.

Pro und Contra elektronische Werbung

Als Vorteile der elektronischen Werbung im Internet gegenüber der herkömmlichen Werbung können folgende Aspekte betrachtet werden:

- Vergrößerte Märkte. Es kann den Kunden Information zur Verfügung gestellt werden, die ihnen andernfalls nicht sofort zur Verfügung stünde, und es werden Kunden erreicht, die sonst nicht erreicht würden.

- Verbesserte Zielgruppenerfassung und ein engerer Verkäufer/Käufer-Kontakt

---

[22] http://www.planetreebok.com/
[23] http://www.mtv.com/

- Flexibilität und Aktualität. Es gibt keine „Deadline" wie bei Zeitungen. Anzeigen können sofort gewechselt oder geändert werden.

- Integration der Anzeige in das Medium z.B. WWW, d.h. die Anzeige oder Werbung wird nicht als solche empfunden. Es besteht keine Kennzeichnungspflicht.

- Intergrierbarkeit von Bestellmöglichkeiten in die Werbung.

- Das Internet stellt eine preisgünstige Werbe- und Verkaufsmöglichkeit dar.

Nachteile der elektronischen Werbung im Internet sind vor allem die folgenden Punkte:

- Technische Probleme stellen gegenwärtig noch gewisse Hindernisse bei der Übertragung von Filmen und Bildern dar.

- Die Erfahrungen aus der Print- und Fernsehwerbung sind nicht ohne weiteres auf das Internet übertragbar. Unerfahrenheit im Umgang mit dem neuen Werbemedium herrscht auch bei den Werbeagenturen vor.

- Die gegenwärtig noch geringe Marktgröße. Es gibt relativ wenig Haushalte mit Online-Anschluß, sie stellen speziell in Deutschland ein enges Marktsegment dar.

- Es werden hohe Anforderungen an die Computerfähigkeiten der Internet-Benutzer gestellt.

- Die Werbefeindlichkeit bestimmter Benutzergruppen.

6.7.2   Die Internet-User: Potentielle Kunden?

Eine wichtige Grundlage zur Beurteilung der Chancen der kommerziellen Internet-Nutzung sind Informationen über die Internet-Nutzer und ihre Gewohnheiten. Es gibt einige Befragungen, die innerhalb des Netzes durchgeführt worden sind und deren Ergebnisse ebenfalls dort zumindest teilweise veröffentlicht wurden. Im folgenden sollen vier Studien über „die User" und ihre Gewohnheiten vorgestellt werden. Dabei kann hier nur ein Ausschnitt der Ergebnisse berücksichtigt werden.

Die ausgewählten Untersuchungen werden regelmäßig, z.T. halbjährlich durchgeführt. Eine Studie wandte sich nicht direkt an die Nutzer des Internet und wurde – anders als die übrigen – nicht im World Wide Web durchgeführt. Sie ist daher nicht direkt mit den anderen vergleichbar. Da einiges auf erhebliche Unterschiede zwischen den amerikanischen und den europäischen Nutzern hindeutet, wird auch eine Veröffentlichung speziell über die Netznutzung in Deutschland vorgestellt.

Studie 1: „Third TIC/MIDS Internet Demographic Survey"

Untersuchung bei Systemadministratoren

Am 15. September 1995 führten Quarterman/Carl-Mitchell ihre dritte Internet-Umfrage durch. Bei dieser Umfrage wurde ein umfangreicher Fragebogen (ausgedruckt etwa 12 DIN-A4-Seiten) per E-Mail an insgesamt 13.302 Domains bzw. die dortigen „Postmaster", also für die Internet-Post zuständige Systemadministratoren geschickt. Antworten bis zum 19. Oktober 1995 wurden berücksichtigt. Insgesamt gingen 1.293 auswertbare Fragebogen in Form von E-Mail bei den Initiatoren ein, was einer Antwortquote von 9,7% entspricht. Die auswertbaren Fragebogen entsprachen ca. 2,9% der zu diesem Zeitpunkt insgesamt vorhandenen 45.091 Domains.

Da sowohl die Zielgruppe keine „normalen" Internet-User waren als auch die Fragen neben wenigen demographischen Merkmalen eher technische Details betrafen, soll diese Studie hier nicht ausführlicher dargestellt werden. Sie sorgte jedoch wegen einiger Ergebnisse für Schlagzeilen im Internet. So ermittelten Quarterman/Carl-Mitchell – entgegen dem bis dato vermuteten Geschlechterverhältnis von 9:1 – ein Verhältnis von 63,3% männlichen gegenüber 36,7% weiblichen Internet-Nutzern, also fast 2:1. Außerdem stellten sie ein drastisches Übergewicht der angeschlossenen kommerziellen Organisationen fest. Sie ermittelten für Oktober 1995 die in Tabelle 6.5 dargestellte Verteilung.[24]

---

[24] Informationen zu dieser Umfrage sind erhältlich über:
`http://www.mids.org/`

<table>
<tr><td rowspan="7">**Tab. 6.5:**
Organisations-
arten im Internet</td></tr>
<tr><td>*Art der Organisation*</td><td>*Anteil an allen Organisationen*</td></tr>
<tr><td>Kommerzielle Organisationen</td><td>49,2%</td></tr>
<tr><td>Bildungseinrichtungen</td><td>23,7%</td></tr>
<tr><td>Privatleute</td><td>18,1%</td></tr>
<tr><td>Regierungsstellen/Behörden</td><td>5,6%</td></tr>
<tr><td>Non-Governmental-Organisations</td><td>3,3%</td></tr>
<tr><td>Militär</td><td>0,1%</td></tr>
</table>

Studie 2: GVU's 4th WWW User Survey

Das „Graphic, Visualization, & Usability Center" (GVU) des Georgia Technology College of Computing führte mit Unterstützung des „WWW-Curatoriums" und der „Internet Society" vom 10. Oktober bis zum 10. November 1995 seine vierte, nicht-kommerzielle „Internet-Umfrage" durch. Dafür wurden fünf verschiedene Fragebogen konzipiert und im World Wide Web zugänglich gemacht. Zusätzlich wurden verschiedene Verweise auf die Befragung eingerichtet. Die Fragebogen erschlossen folgende Themengebiete: generelle demographische Daten, WWW-Browser-Nutzung, „Information-Authoring" im WWW und Verbrauchermeinungen und -vorlieben sowie „Web Service Provider". Insgesamt wurden über 23.000 Fragebogen ausgewertet und die Ergebnisse im Netz veröffentlicht. Neben verbalen und graphischen Auswertungen sind auch die ursprünglichen Datensätze zugänglich und können kostenlos via FTP bezogen werden.[25] Zu den Ergebnisse dieser Studie siehe Tabelle 6.6.

Studie 3: Yahoo!/Jupiter Communications

größte kommerzielle WWW-Umfrage

Die Yahoo!/Jupiter-Umfrage ist eine kommerzielle WWW-Umfrage, die nach eigenen Angaben 70.000 Befragte umfaßt. Damit ist sie die größte bzw. umfangreichste ihrer Art. Zur Erhebung selbst sowie zu den Auswertungsmethoden wurden

---

[25] `ftp://ftp.cc.gatech.edu/pub/gvu/www/survey/survey-10-1995/`

keine näheren Informationen veröffentlicht. Die Ergebnisse wurden auszugsweise (siehe Tabelle 6.6) im Netz präsentiert.[26] Eine detaillierte Auswertung ist für US$ 2.495,-- von Jupiter Communications, 627 Broadway, New York, NY 10012 erhältlich.

Studie 4: W3B

Vom 02.10.1995 bis zum 12.11.1995 führten Fittkau/Maaß eine deutsche bzw. deutschsprachige, ebenfalls kommerzielle „Web-Umfrage" durch. Sechs Wochen lang war ein Fragebogen mit 42 Fragen in Form eines WWW-Dokuments auf einem W3-Server zugänglich, auf den auch andere WWW-Dokumente hinwiesen. Insgesamt 1.880 Web-Benutzer nahmen an der Untersuchung teil. Seit dem 04.12.95 sind auch hier nur Auszüge der Ergebnisse im Netz zugänglich. Die gesamte Studie ist gegen Honorar von Fittkau/Maaß, Grögersweg 11, 22307 Hamburg erhältlich.[27]

Übersicht über
Umfrage-
Ergebnisse

In Tabelle 6.6 sind die drei World-Wide-Web-Umfragen bzw. einige ihrer Ergebnisse einander gegenübergestellt. Die einzelnen Umfragen haben jeweils mehrere zum Teil unterschiedliche Schwerpunkte, wie etwa „Information-Authoring" oder „Mediagewohnheiten" der Nutzer. Auf diese kann hier nicht näher eingegangen werden.

---

[26] `http://www.jup.com/`
[27] `http://www.w3b.de/w3b/`

Tab. 6.6: Vergleich der „User-Surveys"

	GVU's 4th Survey	*Yahoo!/Jupiter*	*W3B*
Gebiet *Teilnehmer* *Datum* *Medium*	global/USA 23.000 Okt./Nov. 1995 WWW-Fragebogen	global/USA 60.000 Sep. 1995 WWW-Fragebogen	deutschsprachig 1880 Okt./Nov. 1995 WWW-Fragebogen
Alter	global Ø 32,7 Jahre Europa Ø 29,7 J.	25-34 Jahre	Ø 29 Jahre
Geschlecht (m:w)	global 70,7:29,3 USA 67,5:32,5	k.A.	93,8:6,2
Berufe %	30,9 Ausbildung 29,1 Computer 10,2 Management 29,7 andere	k.A.	48,2% Studierende 32,6% Angestellte 8,7% Selbständige
Bildung	k.A.	mehrheitlich college degree oder höher	62% Uni-Abschluß 16% FH-Abschluß 16% Abitur
Einkommen	USA Ø 64.700$ Europa Ø 56.000$	Ø 35.000-49.999$	k.A.
Nutzung	78,4% sind täglich im WWW	Ø 20 Std./Woche	24,4% im WWW an 5 Tagen/Woche
Zugang	k.A.	50% Provider 40% Arbeit/Uni 8% Online-Dienst 2% sonstige	69,4% eigener PC 30,6% Arbeit/Uni
bezahlen für *WWW-Seiten?*	31,8% nicht bereit	66% nicht bereit	74,8%: weniger Nutzung bei Preis- steigerung
Sonder- *ergebnisse*	Nutzung in % Browsing: 79,0 Unterhalt.: 63,6 Arbeit: 51,8 Einkauf: 11,1 sonstiges: 10,8	61% sehen weniger fern; 55% gehen zu Hause ins Netz.	63,8% wollen die Lieblingszeitung nicht nur online lesen. 36,8% nutzen ein 14.4er Modem.

<table>
<tr><td width="25%">

Unterschiede zwischen USA und Europa

</td><td>

Die Befragten bei der GVU-Studie, an der alle WWW-Nutzer weltweit teilnehmen konnten, kamen zu 76,2% aus den USA, zu 10,2% aus Kanada und Mexiko und nur zu 8,4% aus Europa. Interessant sind dabei die Unterschiede zwischen US-amerikanischen und europäischen Nutzern, die in der GVU-Studie analysiert wurden. Danach sind europäische Nutzer z.B. deutlich jünger als amerikanische. Es überwiegen in Europa noch stärker als in den USA die männlichen Nutzer und auch das Durchschnittseinkommen scheint in den USA höher zu liegen als in Europa.

Die W3B-Umfrage spiegelt diese Erfahrungen, die in der GVU-Studie durch Sondervergleiche ermittelt wurden, zum Teil wieder. So weist sie mit 29 Jahren ein niedrigeres Durchschnittsalter der Nutzer auf als die amerikanisch dominierten Umfragen. Quarterman/Carl-Mitchell ermittelten sogar ein noch höheres Durchschnittsalter. Auch der sehr hohe Anteil Studenten bei den deutschsprachigen Netzteilnehmern, der in den anderen globalen bzw. nordamerikanischen Untersuchungen deutlich geringer ausfällt, weist auf ein niedrigeres durchschnittliches Alter und auch Einkommen hin. Bei den meisten Untersuchungen wird ein überdurchschnittliches Bildungsniveau der Nutzer festgestellt.

</td></tr>
<tr><td>

Übergewicht von Beschäftigten in der Computerbranche

</td><td>

Bei den Berufen stellten sowohl GVU als auch Quarterman/Carl-Mitchell ein Übergewicht der Beschäftigten aus den Bereichen Computer, Software und Bildungswesen fest. Alle Studien ermittelten unterschiedliche Verweildauern sowie Zugangs- und Nutzungsgewohnheiten. Auch die Bereitschaft, für WWW-Seiten zu bezahlen, fällt bei allen Studien unterschiedlich aus.

Unter den hier als „besondere Ergebnisse" aufgeführten Zahlen sind einige interessante Einzelaspekte der Studien zusammengestellt. So nutzen in den USA fast 80% das WWW zum Spaß bzw. zur Unterhaltung, aber über 60% nutzen es auch beruflich, während nur etwa 11% auch im Internet einkaufen. Nach der Yahoo-Studie schränken über 60% der Nutzer ihren Fernsehkonsum ein, da sie mehr Zeit im Internet verbringen. Über die Hälfte der WWW-Nutzer gehen meistens

</td></tr>
</table>

zu Hause ans Netz. Die W3B-Studie fragte außerdem, ob sich die Nutzer vorstellen könnten, ihre Lieblingszeitung nur noch „online" zu lesen, was von über 60% der Befragten verneint wurde.

Diese Schlaglichter geben sicher keinen erschöpfenden Einblick in die Nutzungsgewohnheiten, und sie liefern auch keine überprüfbare Zahl der Nutzer insgesamt. Dennoch machen sie einige Tendenzen deutlich, die für die Bewertung der kommerziellen Nutzung des Internet wichtig sind.

regionale Unterschiede

Es gibt deutliche regionale Unterschiede. Die Gruppe der WWW-Nutzer besteht in Deutschland zu etwa 47% aus Studenten und zu fast 94% aus männlichen Nutzern. Diese Zahlen sind aufgrund der Erhebungsmethode zwar nicht repräsentativ, dürften in der Tendenz jedoch stimmen. Frauen sind also unterrepräsentiert. Auch in den USA ist nur ein Drittel der Nutzer weiblich. Männliche Nutzer scheinen außerdem keine starken „Online-Einkäufer" zu sein. Gegenwärtig nutzen nur etwa 11% der internationalen Anwender das Internet bzw. das WWW auch zum „shopping". Zwischen 30 und 40% der Befragten gelangen über ihren Arbeitgeber oder die Universität in das World Wide Web. Personen die über den Arbeitgeber an das Internet angebunden sind, nutzen es in der Regel beruflich (über 50%). Sie kommen möglicherweise als gewerbliche Kunden in Frage, ob sie ihre privaten Einkäufe im Netz tätigen können und wollen, bleibt offen. Das Internet ist also als Absatzkanal und auch Werbemedium regional unterschiedlich und nur in bestimmten Feldern uneingeschränkt einsetzbar.

6.7.3 Exkurs: Kommerzfeindlichkeit der Nutzer

Wie schon im Abschnitt über Werbung im Internet kurz erwähnt, gibt es im Netz eine Opposition gegen die kommerzielle Nutzung. Diese Opposition ist, motiviert durch den langjährigen Ausschluß der kommerziellen Nutzung aus dem Netz und aus Angst um die Entwertung ihrer Netzphilosophie, zuweilen recht militant gegen die Nutzung der News als Werbefläche vorgegangen.

Bis zum Jahre 1993 war die kommerzielle Nutzung bestimmter – von der National Science Foundation finanzierter – Teile des Internet verboten. Die NSF stellte Nutzungsrichtlinien, die sogenannten AUPs (Acceptable Use Policies, siehe dazu auch Anhang C), auf. Danach war u.a. unaufgeforderte Werbung explizit verboten. Die an das NSFNET angeschlossenen Organisationen hatten diese Richtlinien zu befolgen. Mit der Ablösung der National Science Foundation als Betreiber des US-Backbones wurden die Beschränkungen jedoch aufgehoben, und das Netz hat sich in Richtung kommerzieller Nutzung entwickeln können.

skeptische Internet-Kultur

Aus der speziellen Ethik des Internet, Wissen und Informationen miteinander zu teilen, entwickelte sich eine eigene Philosophie oder besser Kultur. In dieser Kultur ist die kommerzielle Nutzung des Internet verpönt. Bei den News und im Bereich der E-Mail-Werbung ist der Widerstand der Nutzer am größten. Firmen, die Internet-Nutzern unaufgefordert Werbung per E-Mail ins Postfach schicken oder offensichtliche Werbeschreiben in unpassende Newsgroups hängen, werden auch negative Reaktionen der Nutzer zu spüren bekommen. In der harmlosen Form sind dies Schmäh- und Beschwerdebriefe, „Flames" genannt. Bei „Wiederholungstätern" werden auch sogenannte „Mailbomben" versandt, die die Firmen-Mailbox mit Massen von unnützer E-Mail verstopfen. Weiter können über das Internet Unmengen von Waren, Journalen, Zeitschriften etc. im Namen der Firma bestellt und an deren Adresse geschickt werden. In den USA kamen im Fall Canter/Siegel sogar anonyme Mord- und Bombendrohungen zum Einsatz.

Werbung im WWW wird akzeptiert

Der für das Marketing interessante Bereich des Internet, das World Wide Web, ist erst wenige Jahre alt und gehört praktisch nicht zum angestammten „Besitz" der langjährigen Nutzer. Die Entwicklung des WWW verlief parallel zur Liberalisierung der Nutzung des NSFNET. Entsprechend ist die kommerzielle Nutzung des WWW nie auf Gegenwehr bei den Nutzern gestoßen. Außerdem handelt es sich bei der Werbung im WWW um indirekte Werbung: Der Nutzer entscheidet selber, welche Seiten er sich ansieht und welche nicht.

| 6.7.4 | **Wie vorgehen bei der Werbung im WWW?** |

Es lassen sich grundsätzlich drei Arten der Werbung im WWW unterscheiden:

- eigene Webseite auf eigenem Server
- eigene Webseite auf fremden Server
- Anzeigen auf fremden Webseiten

Die Anzeigen auf fremden Webseiten ohne Verweis auf einen anderen Server sind am unkompliziertesten. Man benötigt nur eine scanbare Anzeigenvorlage und übermittelt diese dem jeweiligen Autor der Webseite, auf der sie erscheinen soll.

Wenn man im WWW mit einer Firmenpräsentation werben und verkaufen will, sind folgende Fragen zu klären bzw. Entscheidungen zu treffen:

1. Eigener oder fremder Server? Lohnt sich die Investition und der Unterhalt eines eigenen Servers? Die Kosten des fremden Internet-Services sind sofort als Aufwand steuerlich absetzbar. Ein Ausstieg ist leicht möglich. Gibt es bereits eine EDV-Abteilung, die den Server aufbauen kann? Wie teuer ist der Server insgesamt? (Vgl. auch Kapitel 7.2.)

2. Welchen Internet-Provider soll man auswählen? Welche Zugangsart wird benötigt? (Vgl. auch Kapitel 7.)

3. Welche Server-Hard- und Software soll wo gekauft oder gemietet werden? Was soll/muß der Server alles können?

4. Was soll die Webseite alles beinhalten? Welche Informationen und Angebote sollen bereitgestellt werden? Sollen die Server-Inhalte selbst erstellt werden, oder soll man sie erstellen lassen? Welche Werbeagentur hat Internet-Erfahrung? Was muß bzw. was kann dem Besucher sonst noch geboten werden, damit er die Seite häufiger besucht?

5. Wie den Server im Netz bekannt machen, um möglichst viele Besucher anzuziehen?

6. Welchen Erfolgsmaßstab bzw. welche Ziele soll man zur Erfolgsbeurteilung wählen bzw. definieren? Was sind mögliche zukünftige Erfordernisse im Netz?

Abbildung 6.28 zeigt das Vorgehen in einer Übersicht.

Abb. 6.28: Der Weg zur „eigenen Homepage"

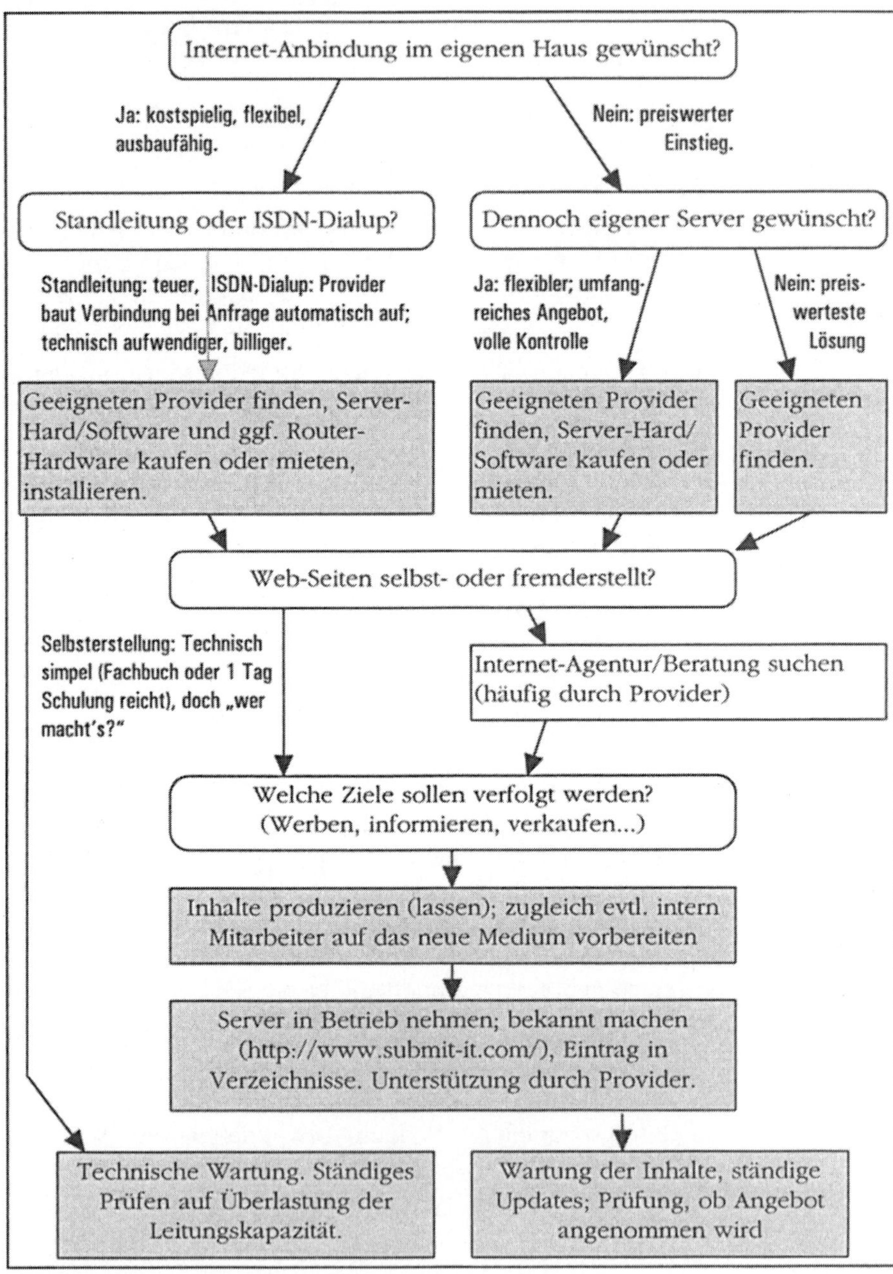

6.8 Die Distributionspolitik

Begriff und Inhalt
der Distribu-
tionspolitik

Der Begriff „Distribution" beinhaltet die Entscheidungen und Handlungen, die im Zusammenhang mit dem Weg eines Produkts zum Endkäufer stehen. Meist werden in diesem Zusammenhang die Absatzmittler und Absatzhelfer, die Absatzwege und die Schnittstellen zu den Abnehmern sowie die „physische Distribution" genannt. Vielfach erfolgt eine Zweiteilung der Distributionspolitik in die Absatzkanäle und das dazugehörige logistische System. Dieser Unterscheidung entspricht auch die Einteilung in die „akquisitorische" und die „physische Distributionspolitik", der hier gefolgt wird.

Es ergeben sich – wie bereits angesprochen – für das Internet Einsatzmöglichkeiten sowohl als Absatzweg als auch als Transportmedium.

6.8.1 Das Internet als Absatzkanal

Als „Absatzweg" kann das Netz sowohl beim direkten Absatz – also ohne fremde Zwischenstufe zwischen Produzent und Käufer – als auch beim indirekten Absatz genutzt werden. Abbildung 6.29 zeigt dies auf. Im Falle des direkten Absatzes eröffnet der Hersteller eines Produktes bzw. der Anbieter einer Dienstleistung eine „virtuelle Filiale" bzw. Verkaufsniederlassung im Netz. Beim indirekten Absatz über das Internet tritt der Handel in Form des Großhandels, des Einzelhandels oder in Form von Handelsvermittlern, wie z.B. Maklern als Absatzmittler in Aktion und eröffnet ein „virtuelles Geschäft".

Reaktionen des
Handels?

Die Homepage wird beim direkten Absatz zum Schaufenster und zum beratenden Verkäufer des Produzenten. Reaktionen des Groß- und Einzelhandels auf diese Art der Umgehungspolitik sind möglich bzw. denkbar.

Der Versandhandel ist in Deutschland bereits mit den folgenden Firmen im Internet vertreten:

- Quelle (`http://www.quelle.de/`)
- Otto-Versand (`http://www.otto.de/`)
- Neckermann. (`http://www.neckermann.de/`)
- Beate Uhse (`http://www.beate-uhse.com/`)

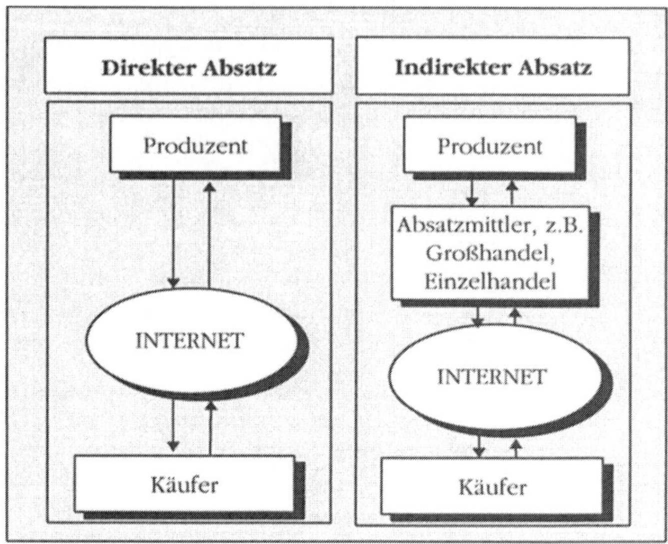

**Handelsketten
im Internet?**

Erlebniseinkauf

Die bekannten Einzelhandelsketten haben bislang in den USA nur begrenzt nachgezogen. Der Handel hat generell zwei Möglichkeiten. Er kann entweder virtuelle „Filialen" im Netz eröffnen – wie es z.B. die Elektrofachmarktkette Mediamarkt vormacht[28] – oder er begegnet der neuen Konkurrenz noch stärker als bisher mit emotionalisierten Einkaufserlebnissen, um den Einkaufsbummel in realen Geschäften weiterhin attraktiv zu halten. Online-Geschäfte können zwar mit dem bequemen Einkauf von zu Hause werben, sie können jedoch nicht den Geschmack, den Duft, das Gefühl oder die Paßform von Waren transportieren. Daher wird der Einkauf in realen Geschäften nur begrenzt durch den Online-Einkauf ersetzt werden können. Dennoch (oder gerade deshalb) eröffnen in den USA kleine und kleinste Einzelhandelsbetriebe virtuelle Filialen im Netz. Den kommerziellen Erfolg dieser Unternehmungen zu beurteilen, fällt dabei äußerst schwer. Eine ernsthafte Konkurrenz stellt der Online-Einkauf jedoch für die Bereiche Teleshopping und Versandhandel dar.

---

[28] `http://www.mediamarkt.de/`

Aufgaben des Handels

Der Handel nimmt dem Produzenten bestimmte Aufgaben ab. Diese Funktionen kann der Handel auch im Internet ausüben. So wird durch die Zwischenschaltung des Handels für den Produzenten die Anzahl von Verkaufstransaktionen verringert, und seine direkten Transaktionskosten werden reduziert. Weitere Funktionen, die der Handel ausüben kann, sind der Transport, die Lagerung, die Finanzierung, die Sortimentsbildung, die Qualitätskontrolle und die Informationsfunktion. Daneben können auch Verpackung und Markierung sowie das Sortieren und Abpacken in kleinere Verpackungseinheiten vom Handel übernommen werden. Diese Funktionen kann der Handel in abgewandelter Form auch im Internet ausüben.

Debitorenbuchhaltung und Versandlogistik

Die Einzelhandelsfirmen werden durch den Verkauf nichtdigitaler Waren automatisch zu Versandhandelsfirmen, d.h. der Einzelhandel im Netz muß eine entsprechende Debitorenbuchhaltung und die nötige Versandlogistik aufbauen. Gemildert wird dieser Umstand allerdings durch die hohe Automatisierbarkeit der Verkaufstransaktionen im Netz.

Electronic Malls

Eine Unterscheidung der „Internet-Stores" erfolgt hinsichtlich der Frage, ob sich ein Unternehmen allein im Netz präsentiert, oder ob es sich in einer Gruppe nach dem amerikanischen Konzept der „virtuellen Mall" in einer Art elektronischen Einkaufspassage darstellen soll. Der Online Store benötigt im Grunde keine Einkaufspassage, da die räumliche Nähe beim Einkauf in der virtuellen Welt keine entscheidende Größe ist. Dennoch erhoffen sich einige Firmen durch den Verbundeffekt, den die Konzentrationen von vielen Geschäften an einer Stelle auslöst, Vorteile. Zu den wichtigsten „Malls" im Internet gehören die folgenden:

- CommerceNet: `http://www.commerce.net/`
- Hype-It Mall `http://hype-it.net/mall/shop2.htm`
- MarketStar `http://daystar.arn.net/mall/`
- NetMarket: `http://www.netmarket.com/`
- Open Market `http://www.openmarket.com/`

Mall-Konzept

Jeder Online-Store ist, auch wenn er sich in einer Gruppe unter einer gemeinsamen Oberadresse präsentiert, direkt unter seiner Adresse zu erreichen. Das Konzept der Mall bedeutet insofern nur, daß man in einen Einkaufs-Directory bzw. einem Warenverzeichnis aufgenommen wird. Es muß also nicht zwangsläufig ein einzelner bestimmter Computer sein, auf dem sich alle Geschäfte einer Mall befinden. Damit ist es auch möglich, mit ein und der selben Internet-Präsentation in verschiedenen Malls gleichzeitig präsent zu sein.

Abb. 6.30:
The Internet Mall

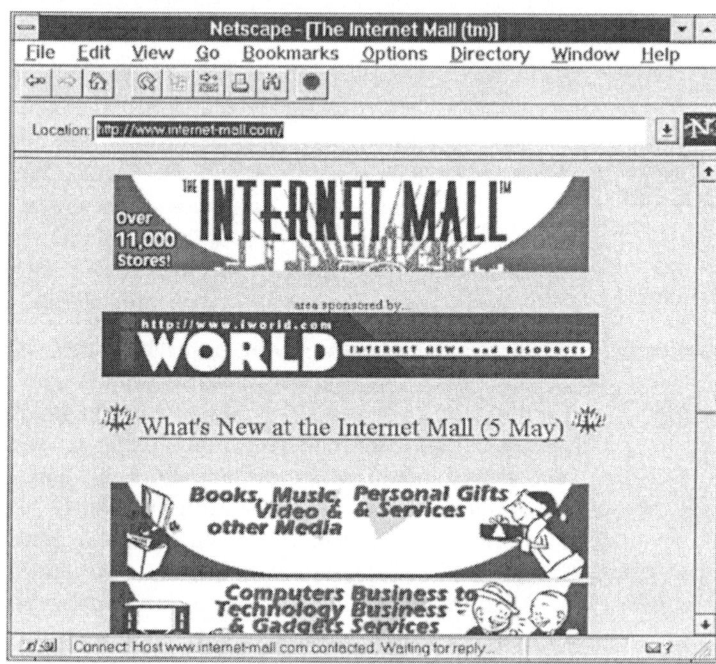

Beispiel „Internet Mall"

Daß die Gruppenpräsentation viele Anhänger hat, beweist die „Internet Mall", unter deren Adresse sich über 11.000 einzelne Online-Stores finden lassen (siehe Abbildung 6.30). Im „Erdgeschoß" findet man z.B. Geschäfte, die Bücher, Magazine und anderer Medien verkaufen. Innerhalb der Etagen finden sich dann Produktgruppen, unter denen die einzelnen Geschäfte gelistet sind.

Große Unternehmen und Marken

Die großen Unternehmen, deren Namen bzw. Marken genug Kraft haben, Kunden anzuziehen, sind für gewöhnlich nicht in den Malls anzutreffen. Dort finden sich eher kleine und kleinste Firmen, die nur lokal bekannt sind.

Beispiel für kleine Geschäfte im Netz

Beispielhaft soll hier die WWW-Präsentation eines kleinen Internet Jeans Stores gezeigt werden. Dort können bekannte Jeans der Firma Levis günstig bestellt werden. Als Einführungsangebot wurde jede Levis 501 mit einem T-Shirt ausgeliefert (siehe Abbildung 6.31).

Abb. 6.31:
Jeans Store

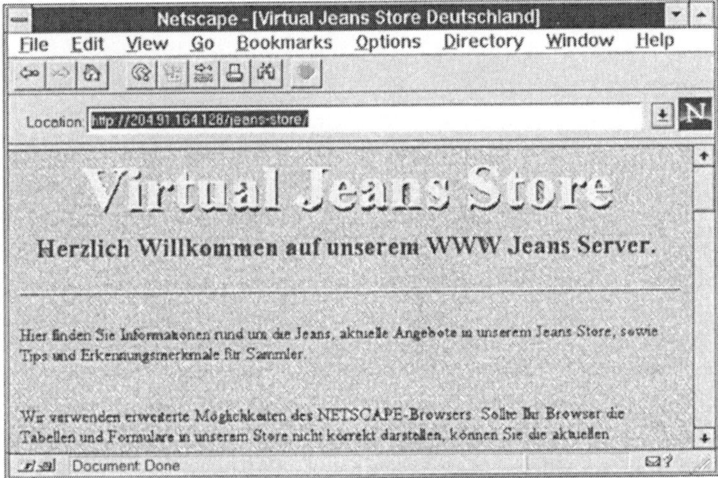

Der Hintergrund der Webseite ist in Farbe und Struktur einer Jeans nachempfunden. Die Nieten dienen als klickbare Knöpfe, über die man zur Übersicht, zur Firmeninformation, zum Bestellformular und zu den einzelnen Artikeln gelangt. Die Artikel werden jeweils mit Bild und Detailinformationen sowie dem Preis präsentiert (siehe Abbildung 6.32).

Textorientierte oder bebilderte Seiten

Die praktische Gestaltung des Absatzkanals Internet – sprich der Verkaufsseiten – kann in zwei Ausprägungen untergliedert werden. Zum einen existieren listenartige, stärker textorientierte Präsentationen und zum anderen broschüren- oder katalogartige, bebilderte Zusammenstellungen von Waren bzw. Dienstleistungen. Sony stellt - wie gezeigt – alle Modelle seines aktuellen „Consumer Electronics"-Angebots mit Bild und technischen Daten in Form von Katalogseiten vor. Ähnlich verfahren auch Mercedes Benz oder Toyota. Sie stellen ihre Fahrzeuge in Präsentationen vor, die mit Broschüren verglichen werden können. Auch Buchhandlungen oder CD-Läden fangen an, die Buchtitel oder CD-Cover abzubilden; häufiger noch werden solche Artikel allerdings ohne Grafik in Listen angeboten.

Neben den Firmen- und Produktinformationen muß eine Homepage immer auch andere Informationen enthalten, um für eine größere Zahl von Netz-Benutzern attraktiv zu sein. Auf der Toyota Homepage wird z.B. neben Informationen über Toyota und seine Produkte auch das Magazin „The Hub" angeboten, das u.a. die Bereiche Wohnung/Zuhause, Sport, Frauen im Web, Life Style, Kultur und ähnliches abdeckt (siehe Abbildung 6.33).

Bedeutung von Verweisen auf andere Seiten

Häufig geben erst die regelmäßig aktualisierten, zusätzlichen Informationsangebote einer Web-Seite den Ausschlag, sie zu besuchen. Wichtig sind dabei u.a. auch Verweise auf andere interessante Web-Seiten, auch wenn diese manchmal dazu führen können, daß der Nutzer die Homepage schnell wieder verläßt, um sich die neue Web-Seite näher anzusehen.

Abb. 6.33: Toyota-Homepage

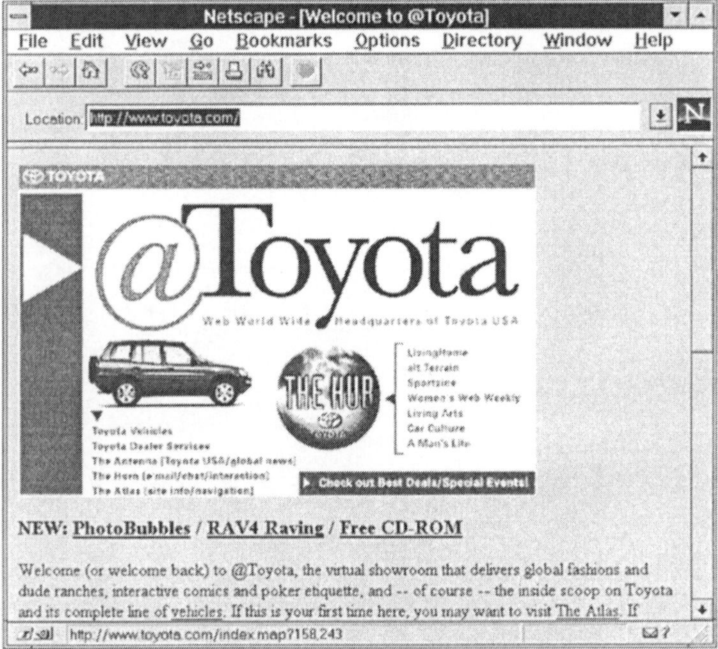

Gestaltung der Seiten als klickbare Bilder

Auf der Seite „Toyota vehicles" stellt das Unternehmen die aktuelle Produktpalette vor. Kunden können herausfinden, welcher Toyota der richtige für sie ist, und können sich ihr Wunschauto zusammenstellen. Die Übersicht ist als klickbares Bild ausgeführt, so daß ein Mausklick auf das den Kunden interessierende Fahrzeug ihn zu den dazugehörigen Informationen bringt (siehe Abbildung 6.34).

Abb. 6.34:
Toyota-
Fahrzeuge

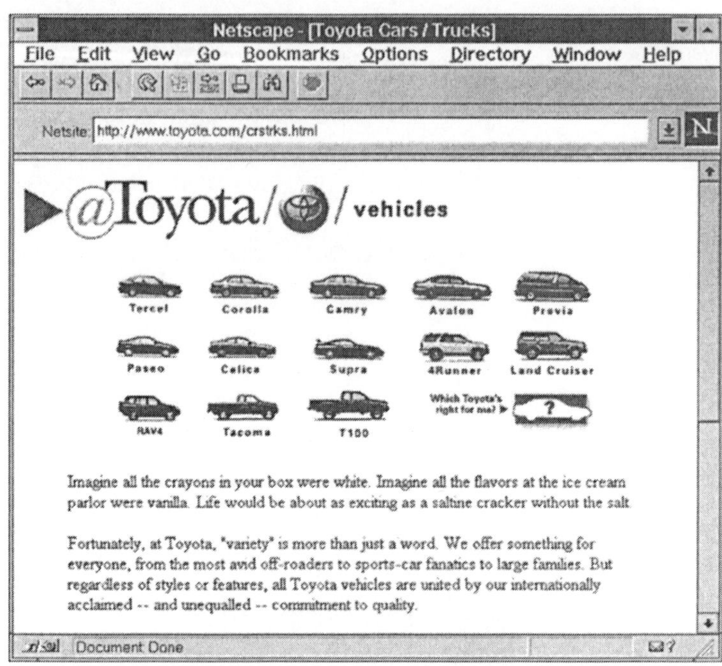

Bestellmöglich-
keiten

Warenkorb

Es kann die Möglichkeit gegeben werden, Produkte direkt im Netz oder extern (z.B. per Telefon oder schriftlich) zu bestellen. Oft besteht die Möglichkeit, während des Betrachtens der angeboteten Waren diese anzuklicken und damit in einen „Warenkorb" zu legen. Dieser Warenkorb dient am Ende des Einkaufs als Grundlage der Bestellung. Für die Bestellung im Netz werden meist Formulare (sogenannte „Fill-out-Forms") eingesetzt. Diese Bestellformulare bestehen aus Eingabefeldern für Namen und Adresse des Kunden. Nach dem Ausfüllen können die in das Formular eingegebenen Daten zusammen mit der Warenliste per Mausklick an den Verkäufer übermittelt werden.

Automobilfirmen haben häufig Übersichten über die Automobilhändler in die Homepage integriert. Der nächstgelegene Händler kann so schnell ausfindig gemacht und Termine für eine Probefahrt können sogar teilweise online vereinbart werden. Viele der elektronischen Ableger bestehender Zeitungen und Zeitschriften ermöglichen entweder die direkte „Online-Bestellung" von Abonnements, oder sie weisen auf Adressen oder Telefonnummern als externe Bestellmöglichkeiten hin.

Online-Order

Produktpräsentationen oder Kataloge im Netz ohne Bestellhinweise, die nur der Information des Kunden dienen, sind im Grunde Werbung und fallen in den Bereich der Kommunikationspolitik. Wird eine Bestellmöglichkeit gegeben, liegt ein „Mail-Order-System" bzw. ein „Online-Order-System" vor. Der Absatz über das Internet ist damit ein Zweig des „Home Shopping". Abbildung 6.35 zeigt die Möglichkeiten des Internet als Absatzweg.

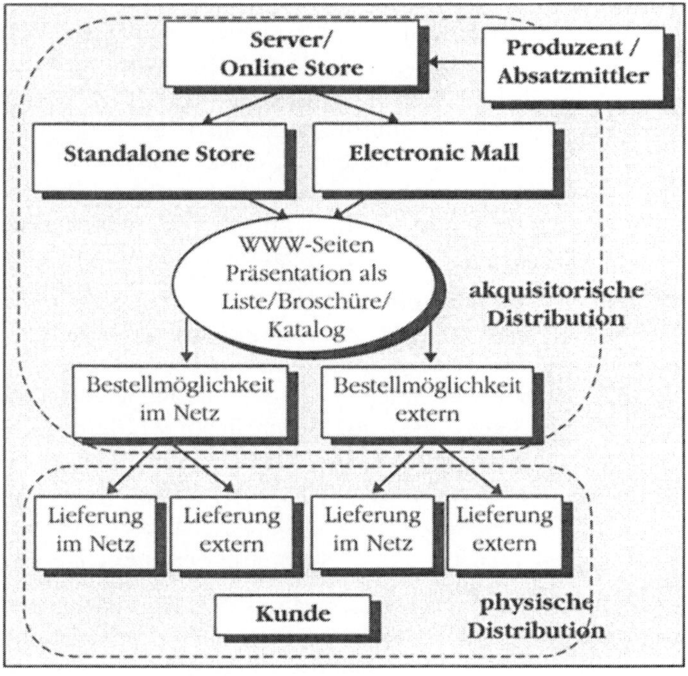

Problem rechtliche Unsicherheit

Problematisch an der Nutzung des Internet als Absatzkanal scheint gegenwärtig noch die Unklarheit bezüglich der rechtlichen Verbindlichkeit von Bestellungen im Netz zu sein. Hier gibt es divergierende Meinungen. Die rechtlichen Probleme werden im Abschnitt 8.3 näher betrachtet.

6.8.2 Transportmedium Internet

Physische Distribution

Aufgabe der „physischen Distribution" ist die Überbrückung von Raum und Zeit durch Transport und Lagerung von Waren, um das richtige Produkt zur gewünschten Zeit in der richtigen Menge an den gewünschten Ort zu bringen. Man spricht in diesem Zusammenhang auch von Warenlogistik. Im Rahmen der Warenlogistik werden folgende Aspekte behandelt: Transportmittel und -wege, Lagerhaltungsentscheidungen sowie Standortentscheidungen.

Digitale und nicht-digitale Waren

Im Bereich der Distributionspolitik müssen – wie schon bei der Produktpolitik – digitalisierbare und nicht digitalisierbare Waren und Dienstleistungen unterschieden werden. Wie bereits deutlich wurde, sind im Netz transportable, digitale Produkte Informationen in jeder Form. Als Beispiele lassen sich hier anführen: Musik, Filme, Zeitungen, Bücher und Software. Dienstleistungen umfassen z.B. Buchungen und Reservierungen, Bestellungen oder Soft- und Hardware-Ferndiagnosen sowie Beratungsleistungen jeder Art.

CD- und Book-On-Demand

Bei Büchern und Musik-CDs sind derzeit Lösungen in der Erprobung, die den Handel mit einbeziehen. So wird an der „CD-On-Demand" und am „Book-On-Demand" via Netz gearbeitet. Dabei wird die CD als WORM (Write Once – Read Many times) im Geschäft auf Anforderung des Kunden und nach dessen Wünschen erstellt. Ähnliche Verfahren lassen sich auch bei Büchern anwenden. Auch Lern-Software, sogenannte „Teachware" und andere Software wird zukünftig verstärkt über Netze vertrieben und zugestellt.

Online- und offline-Konsum

Man kann außerdem den „Online-Konsum" vom „Offline-Konsum" elektronischer Güter unterscheiden. Das Online-Lesen einer Zeitung lohnt sich aufgrund der erwähnten zusätzlichen Produktkosten selbst dann nicht, wenn die Zeitung im Netz kostenlos veröffentlicht wird. Es besteht aber die Möglichkeit, Produkte wie z.B. eine komplette Zeitung aus dem Netz in den heimischen Computer zu laden und auf der

Festplatte zu speichern. Nach Beendigung der Internet-Sitzung kann sie dann am Bildschirm oder ausgedruckt gelesen werden, ohne daß eine Netzverbindung besteht und Telefonkosten anfallen.

Urheberrechte an digitalen Waren

Damit ist eine Besonderheit digitaler Waren angesprochen: Sie werden nur einmal produziert oder entwickelt. Danach erfolgt keine erneute Produktion weiterer Einheiten, sondern weitere Exemplare werden als Kopie des ersten Exemplars gewonnen. Abbildung 6.36 verdeutlicht diesen Vorgang. Diese Besonderheit digitaler Produkte macht die Wichtigkeit des Schutzes von Urheberrechten an ihnen deutlich. Ist das Produkt digital, kann es von jedem leicht kopiert werden. Dem Hersteller entgehen die Verkaufserlöse (siehe auch Abschnitt 8.3).

Abb. 6.36:
Warentransport
im Internet

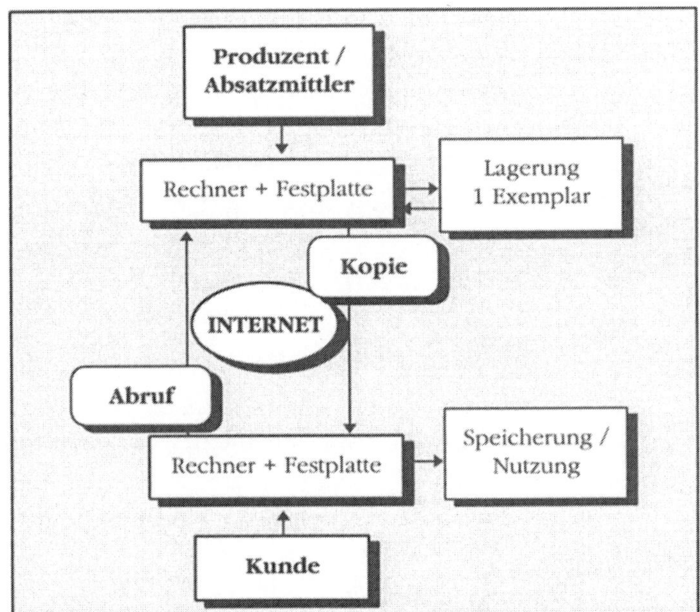

Literatur

Allgemein zum Thema Marketing, Marktforschung und Strategien:

Becker, Jochen: Marketing-Konzeption: Grundlagen des strategischen Marketing-Managements, 5. verb. und erg. Aufl., München, 1993.

Hermanns, Arnold; Flegel, Volker (Hrsg.): Handbuch des Electronic Marketing: Funktionen und Anwendungen der Informations- und Kommunikationstechnik im Marketing, München, 1992.

Hüttner, Manfred; Pingel, Annette; Schwarting, Ulf: Marketing Management: Allgemein, Sektoral, International, München, Wien, 1994.

Hüttner, Manfred: Grundzüge der Marktforschung, 4. Aufl., Berlin, New York, 1989.

Kotler, Philip; Bliemel, Friedhelm W.: Marketing-Management: Analyse, Planung, Umsetzung und Steuerung, 8. vollst. neu bearb. und erw. Aufl., Stuttgart, 1995.

Meffert, Heribert: Marketing: Grundlagen der Absatzpolitik, 7. überarb. u. erw. Aufl., Wiesbaden, 1991.

Nieschlag, Robert; Dichtl, Erwin; Hörschgen, Hans: Marketing, 17., neu bearb. Aufl., Berlin, 1994.

Zum Internet bzw. WWW:

Borchers, Detlef: Pfennigbeträge: Abrechnungs- und Zahlungsmodalitäten im Internet, *in:* Gateway, o.Jg., Heft 9, 1995, S. 30-39.

Cronin, Mary J.: Doing More Business on the Internet, New York, 1995.

Decker, Reinhold; Klein, Timo; Wartenberg, Frank: Marketing und Internet – Markenkommunikation im Umbruch?, *in:* Markenartikel, o.Jg., Heft 10, 1995, S. 468-473.

December, John: Java Einführung und Überblick, München 1996

Ebner, T.: HTML-Seiten selbst gemacht, Düsseldorf, 1995.

Ellsworth, Jill H.; Ellsworth, Matthew V.: The Internet Business Book, New York, 1994.

Hanser, Peter: Aufbruch in den Cyberspace, *in:* Absatzwirtschaft, o. Jg., Heft 8, 1995, S. 34-39.

Hansen, Hans R.: Marketing über den Informartion Superhighway, *in:* Werbeforschung und Praxis, o.Jg., Heft 5, 1995a), S. 169-175

Hansen, Hans R.: Marketing über den Informartion Super-highway – das Internet, *in:* Werbeforschung und Praxis, o. Jg., Heft 1, 1995b), S. 32-37.

Hawkins, Donald T.: Electronic Advertising on Online Information Systems, *in:* Online – The Magazine of Online Information Systems, Vol. 18, Heft 3, 1994, S. 26-40.

Naether, Frank-Thomas: Goldene Zeiten für Marktforschung: Marktforschung im Cyberspace, *in:* Absatzwirtschaft, o. Jg., Heft 12, 1995, S. 62-66.

Nolden, Mathias: WWW, Düsselsorf, 1995.

Zur Durchführung und Methodologie einer E-Mail-Befragung:

Schuldt, Barbara A.; Totten, Jeff W.: Electronic Mail Vs. Mail Survey Response Rates, *in:* Marketing Research, Vol. 6, No. 1, S. 36-39.

Einen umfangreichen Überblick über eine Vielzahl interessanter Datenbanken enthält:

United Nations (Hrsg.): The Internet: An Introductory Guide for United Nations Organizations, Genf, 1994.

Wie kommt man ins Internet?

Eine wichtige und häufig gestellte Frage zum Internet lautet: „Wie bekomme ich Zugang, und was kostet mich das?" Diese beiden Fragen sollen hier beantwortet werden. Dazu werden zunächst die Zugangsanbieter vorgestellt, danach die unterschiedlichen Zugangsarten besprochen und die Kosten des Internet-Zugangs erläutert. Außerdem werden Organisationen vorgestellt, an die man sich als Informationsanbieter wenden kann.

7.1 Die Provider

Der Zugang zum Internet wird durch sogenannte „Provider" ermöglicht. Grundsätzlich kann man zwischen kommerziellen Anbietern als Provider im engeren Sinne und nicht-kommerziellen Anbietern unterscheiden. Provider im engeren Sinne sind – wie bereits angesprochen – Unternehmen, deren Geschäftszweck der Betrieb eines eigenen Netzwerkes zur Anbindung anderer an das Internet ist. Die drei bedeutendsten Provider in Deutschland sind die Firmen EUnet in Dortmund, NTG/X-Link in Karlsruhe und MAZ in Hamburg. Zu erwähnen ist auch der DFN e.V. (Deutsches Forschungsnetz), der Provider der Universitäten, der sich zunehmend gewerblichen Nutzern öffnet. Diese Provider verfügen in den meisten deutschen Städten über Einwählknoten, sogenannte POS (Points of Service) oder POPs (Points of Presence), d.h. man erreicht sie in der Regel zum Ortstarif. (Zu den Adressen der Provider siehe Anhang A.)

Zugang für Privatleute

Für private Personen kann der Internet-Zugang außer durch kommerzielle Provider auch auf andere Weise erfolgen. Universitäten und Institute bieten ihren Mitgliedern häufig einen kostenlosen Zugang an. Auch bereits angeschlossene Unternehmen können ihren Mitarbeitern einen geschäftlichen oder privaten Zugang z.B. nach Feierabend anbieten.

Vereine als Zugangsanbieter

Eine weitere, schon angesprochene Zugangsmöglichkeit stellen Vereine dar. Sie offerieren häufig relativ günstige Netzzugänge, können aber nicht immer die gesamte Palette an Internet-Diensten bieten. Die zwei wichtigsten Vereine in Deutschland sind der Subnetz e.V. und Individual Network e. V. Da sie schon recht lange existieren, verfügen sie ebenfalls über ein dichtes Netz von Einwählknoten. Vereine erlauben häufig keine gewerbliche Nutzung.

Free-Nets als Zugangsmöglichkeit

In jüngster Zeit wurden auch sogenannte „Free-Nets", wie das „Freenet Erlangen" in Deutschland gegründet. „Free-Nets" sind Netzwerke, die für jeden (außer für kommerzielle Nutzer) umsonst zugänglich sind. In den USA richten verschiedene Gemeinden und Bibliotheken, aber auch Private solche Netze als Informations- und E-Mail-Systeme ein. Eine zusätzliche, jedoch meist recht teure Zugangsmöglichkeit zum Internet stellen die im Abschnitt 3.5 beschriebenen kommerziellen Online-Dienste mit ihren Internet-Gateways dar. Abbildung 7.1 verdeutlicht, welche Arten von Zugangsanbietern es gibt.

Zugang über Online-Dienste

Abb. 7.1:
Zugangsanbieter

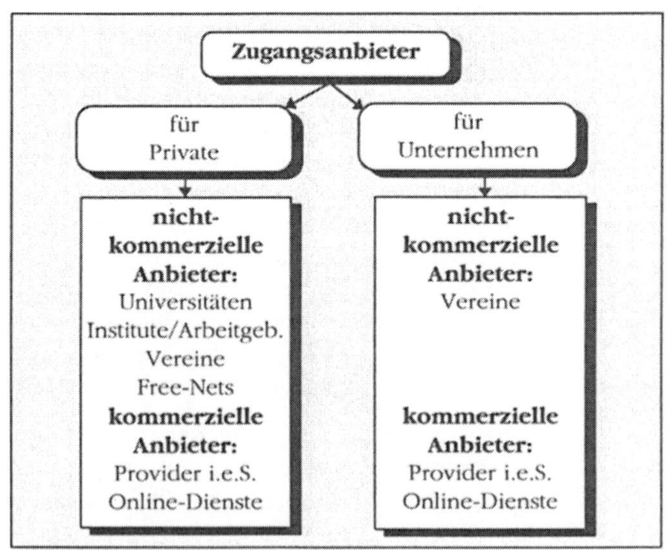

Zugang der Universitäten

Die Universitäten und nicht-kommerziellen Forschungseinrichtungen werden häufig direkt an regionale oder nationale Backbones angebunden (siehe auch Abschnitt 3.1). Dies gilt zum Teil auch für Großunternehmen. Diese Möglichkeit besteht für kleinere und mittlere Unternehmen sowie Privatpersonen in der Regel nicht.

7.2 Welche Zugangsarten gibt es?

Die Provider bieten unterschiedliche Zugangsarten an. Die Arten der Internet-Verbindung können grundsätzlich nach vier Kriterien unterschieden werden:

- Interaktivität bzw. Synchronismus
- Art des Datentransports
- Beständigkeit des Anschlusses
- Art einer Einwählverbindung

Dabei ist das letzte Kriterium, die „Art der Einwählverbindung", ein Unterkriterium der Beständigkeit des Anschlusses. Die einzelnen Formen sollen hier näher erläutert werden.

Online- bzw. synchrone Verbindungen

Bei Online-Verbindungen zum Internet sind interaktive Möglichkeiten von Programmen und Diensten des Internet nutzbar. Das Arbeiten mit Telnet in einer Datenbank etwa stellt eine solche synchrone Verbindung dar. Auf die Aktion des Nutzers folgt augenblicklich die Reaktion des per Telnet ferngesteuerten Systems und umgekehrt. Sender und Empfänger nehmen gleichzeitig an der Aktion teil. Diese „Online-Verbindungen" können auf drei verschiedene Weisen zustande kommen:

- durch eine Terminalverbindung zum Zugangsrechner
- durch eine TCP/IP-Anbindung an das Internet
- durch die Benutzung von Internet-Gateways aus anderen Netzen heraus, wie etwa T-Online oder CompuServe.

Offline- bzw. asynchrone Verbindungen

Bei einer „Offline-" oder besser „asynchronen" Verbindung zum Internet können keine interaktiven Dienste genutzt werden, zumindest nicht direkt. Es bleibt nur die Möglichkeit des Versendens von E-Mail und die Teilnahme an den Newsgroups mittels UUCP (Unix to Unix Copy Protocol). Einige Server halten jedoch die schon erwähnten Mailroboter bereit, mit deren Hilfe man indirekt bestimmte Dienste nutzen kann.

Analoge oder digitale Datenübertragung

Man kann weiterhin zwischen analogem Datentransport auf herkömmlichen Telefonleitungen und digitalem Transport auf ISDN-Leitungen unterscheiden. Analoge Telefonleitungen lassen heute eine maximale Geschwindigkeit von 57.600 Baud zu, sofern entsprechende Software (RPI = Rockwell Protocol Interface) zur Datenkompression und Fehlerkontrolle eingesetzt wird. Standard sind gegenwärtig 14.400 bzw. 28.800 Baud (Faustregel: 10 Baud entsprechen der Übertragung eines Zeichens pro Sekunde). ISDN erlaubt den digitalen Datentransport mit 64 bzw. 128 kBit/Sekunde.[1] Mit Glasfaserkabeln sind durch Bündelungen mehrerer Kanäle entsprechend höhere Geschwindigkeiten möglich.

Dauerhaftigkeit des Internet-Anschlusses

Nach der Dauerhaftigkeit des Anschlusses kann man zwischen temporären Einwählverbindungen über Modem, auch „Dialup Connection" oder „Shared Line" genannt, und „dedizierten" Verbindungen unterscheiden. Letztere sind Telefonstandleitungen, die angemietet werden. Diese können theoretisch auch über ein Modem genutzt werden, sind aber oft fest mit dem Computer verdrahtet (hardwired) oder werden als ISDN-Standleitungen betrieben.

Arten von Einwählverbindungen

Hat man sich für eine Einwählverbindung, die nur zeitweise aufgebaut und genutzt wird, entschieden, steht man vor einer weiteren Wahlmöglichkeit. Die „Dialup Connections" lassen sich wiederum nach dem Typ der Netzverbindung unterscheiden. Es gibt grundsätzlich zwei Netztypen:

- Mainframe/Terminal-Anlagen
- vernetzte Computer

Je nachdem, auf welche Weise der Computer an den Internet-Zugangsrechner angeschlossen wird, ob als Terminal oder

---

1 Vereinfacht gesprochen, entspricht 1 kBit/Sekunde 1.000 Baud; allerdings wird die Einheit Baud nur in Zusammenhang mit analogen Leitungen benutzt.

als eigenständiger Computer, spricht man von „indirekter"
bzw. „direkter" Anbindung.

Abb. 7.2:
Netzanbindung

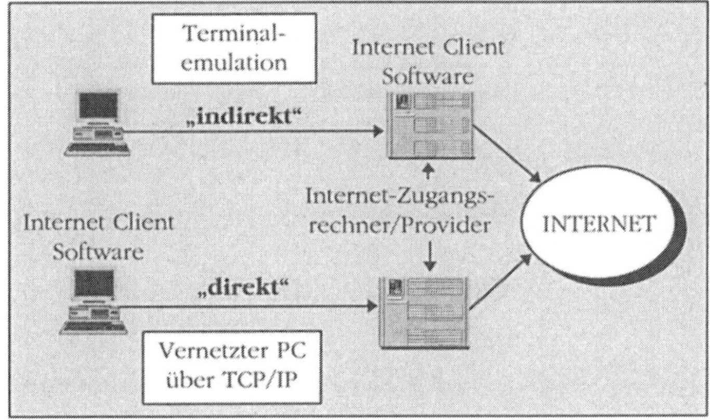

Protokolle
der direkten
Anbindung:
SLIP und PPP

Die direkte Anbindung des heimischen Computers im Rahmen einer Einwählverbindung kann über zwei verschiedene
Protokolle erfolgen, das „Serial Line Internet Protocol" (SLIP)
und das „Point-to-Point Protocol" (PPP). Es handelt sich dabei
um besonders angepaßte Versionen der Internet-Software, die
die Anbindung per Modem über die normale Telefonleitung
vornehmen. Während bei einem Zugang per Terminalemulation keine echte bzw. vollwertige Internet-Anbindung vorliegt, ermöglicht die Anbindung mittels SLIP oder PPP einen
vollwertigen Internet-Zugang mit eigener IP-Adresse. Diese
wird bei der temporären Einwählverbindung vom Zugangsrechner jeweils neu vergeben. Man kann daher nur für die
Dauer einer Internet-Sitzung seinen Computer unter dieser
speziellen IP-Adresse für andere Internet-Teilnehmer zugänglich machen. Bei einem SLIP/PPP-Anschluß werden alle Dateien aus dem Internet direkt in den eigenen Rechner geladen, entsprechend müssen alle notwendigen Internet-
Programme bzw. Browser auch auf dem eigenen Rechner zur
Verfügung stehen. Abbildung 7.3 gibt einen Überblick über
die Zugangsarten.

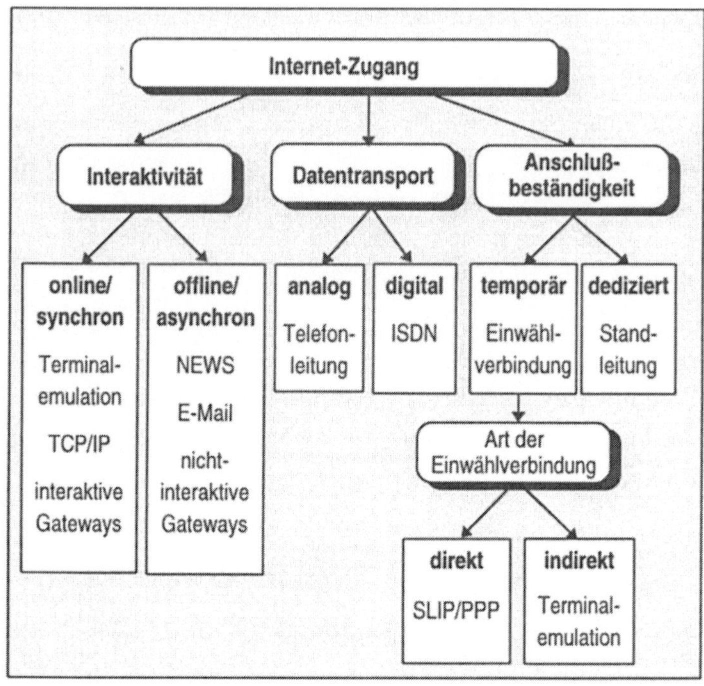

Der indirekte
Zugang

Der indirekte Zugang erfolgt durch Nutzung von DFÜ- bzw. Kommunikationssoftware und Einwahl in einen Zugangscomputer. Man kann dann die auf diesem Zugangsrechner vorhandene Internet-Software, wie z.B. einen FTP-Client, aufrufen und mit dem ferngesteuerten Zugangsrechner eine Reise durch das Internet unternehmen. Will man aber Dateien z. B. von einem fremden FTP-Server aus dem Internet auf den heimischen Rechner bekommen, so geht dies nur mit einer Zwischenspeicherung der Dateien auf dem Zugangsrechner des Providers, da sie nicht direkt auf den heimischen Rechner geladen werden. Sie müssen von dort in einem zweiten Schritt mit der Kommunikationssoftware abgeholt werden.

7.3 Was kostet der Internet-Zugang?

Wie schon bei den Zugangsanbietern, so muß auch bei den Kosten zwischen privater und geschäftlicher Nutzung des Internet differenziert werden. Zum einen unterscheiden einige Provider und stellen Unternehmen höhere Kosten in Rechnung, zum anderen ergeben sich für Unternehmen meist andere Anforderungen an den Internet-Zugang, wodurch sich die Anbindung verteuert.

Private Private Nutzer, die keine eigenen Angebote im Netz plazieren wollen, müssen sich entscheiden, ob sie eine vollwertige TCP/IP-Anbindung an das Internet, mit der alle Dienste genutzt werden können, benötigen, oder ob E-Mail und News ausreichen. Aus Kostengründen kommt für Privatleute meist keine Standleitung, sondern nur eine Einwählverbindung in Frage. Diese werden von Vereinen schon ab 15,– DM pro Monat angeboten. Allerdings sagt der Preis allein nichts darüber aus, welche Leistungen geboten werden und wie groß der Andrang am Zugangsrechner ist. So kann es passieren, daß mangels Kapazität alle Zugänge belegt sind und man nur bis zum Besetztzeichen am Modem des Zugangsrechners vordringt.

Unternehmen Für Unternehmen stellt sich die Frage, wofür das Internet genutzt werden soll. Erst nach Klärung dieser Frage läßt sich entscheiden, welche Art von Internet-Anbindung benötigt wird. Je nachdem, wozu und von wie vielen Personen im Unternehmen das Netz genutzt werden soll, ergeben sich andere Anforderungen, die auch andere Kosten zur Folge haben. Für die Informationsbeschaffung erscheint es sehr sinnvoll, eine volle TCP/IP-Anbindung an das Internet zu benutzen. Sind nur einige wenige mit der Beschaffung von Informationen betraut, reicht eine günstige Einwählverbindung über PPP bzw. SLIP aus.

Was nutzen? Wie viele Personen?

Kommunikation Für reine Kommunikationszwecke einiger, weniger Personen mit Außenstehenden genügt theoretisch eine simple E-Mail-Anbindung. Soll E-Mail aber auch intern genutzt werden, wird ein interner Mail-Server benötigt.

Marketing Will man das Netz für Marketingzwecke nutzen und eigene Angebote – z.B. einen WWW-Server – bereitstellen, ist ebenfalls eine volle TCP/IP Anbindung (und zwar mit einer ISDN-

Standleitung) sinnvoll, jedenfalls dann, wenn man diesen Bereich nicht vollständig nach außen vergibt.

Kostenbestandteile

Die Kosten der Internet-Nutzung lassen sich in verschiedene Kategorien einteilen:

- Telefon- bzw. Leitungskosten zum Zugangsrechner
- Providerkosten für Anbindung und Bereitstellung
- Hardware/Software-Investitionen
- Hardware/Software-Betrieb und -Wartung
- Kostenpflichtige Internet-Dienste

Im Folgenden werden nur die ersten beiden Kostenarten als Zugangskosten im eigentlichen Sinne verstanden. Da die Hardware/Software-Investitionen sowie die entsprechenden Betriebskosten nicht unerheblich sind, sollen sie hier ebenfalls erörtert werden. Es können außerdem zusätzliche Kosten im Netz selber entstehen, z.B. durch die Inanspruchnahme von kostenpflichtigen Diensten wie etwa professionellen Datenbanken.

Telefon- und Leitungskosten

Die Telefon- bzw. Leitungskosten sind abhängig von der Art der Verbindung. Im Falle von Standleitungen sind sie natürlich am höchsten. Standleitungen können von zugelassenen Telekommunikationsdienstleistern gemietet werden. Es gibt neben der Telekom einige Firmen, die eigene Netze betreiben (das Telekom-Monopol gilt für Sprachdienste). Diese Unternehmen bieten Standleitungen oft zu günstigeren Konditionen an als die Telekom. Die Telefon- bzw. Leitungskosten müssen zusätzlich zu den Providertarifen kalkuliert werden.

Da Internet-Sitzungen meist länger als eine Gebühreneinheit dauern, ergab sich für analoge Telefonleitungen ab dem 01.01.1996 durch die Tarifanhebung der Telekom praktisch eine Verdopplung der Kosten. Zwischen 8 und 18 Uhr erhöhten sich die Kosten für ein einstündiges Ortsgespräch von 2,30 DM/h auf 4,80 DM/h. Nachts stiegen die Kosten von 1,15 DM/h auf 2,88 DM/h bzw. 1,80 DM/h. Für kommerzielle Nutzer ergab sich eine gewisse Verbilligung, da die Telekom begann, auf ihren Rechnungen 15% Mehrwertsteuer auszuweisen, diese jedoch nicht zusätzlich erhob. Für Vorsteuerabzugsberechtigte verteuerten sich längere Ortsgespräche damit nicht so stark wie für private Nutzer.

Providor Tarife

Die Providerkosten fallen teilweise recht unterschiedlich aus. Die Tarifstruktur ist in Bewegung, da ständig neue Provider auf den Markt kommen. Die Preise für private Zugänge z.B. sinken gegenwärtig noch. So bietet die Firma MAZ/Hamburg unbeschränkte Zugänge für eine Pauschale von 35,– DM pro Monat an.

Tarifarten

Den Preisvergleich erschwert, daß die Provider unterschiedliche Abrechnungsverfahren anwenden. Es gibt grundsätzlich drei verschiedene Berechnungsmethoden, die jedoch auch in Mischformen vorkommen:

- monatliche Pauschalpreise
- volumenorientierte Preise (nach heruntergeladenen/versandten Megabyte, zum Teil noch differenziert nach In- und Ausland)
- zeitorientierte Preise (nach im Netz verbrachten Minuten)

Mischform: Kontingenttarif

Eine Mischform stellen die sogenannte Kontingenttarife dar. Hierbei wird für eine bestimmte Menge transferierter Daten oder Minuten im Netz ein Festpreis erhoben. Erst bei Überschreitung werden volumen- und/oder zeitabhängige Gebühren fällig. Tabelle 7.1 auf der folgenden Seite gibt einen vereinfachten Überblick über die unterschiedlichen Tarifstrukturen verschiedener Provider.

Hardware- und Softwarepreise

Wie erwähnt, unterscheiden sich die Hard- und Software-Aufwendungen sowie die Betriebskosten danach, ob man nur als Nutzer oder auch als Anbieter von Informationen im Netz auftreten will. Im einfachsten Fall, der zeitweisen Nutzung des Internet über eine Einwählverbindung, z.B. als Informations- und Kommunikationsmedium für nur eine einzige Person in der Firma, benötigt man einen Multimedia PC, ein Modem (28.800er) bzw. eine ISDN-Karte (jeweils ab ca. 250,– DM) sowie entsprechende Software, die auch als günstige „Shareware" oder „Freeware" erhältlich ist. Unter Shareware versteht man Software, die zu Testzwecken frei erhältlich ist, für deren dauernde Nutzung jedoch die Registrierung und Zahlung einer meist geringen Gebühr erforderlich ist.

Tab. 7.1:
Beispiele für
Providerkosten

Leistung	*Kosten*		
Subnetz e.V., Karlsruhe			
	Jurist. Pers.	Natürl. Pers.	Schüler/Stud.
Jährlicher Beitrag:	240,– DM	120,– DM	60,– DM
Datenaufkommen (300 KB international/Quartal frei, innerdeutsche Mail sowie News kostenlos)	0,06 DM/KB	0,03 DM/KB	0,03 DM/KB
EUnet Deutschland GmbH, Dortmund			
	Preise zzgl. MwSt.		
Einrichtung:	150,— DM		
PersonalEUnet Classic	19,— DM/Monat/Privat		
Verbindung analog:	0,19 DM/Min.		
Verbindung ISDN:	0,29 DM/Min.		
DialEUnet Classic	95,— DM/Monat		
Verbindung analog:	0,29 DM/Min.		
DialEUnet Classic	195,— DM/Monat		
Verbindung ISDN:	0,39 DM/Min.		
InterEUnet Classic	je genutzte Bandbreite, Router wird gestellt		
Standleitung -32 Kbps:	3.695,— DM/Monat		
Standl. 32-64 Kbps:	5.750,— DM/Monat		
Standl. 64-128 Kbps:	8.900,— DM/Monat		

Firmen- und Vereinsangaben Stand Oktober 1995

Anmerkung zum
Preisvergleich

Die Standleitungspreise mögen hoch erscheinen, ein Rechenexempel relativiert das jedoch schnell: Über eine 32-Kbps-Standleitung können pro Sekunde ca. 6400 Bytes übertragen werden (3200 in jede Richtung). Bei voller Auslastung wären das rund 15 GB pro Monat, die im Standleitungspreis inbegriffen sind. Bei einem volumenabhängigen Tarif von 3 Pfennig pro Kilobyte entspräche das einer Rechnungssumme von fast DM 500.000,–. In der Praxis überträgt natürlich niemand solche Datenmengen, und wenn das der Fall wäre, könnte man bei den Volumenpreisen einen Rabatt aushandeln – das Beispiel soll lediglich zeigen, daß sich Nachrechnen lohnen kann.

Router im internen Netz

Sollen mehrere Personen angeschlossen werden, ohne daß man für jeden Arbeitsplatz ein Modem anschaffen will, so wird ein Router mit entsprechend konfigurierter Software benötigt, der zwischen das Internet und das Computernetz der Firma geschaltet wird. Er sorgt für die Verteilung der Datenpakete aus dem LAN in das Internet und umgekehrt und stellt praktisch ein Tor zum Netz dar. Der Router kann an einer Standleitung betreiben werden oder nur bei Bedarf den ISDN-Verbindungsaufbau einleiten. Die interne EDV-Abteilung oder externe EDV-Beratungsfirmen übernehmen die Konfiguration und den Betrieb bzw. die Wartung der Anlage. Die Anschaffungskosten einer solchen Anlage betragen ab ca. 5.000,– DM aufwärts.

Standleitung für Angebote im Netz

Will man anderen Internet-Teilnehmern Informationen zugänglich machen, wird eine Standleitung benötigt, die einen 24-Stunden-Zugang zum Computer gewährleistet. Dies wird unter anderem durch die Zeitverschiebung bedingt, die bei Zugriffen aus anderen Erdteilen eine Rolle spielt. Der Netzanschluß sollte je nach Belastung als ISDN-Leitung ausgeführt werden, da die Kapazität einer normalen Telefonleitung bei mehreren gleichzeitigen Zugriffen von außen sehr schnell überlastet ist. Größere Firmen benötigen also in der Regel einen dedizierten Zugang zum Internet. Damit stehen den Firmen dann alle Möglichkeiten der Internet-Nutzung offen. Ein kommerzieller Internet-Provider erledigt meist auch die technische Seite, d.h. er stellt Hard- und Software zur Verfügung und ist bei Anschluß und Installation behilflich.

WWW-Server-Komplettpakete

Komplettpakete, die aus Hard- und Software für einen WWW-Server bestehen, sind auf Basis etablierter Unix-Systeme (z.B. AIX) ab etwa 10.000,– DM erhältlich.[2] Einfache-

---

[2] 32 MB Hauptspeicher, 2 GB Festplatte

re Systeme (Standard-PCs mit dem kostenlosen Unix-Derivat „Linux") sind qualitativ gleichwertig und auch schon für die Hälfte dieses Preises zu haben. Auch WWW-Server auf Basis von OS/2-, Windows NT- oder Apple Macintosh-Systmen sind möglich, aber relativ wenig verbreitet – diese eher für Benutzerbetrieb ausgelegten Betriebssysteme tun sich traditionell etwas schwer mit performanten Netz-Anwendungen. Bei geringem eigenen Know-How sollte man sich bei der Hardware- und Betriebssystem-Auswahl mit dem eigenen Provider absprechen, damit dieser ggf. in der Lage ist, Wartungsarbeiten vorzunehmen.

Internet-Dienste „außer Haus"

Keine direkten Hard- und Software-Kosten entstehen, wenn man das Netz nur für Werbung nutzen will und – wie erwähnt – das Angebot z.B. eines Internet-Providers oder einer Agentur in Anspruch nimmt. Sie bieten die Erstellung und Installation von WWW-Firmenseiten auf ihren Rechnern an. Zu den Dienstleistungen dieser Web-Service-Provider gehören u.a.:

- Allgemeine Internet-Beratungen
- Konzeption und Erstellung von Web-Seiten
- Programmierung von Scripts und Routinen, die bestimmte Aktionen und Dienstleistungen im Netz erlauben
- Bereitstellung von Speicherkapazität und Zugriffsmöglichkeit
- Statistische Auswertung Zugriffsdaten über die Seitennutzung

Die Kosten für diese Dienste werden i.d.R. nach dem Zeit- bzw. Erstellungsaufwand sowie dem benötigten Speicherplatz oder der Häufigkeit des Zugriffs berechnet. Es besteht oft auch die Möglichkeit, einen firmeneigenen Server in den Geschäftsräumen des Providers aufzustellen, um die hohen Standleitungsgebühren zum Provider zu sparen.

7.4 Welcher Internet-Zugang ist sinnvoll?

Die Frage nach dem richtigen Internet-Anschluß hängt natürlich mit der beabsichtigten Nutzung des Netzes zusammen. Es gibt vier sinnvolle Anschlußmöglichkeiten. Von den indirekten Anschlüssen, bei denen der eigene Rechner nur Terminal ist, sollte man absehen, da man die Bonbons des Netzes dann nicht richtig nutzen kann. Analoge PPP/SLIP-Wählleitungen sind in der heutigen Zeit häufig zu langsam; eignen sich aber für einfache Anwendungen. Als wählbare Alternativen bleiben folgende Anschlußarten übrig:

- analoge PPP/SLIP Wählleitung
- Wählleitung ISDN
- Standleitung mit unterschiedlichen Geschwindigkeiten
- Kein eigener Anschluß, sondern Server beim Provider

7.4.1 Nur Informationsbeschaffung

Wenn das Internet nur zur Informationsbeschaffung durch wenige Personen benutzt werden soll, reicht ein temporärer PPP/SLIP-Wählzugang. Er ermöglicht den Zugang zu allen Informationsressourcen im Netz. ISDN ist sinnvoll, da es die Nutzungsgeschwindigkeit deutlich verbessert und damit einiges Zeit spart und die Nutzung erleichtert.

7.4.2 Kommunikation intern und extern

Plant man, über das Internet auch interne wie externe Kommunikation zu ermöglichen, gibt es mehrere Möglichkeiten.

Temporärer PPP/SLIP Wählzugang

Bei der Kommunikation weniger Personen mit externen reicht ebenfalls ein temporärer PPP/SLIP Wählzugang. Wird nur E-Mail oder News versandt, reicht eine analoge Leitung. Der Provider hält auf seinem Mail-Server die eingehenden Nachrichten bereit. Ist man mit dem Mail-Server verbunden, kann man die eingegangenen E-Mails abholen und eigene versenden.

hausinternes Netz

Soll die Kommunikation auch hausintern genutzt werden, was erst ab einer bestimmten Anzahl von Personen sinnvoll ist, müssen intern vernetzte Computer vorliegen. Ein interner Mail-, News-, oder WWW-Server ermöglicht dann die interne Kommunikation. Das interne Computernetz kann zusätzlich über Router und Gateway via Provider mit dem Internet verbunden werden, so daß die volle Kommunikationsfähigkeit intern und extern gegeben ist.

Alternative ohne internes Netz

Alternativ kann, wenn die interne Vernetzung problematisch ist, an jedem Arbeitsplatz ein Modem installiert werden. Die Mitarbeiter wählen sich individuell beim Provider ein, und sowohl die interne als auch die externe Kommunikation kann über das Internet abgewickelt werden.

7.4.3 Werbung und Marketing

Will eine Firma im Netz präsent sein, werben und eventuell Produkte anbieten und verkaufen, so wird ein WWW-Server mit entsprechender Software benötigt, auf dem die Web-Seiten dem Netz präsentiert werden können.

ISDN-Standleitung

Firewalls

Steht der Server im Unternehmen, wird er über einen Provider mit einer ISDN-Standleitung an das Internet angeschlossen. Der Server kann von außen erreicht werden. Er kann, muß aber nicht, an ein vorhandenes, internes Computernetz angeschlossen werden. Hängt der Server nicht am Firmennetz, ist zu 100% gewährleistet, daß externe nicht an firmeninterne Daten gelangen oder gar das hausinterne Netz lahmlegen. Wird der Server mit dem internen Netz verbunden, sollte über sogenannte Firewalls sichergestellt werden, daß Unbefugte nicht in das Firmennetz eindringen können (siehe dazu auch Abschnitt 8.1).

Wenn schon Standleitung, dann alles nutzen

Wenn bereits eine Standleitung zum Netz vorhanden ist, sollten die Informations- und Kommunikationsmöglichkeiten das Internet ebenfalls genutzt werden, d.h. Mail- und evtl. News-Server sollten installiert werden. Hierfür fallen keine zusätzlichen Leitungskosten an.

Server beim Provider

Web-Space mieten

Im Falle von Werbung und Verkauf im Netz besteht außerdem die bereits erwähnte Möglichkeit, einen Server beim Provider aufzustellen oder „Web-Space" zu mieten, d.h. keinen eigenen Server zu betreiben, sondern die Internetpräsentation der Firma auf dem Rechner des Providers ins Netz zu hängen. In beiden Fällen werden die Leitungskosten gespart.

Auswahl eines Providers

Bei der Auswahl eines Providers sind verschiedenen Faktoren zu berücksichtigen. Die folgende Liste gibt einen Überblick, worauf man achten sollte:

- Vergleichbarkeit der Kosten
- Nutzbarkeit aller Internet-Dienste
- Service-Dienstleistungen, wie z.B. Schutz des Firmennetzes, Analyse der Nutzung des Web-Angebots, etc.
- Angebotene Übertragungsgeschwindigkeiten
- Beratung bei der Auswahl der Leitungsart (Wähl- oder Standleitung, ISDN oder analog)
- Unterstützung bei der Auswahl und Anschaffung von Hard- und Software (Router, Gateway, Server, etc.)
- Eventuelle Angebote für Kauf, Miete oder Leasing von Hard- und Software

7.5 Organisationen rund um das Internet

Rund um das Internet gibt es eine Reihe von Organisationen und Gruppen, die Einfluß auf das Internet bzw. Teile davon ausüben. Ein Großteil dieser Organisationen stammt aus den USA.

Arten von Organisationen

Es können vier Arten von Organisationen unterschieden werden. Zum einen existieren einige staatliche und halbstaatliche oder zumindest staatlich geförderte Institutionen wie die „National Science Foundation" in den USA oder der „DFN e.V." in Deutschland. Zum anderen gibt es eine Vielzahl von freiwilligen Zusammenschlüssen Gleichgesinnter. Drittens gibt es eine Reihe „Netzwerkoperations-, informations- und -koordinationszentren", die wichtige Funktionen für Teilbereiche des Internet ausüben. Abbildung 7.4 gibt einen Überblick über einzelne Organisationen.

freiwillige Zusammenarbeit

Die Einhaltung bestimmter Abmachungen innerhalb oder zwischen den Organisationen kann meist nicht eingefordert werden, da die Zusammenarbeit in der Regel auf freiwilliger Basis stattfindet. Auch die staatlichen Institutionen können meist nur Empfehlungen aussprechen. Die Zusammenarbeit folgt häufig dem Ziel, das Internet „lebensfähig" zu halten, auszubauen und weiterzuentwickeln. Einige ausgewählte Organisationen sollen nachfolgend kurz angesprochen werden. Zu den Adressen einiger dieser Organisationen siehe auch Anhang B.

Abb. 7.4
Organisationen
rund um das
Internet

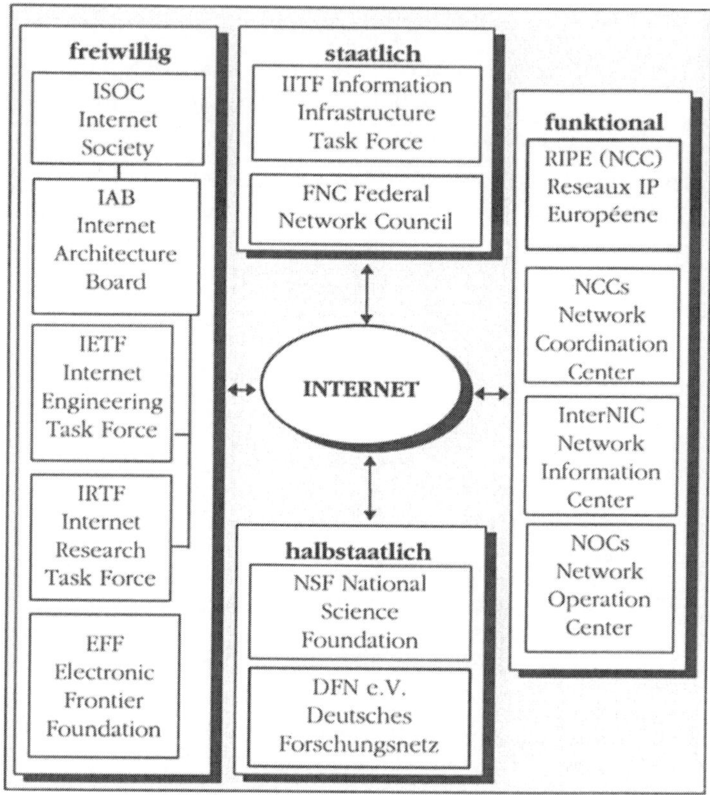

7.5.1   Die ISOC (Internet Society)

1992 wurde die ISOC als eine Art Dachorganisation von Betreibern verschiedener Teilnetzwerke gegründet. Anfang 1995 waren ca. 3.700 Unternehmen und Einzelpersonen in ihr organisiert. Sie nimmt PR- und Lobbyfunktionen im Rahmen des Internet wahr und hat sich den globalen Informationsaus-

tausch durch die Internet-Technologie sowie die Weiterentwicklung des Netzes zum Ziel gemacht. Die ISOC ernennt
bzw. wählt einen „Ältestenrat", das IAB.[3]

7.5.2 Das Internet Architecture Board (IAB)

Das IAB ist eines der wichtigsten Gremien des Internet. Im
Laufe der Zeit wurde es einige Male umbenannt. Aus ICCB
(Internet Configuration Control Board), wurde das IAB
„Internet Activity Board". Erst danach entstand der heutige
Name. Es besteht aus etwa 20 von der ISOC gewählten
Freiwilligen, die sich regelmäßig treffen, und hat eine gewisse
Steuerfunktion. So kann das IAB Entscheidungen zum
Netzaufbau oder zu Protokollen und Normen treffen. Das IAB
hat zwei „Subkommittees", das IETF und das IRTF.

*Netzaufbau und
-Protokolle*

7.5.3 IETF und IRTF

Die IETF (Internet Engineering Task Force) ist ebenfalls eine
Organisation auf freiwilliger Basis. Ihre Mitglieder treffen sich
regelmäßig und erledigen die täglich anfallenden Aufgaben
und Entscheidungen. Alle ISOC-Mitglieder können hier Vor-
schläge einbringen. Es werden darüber hinaus technische
Probleme der nahen Zukunft diskutiert. Die Internet Research
Task Force (IRTF) ist eher für die strategischen Fragen zuständig und kümmert sich um die Erforschung und Lösung
langfristiger Probleme.

7.5.4 EFF (Electronic Frontier Foundation)

Die EFF ist eine Washingtoner Nonprofit-Organistion mit dem
Ziel, allen Menschen den Zugang zum Internet zu ermöglichen und die Meinungsfreiheit im Netz zu schützen, d.h. Ver-
suche der Zensur abzuwehren.[4]

---

[3] http://www.info.isoc.org/
[4] http://www.eff.org/

7.5.5   NSF (National Science Foundation)

Die NSF ist eine quasi öffentlich-rechtliche Institution in den USA, die bereits in den 50er Jahren durch den „National Science Foundation Act" zur Förderung der Bildung, Gesundheit, Forschung und Wissenschaft gegründet wurde. Sie betrieb seit 1986 die Hauptleitungen/Backbones des Internet in den USA. Die NSF hatte die Advanced Network Services Inc. (ANS), an der u.a. IBM und MCI beteiligt sind, mit dem Betrieb des Netzwerks beauftragt. Den nicht-kommerziellen Nutzern stellte sie die Leitungen kostenlos zur Verfügung und erhielt dafür aus Washington jährlich zwölf Millionen Dollar. Auf den NSFNET-Leitungen durften dementsprechend keine kommerziellen Dienste abgewickelt werden. Diese wurden auf andere Leitungen „geroutet". Da die U.S.-Regierung die Finanzierung nicht mehr weiter übernehmen wollte, betreiben seit April 1995 fünf große Telefongesellschaften das U.S.-Backbone-Netz.

Backbone-Betreiber

7.5.6   InterNIC (Network Information Center)

Es gibt eine Reihe kleinerer NICs (Network Information Center), die Informationen über Teilbereiche des Internet bereithalten. Das InterNIC in Chantily/Virginia jedoch sammelt und archiviert zusätzlich alle Adressen des Internet weltweit.[5] Es wurde von der NSF angeregt, diesen globalen Service aufzubauen. Seine drei Hauptaufgaben sind die Vergabe von Netzadressen und Top-Level-Domain-Namen, die Erstellung eines globalen Adressenverzeichnisses und Informationsdienste. Für die Adressen der deutschen Domains ist das „DE-NIC" (an der Universität Karlsruhe) zuständig.[6]

Vergabe und Archivierung der Internet-Adressen

---

[5] `http://www.internic.net/`

[6] `http://www.nic.de/`

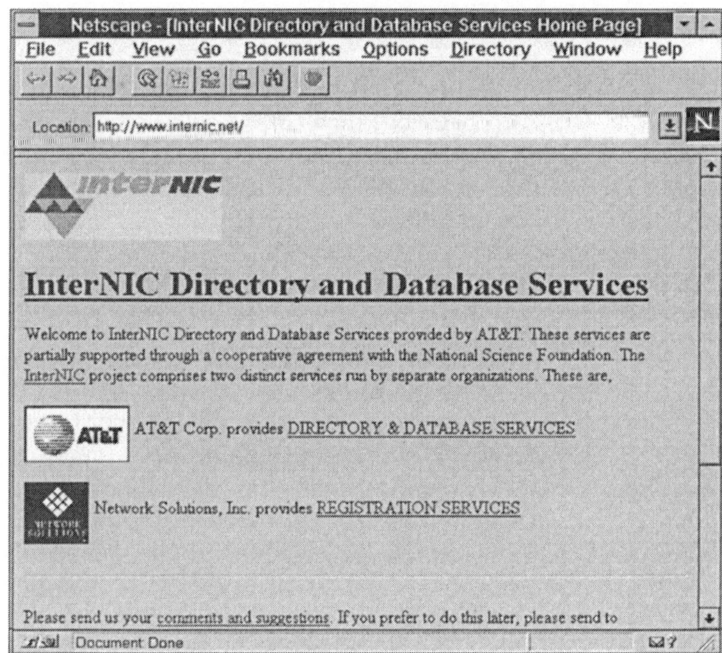

7.5.7   RIPE (Réseaux IP Européene)

paneuropäisches
Backbone-Netz

In Europa werden die Internet-Adressen vergeben und archiviert vom RIPE, dem Network Coordination Center für Europa in Amsterdam. Die NCCs koordinieren die Zusammenarbeit zwischen größeren regionalen Netzwerken. Das RIPE stellt damit das Zentrum des paneuropäischen Netzwerks dar. Mittlerweile sind dort über 1.000.000 europäische Rechner registriert.[7]

7.5.8   DFN e.V.

In Deutschland kümmert sich der DFN e.V. (Verein zur Förderung eines deutschen Forschungsnetzes e.V.) um die nationale Anbindung an das Internet. Der Verein betreibt mit

---

[7] `http://www.ripe.net/`

finanzieller Unterstützung des Bundesministeriums für Forschung und Technologie das WIN (Wissenschaftsnetz), an das die deutschen Universitäten angeschlossen sind.[8] Der DFN e.V. betreibt auch die deutsche Dependance des CERT (Computer Emergency Response Team), das erster Ansprechpartner für Fälle von Sicherheitslücken und Computerkriminalität im Netz ist.

7.5.9 IITF (Information Infrastructure Task Force)

Die IITF wurde in den USA auf Bundesebene als Ausschuß gebildet. Sie soll die Interessengruppen – sprich Geschäftsleute, Arbeitnehmervertreter, Private und den öffentlichen Sektor – an einen Tisch bringen, um gemeinsam die zur Erreichung der Ziele des National Information Infrastructure Act (NII) notwendigen Schritte und Maßnahmen zu beraten. Die IITF kümmert sich um die Bereiche Kommunikations- und Informationspolitik sowie um Genehmigungsverfahren in den USA.

Literatur

Chandler, D.M.: Der pefekte Web-Server, München, 1995.

Gilster, Paul: SLIP/PPP Connection, Wiley, 1995.

Kyas, Othmar: Internet: Zugang, Utilities, Nutzung; Bergheim, 1994.

Liu, C.; Peek, J.; Jones, R. et al.: Internet-Server einrichten und verwalten, Bonn, 1995.

Stein, L. D.: How to set up and Mantain a World Wide Web Server, Bonn, 1996.

---

[8] `http://www.dfn.de/`

Hindernisse bei der kommerziellen Nutzung

In diesem Kapitel sollen die Faktoren beleuchtet werden, die der kommerziellen Nutzung entgegenstehen, bzw. die gegenwärtig die größten Hindernisse auf dem Weg zu einer umfassenderen kommerziellen Nutzung des Internet darstellen. Daneben möchte ich zu den einzelnen Problemen auch die derzeit vorhandenen Lösungsansätze vorstellen.

Bei den Akzeptanz- und Diffusionsbarrieren von neuen Technologien lassen sich generell vier verschiedene Widerstandsebenen unterscheiden:

- ökonomisch bedingte Widerstände
- technisch bedingte Widerstände
- institutionell bedingte Widerstände
- personell bzw. sozial bedingte Widerstände.

Ökonomie

Ökonomische Hindernisse bei der Nutzung und Verbreitung neuer Technologien wie dem Internet resultieren u.a. aus begrenzten Budgets öffentlicher und privater Haushalte sowie begrenzten Investitionsspielräumen der Unternehmen. Die begrenzten Budgets führen zu Kosten-Nutzen-Überlegungen von Wirtschaftssubjekten, die gegenwärtig nicht immer eindeutig zugunsten des Internet ausfallen.

Technik

Technische Hindernisse bestehen häufig aus fehlenden Standards und Normen, welche die Diffusion neuer Technologien bremsen. Schnittstellen- und Kompatibilitätsprobleme, aber auch Kapazitätsengpässe und langsame Übertragungsgeschwindigkeiten stellen weitere technische Hindernisse für die Kommerzialisierung des Netzes dar.

Institutionen

Institutionelle Barrieren sind vor allem die rechtlichen Probleme, die sich mit der Internet-Nutzung ergeben können. In diesem Zusammenhang kann aber auch das bislang fehlende elektronische Geld als Hindernis betrachtet werden (siehe Abschnitt 6.5.3). Zwar stellen elektronische Zahlungsmittel zunächst ein technisches Problem dar, aber die Verwendung und Rechtmäßigkeit von elektronischem Geld ist ebenfalls völlig ungeklärt. Es fehlt u.a. an einer organisatorischen Plattform, die die Einführung von Online-Zahlungssystemen regeln könnte, die Stabilität garantiert und das notwendige Vertrauen in das neue Geld schafft. Außerdem muß die Verteilung der Kosten und Nutzen zwischen dem Handel, den Banken und den Kunden bei der Einführung des elektronischen Geldes geklärt werden.

Soziales

Zu den personellen und sozialen Barrieren gehören die Akzeptanzprobleme, unter denen neue Technologien bei Teilen der Bevölkerung leiden. Daneben sind auch Qualifikationsengpässe und -defizite bei den potentiellen Anwendern zu berücksichtigen. Ein weiterer Faktor ist die bereits erwähnte Kommerzfeindlichkeit der Nutzer bestimmter Teile des Internet.

8.1 Datensicherheit und Datenschutz

Schutz der Daten, Schutz der Bürger

Ein oft bemängeltes Problem des Internet ist die „Sicherheit". Der Begriff „Sicherheit" hat in diesem Kontext generell zwei Aspekte, nämlich die „Datensicherheit" und den „Datenschutz". Der Begriff „Datensicherheit" beinhaltet alle Maßnahmen zum Schutz der Daten vor höherer Gewalt, vor Fehlern und vor Mißbrauch oder Zerstörung. Der Begriff „Datenschutz" umfaßt die Maßnahmen zum Schutz der Bürger, die durch das Bundesdatenschutzgesetz (BDSG) von 1978 vorgegeben sind. Tabelle 15 gibt einen Überblick über die beiden Bereiche.

Problemfeld Datenschutz im Internet

Der Datenschutz im Internet entspricht in der Regel nicht den deutschen Gesetzen. Die ca. 4,8 % Internet-Hosts, die auf deutschem Boden stehen, müssen jedoch die vom Datenschutzgesetz vorgegebenen Auflagen erfüllen. Auch dies geschieht nicht immer. So werden häufig die beim Besuch eines

Servers registrierten Nutzeradressen, Nutzungsdaten und Statistiken in öffentlich zugänglichen Dateien aufbewahrt.

Tab. 8.1:
Datensicherheit
und Datenschutz

Datensicherheit			*Datenschutz*	
Maßnahmen zum Schutz der Daten vor			*Maßnahmen zum Schutz der Bürger vor*	
höherer Gewalt	*Fehlern bei der*	*Mißbrauch, Zerstörung*	*Eingriffen*	*Störung*
Feuer Wasser Blitz	Erfassung Speicherung Übertragung Verbreitung	Mitarbeiter Hacker Viren Irrtümer	in die Privatsphäre	des Informationsgleichgewichts
durch				
Großvater- Vater- Sohn- Prinzip	Prüfziffern, Chiffrieren, Plausibilitätsprüfungen, Kontrollen	Chiffrieren, Zugangsbeschränkungen, Kontrollen	Datenschutzgesetz: Speicherung, Verarbeitung nur erlaubt, falls Rechtsvorschrift oder Einwilligung	

Quelle: in Anlehnung an Zilahi-Szabò: Wirtschaftsinformatik, S. 844

Technische und
organisatorische
Maßnahmen

Nach dem Bundesdatenschutzgesetz müssen Unternehmen nicht nur sicherstellen, daß Unbefugte keinen Zugang zu persönlichen Daten erhalten, sondern außerdem durch „technische und organisatorische Maßnahmen" dafür Sorge tragen, daß ihre Angestellten im Netz keine illegalen Handlungen unternehmen.

Da bislang noch keine Anpassung des Bundesdatenschutzgesetzes an die neuen technologischen Möglichkeiten im Bereich der Online-Dienste erfolgt ist, soll auf die weiteren, vielfältigen Aspekte des Datenschutzes hier nicht näher eingegangen werden.

Kriterien der
Datensicherheit

Der Begriff „Datensicherheit" besteht aus einer Reihe von Einzelkriterien. Die International Standard Organisation (ISO) unterscheidet folgende Aspekte der Sicherheit:

- *Vertraulichkeit (Zugriffskontrolle):* Schutz vertraulicher Daten (z.B. durch Paßwörter).

- *Anonymität:* Benutzer müssen die Möglichkeit haben, ohne Preisgabe des Namens Dienstleistungen und Informationen zu erhalten.

- *Pseudonymität:* Im Netz verwendete Pseudonyme dürfen weder Käufer noch Verkäufer benachteiligen. Die Zahlung von im Netz getätigten Geschäften darf nicht beeinflußt werden.

- *Unbeobachtbarkeit:* „Kommunikative Handlungen" müssen ohne Überwachung durch Außenstehende durchführbar sein.

- *Unverkettbarkeit:* Mehrere „kommunikative Handlungen", z.B. zwei E-Mails, dürfen nicht miteinander in Verbindung gebracht werden können, da andernfalls die Anonymität und die Unbeobachtbarkeit gefährdet sind.

- *Unabstreitbarkeit:* Bei kommerziellen Anwendungen sind unabstreitbare Nachweise etwa bei Bestellungen oder Stornierungen notwendig.

- *Übertragungsintegrität:* Übertragene Daten müssen unmanipuliert beim Empfänger ankommen. Sie dürfen auch nicht aufgezeichnet und wiederholt gesendet werden können.

Lösungsansätze

Im Internet existieren verschiedene Lösungsansätze für die verschiedenen Sicherheitsprobleme. Einige davon möchte ich kurz skizzieren:

Zugangsprüfung

Authentifikation (Echtheits-/Zugangsprüfung): Mit der „Challenge and Response"-Methode können Benutzer oder Endgeräte authentifiziert, also auf Echtheit geprüft werden. Dazu werden in einem dynamischen Frage- und Antwort-Dialog Daten, wie z.B. Zufallszahlen, verschlüsselt und als Vergleichsparameter ausgetauscht.

Datenintegrität Unversehrtheit von Informationen im Netz

Datenintegrität: Neben der Zugangskontrolle, die über die Authentifikation erfolgt, gehört die Prüfung der Unversehrtheit von Information zu den wichtigsten Schutzmaßnahmen. Die Integrität läßt sich durch ein digitales Siegel, den „Message Authentification Code" (MAC), nachweisen. Dazu wird aus der Nachricht ein verschlüsseltes Komprimat gebildet, das der unverschlüsselten Nachricht angehängt wird. Der Empfänger ermittelt aus der Nachricht ebenfalls den Message Authentification Code. Stimmen die beiden Codes überein, ist die Nachricht unversehrt. Solche Vorgänge lassen sich auch automatisieren, so daß der Aufwand für Empfänger und Versender minimal ist.

Elektronische Unterschrift: Die elektronische Unterschrift stellt zusätzlich zur Datenintegrität eine Willenserklärung dar. Der Absender bestätigt, daß er mit dem Inhalt und dem Versand einer Nachricht einverstanden ist. In einem asymmetrischen Kryptosystem besitzt jeder Teilnehmer – z.B. eine Bank und ihre Kunden – einen geheimen Schlüssel (Secret Key) und einen öffentlichen Schlüssel (Public Key). Die Unterschrift kann nur von einer Person mit dem Secret Key erstellt werden, aber von vielen mittels des Public Key auf ihre Echtheit geprüft werden. Dies System wurde von der kalifornischen Firma RSA entwickelt[1]. Ein kostenloses Programm, das diese Verfahren einsetzt, ist PGP („Pretty Good Privacy"); es eignet sich für den Einsatz in Kombination mit gängigen E-Mail-Systemen.

Kodierung: Nachrichten können vor der Versendung verschlüsselt (chiffriert) werden. Die Firma Netscape etwa bietet Unternehmen im Internet durch den Kauf ihres „Commerce Server" die Möglichkeit, Zahlungstransaktionen „sicherer" zu gestalten. Kreditkarteninformationen des Kunden beispielsweise können dann automatisch mit dem Secure Sockets Layer Protocol (SSL) verschlüsselt über das Netz geschickt werden. Es können keine logischen oder statistischen Rückschlüsse auf Buchstabenhäufigkeit oder Kombinationen gezogen werden, da die Verschlüsselung bit- oder blockweise und nicht wort- bzw. buchstabenorientiert erfolgt. Lange Schlüssel und komplexe Algorithmen erhöhen dabei die Sicherheit um ein Vielfaches.

----

1 http://www.rsa.com/

Elektronische
Unterschrift

Kodierung/
Chiffrierung von
Informationen

Schlüssel-Probleme

Dennoch ist auch diese Methode mit Problemen behaftet. Zum einen kann versucht werden, mit „Brute-Force-Attacken", d.h. durch extrem hohe Rechnerleistung, den Code zu knacken. Zum anderen verbieten amerikanische Ausfuhrbestimmungen den Export „harter Verschlüsselungstechnologie". D.h., während in den USA 128 Bit-Schlüssel zum Einsatz kommen, arbeitet die Exportversion nur mit 40 Bit langen Schlüsseln, die mit weniger Rechenaufwand zu knacken sind.

Smartcards: Plastikkarte mit Chip

Chipkarte bzw. Smartcard: Chipkarten mit integriertem Mikroprozessor können Schlüssel sicher und unauslesbar speichern sowie Verschlüsselungen und Vergleiche vornehmen. Sie eignen sich damit zur Lösung vieler Sicherheitsprobleme. Allerdings erfordern sie das Vorhandensein entsprechender Kartenlesegeräte beim Anwender. Gute Erfahrungen mit dem Einsatz der Smartcards in Online-Diensten liegen bereits aus Schweden vor.

Abb. 8.1:
Firewall

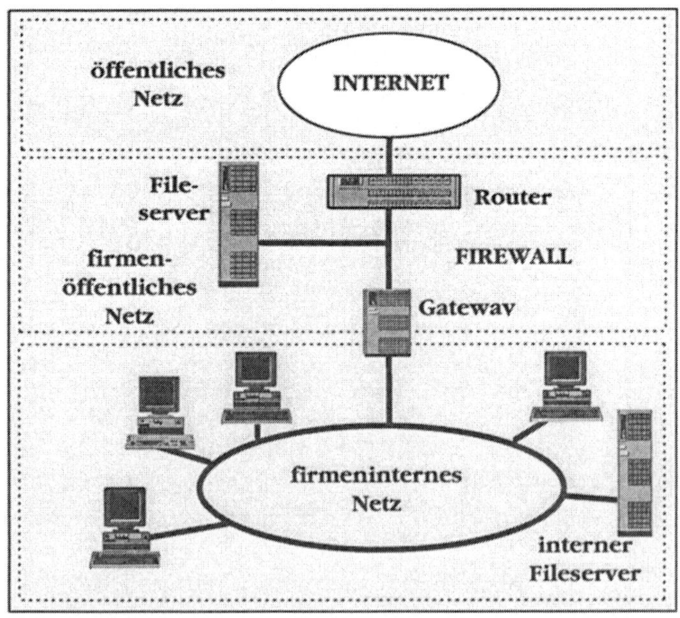

Firewalls

Firewalls: Um das Eindringen von Hackern und Computerviren in firmeninterne Netze zu verhindern, wird das firmeninterne Netz durch sogenannte „Firewalls" vom Internet getrennt. Dazu werden Router und Gateways zwischen das interne und das externe, öffentliche Datennetz geschaltet, die nur entsprechend autorisierte Datenpakete in das interne Netz passieren lassen und Zugriffsrechte verwalten. Abbildung 8.1 zeigt ein solches System.

8.2 Technik und Standards

Divergierende
Standards

Es gibt zwar vom IAB (Internet Architecture Board) verabschiedete Internet-Standards, aber für viele Bereiche existieren auch noch konkurrierende Modelle und Standards. Da beispielsweise niemand den Nutzern vorschreiben kann, welche Software sie für welche Zwecke verwenden sollen, werden die unterschiedlichsten Web-Browser mit jeweils unterschiedlichen Fähigkeiten eingesetzt. Einige Web-Seiten erfordern aber bestimmte Software, z.B. einen Netscape-Browser der Version 1.1 oder höher, da spezielle Layout-Möglichkeiten einiger Web-Seiten nur mit diesem Programm genutzt werden können. Mit anderen Programmen sind außerdem bestimmte Transaktionen nicht möglich, wie z.B. die Verschlüsselung und Kodierung von Nachrichten mit dem bereits erwähnten SSL-Protokoll.

Beispiel MIME

Es existiert eine Vielzahl von Softwarelösungen für ein und dieselbe Aufgabe. Auch im Bereich E-Mail gibt es mit „MIME" (Multipurpose Internet Mail Extensions) nur einen Quasi-Standard, welcher die Versendung aller Arten von Dateien erlaubt. Dennoch verfügt längst nicht jeder Nutzer über einen entsprechenden Mail-Client nach dem MIME-Standard. D.h. in der Praxis, daß nicht jeder Empfänger einer Multimedia-E-Mail diese auch verwenden bzw. lesen kann.

Beispiel
HTML-Versionen

Für das Erstellen der Web-Seiten gibt es ebenfalls unterschiedliche Software mit unterschiedlich weit entwickelten Seitenbeschreibungssprachen. „Hypertext Markup Language 3.0" ist eine solche Beschreibungssprache, aber da niemand zu irgend etwas verpflichtet ist, kann jeder auch Seiten mit anderen Programmen nach abweichenden Standards oder mit älteren Versionen erstellen.

Kapazitätsengpässe und sinkende Geschwindigkeit

Fehlende „garantierte" Bandbreiten für bestimmte Anwendungen und Kapazitätsengpässe, die mit einer starken Verlangsamung der Nutzungsgeschwindigkeiten einhergehen, sind ein weiteres Problem. Verursacht werden sie durch die ständig steigenden Nutzerzahlen sowie durch die stärkere Verwendung multimediafähiger Browser. Im Vergleich zu einfacher E-Mail schicken die Anwender bei Multimedia-Browsern mit einem Klick die hundert- oder gar tausendfache Menge an Daten im Netz auf die Reise. Da die Internet-Nutzung – abhängig vom jeweiligen Netzanschluß – schon jetzt für viele private Nutzer recht langsam ist und man auf Daten aus bestimmten Regionen des Internet lange warten muß, wird sich die Nutzungsqualität verschlechtern, und das Internet könnte für viele Nutzer unattraktiv werden. Als Lösung des Problems wird zum einen die nutzungsorientierte Abrechnung der Internet-Anbindung von Großkunden, deren Abrechnung bislang meist pauschal erfolgt, diskutiert. Zum anderen bleibt die Möglichkeit, die Netzkapazitäten dort, wo Engpässe auftreten, weiter zu erhöhen, was jedoch die Frage nach der Finanzierung der z.T. nicht unerheblichen Investitionen aufwirft.

8.3 Rechtliche Probleme

Wichtige Problembereiche

Zu den vielfach angebrachten Bedenken gegen die kommerzielle Nutzung des Internet gehören auch rechtliche Probleme. Es kann hier nicht die Vielzahl aller offenen rechtlichen Fragen im Zusammenhang mit dem Internet erörtert werden, dennoch lassen sich bei der juristischen Situation einige wichtige Problembereiche wie z.B. Eigentumsrechte bzw. Urheber- und Patentrecht, Vertragsrecht, Verbraucherschutz, Exportgesetze oder Haftungsfragen ausmachen. Diese Themenbereiche möchte ich nachfolgend kurz ansprechen.

Schutz geistigen Eigentums

Eigentumsrechte umfassen materielle und immaterielle Güter. Der Schutz des Eigentums ist meist in den Verfassungen demokratischer Staaten geregelt. Dennoch wird die unrechtmäßige Aneignung von materiellen Gütern als Diebstahl bewertet, während das Kopieren und die Nutzung immaterieller, in diesem Fall digitalisierter Waren und Dienstleistungen, häufig als Kavaliersdelikt betrachtet wird.

Copyrights

Der Schutz immateriellen Eigentums wird durch Urheberrechte (Copyrights) und bei Software zum Teil auch durch Patente erreicht. Diese Schutzrechte werden im Internet größtenteils nicht beachtet. Die Rechtsabteilungen von Verlagen müssen beispielsweise verstärkt mit Unterlassungsklagen gegen Copyrightverletzungen vorgehen. Dabei hinken die Gesetze hinter der technologischen Entwicklung hinterher. Die Angebote von Online-Diensten sind meist nicht urheberrechtlich geschützt, entsprechend weiß niemand genau, welche Rechtsvorschriften anzuwenden sind. Eine spezieller Vertragstyp, der solche informationsrechtlichen Probleme regelt, fehlt bislang.

Datenbanken und Urheberschutz

Während Musik, Literatur und Software in Deutschland explizit durch §2 des Urhebergesetzes (UrhG) geschützt sind, fehlt ein solcher expliziter Schutz für Datenbanken. Die Frage, ob Datenbanken eine persönliche, geistige Schöpfung bzw. ein Sammelwerk (§4 UrhG) darstellen und damit geschützt sind, ist auch in der EU und in den USA umstritten. 1995 hat daher die EU einen Richtlinienentwurf zur Prüfung an die nationalen Justizministerien geleitet, um eine EU-einheitliche Lösung vorzubereiten.

Experiment zum Copyright

An der Universität von Illinois wurde Ende 1994 ein Versuch für das erste elektronische Copyrightsystem gestartet. Der Versuch wird von der Library of Congress sowie der ARPA (Advanced Research Projects Agency) des US-Verteidigungsministeriums unterstützt. Dabei müssen codierte Texte anhand einer Volltextbeschreibung ausgewählt, bezahlt und danach mit speziellen Schlüsseln dekodiert werden. Ob sich ein solches System jedoch durchsetzt, bleibt fraglich, da es sich gegen ein Grundprinzip des Internet wendet: den kostenlosen Informationsaustausch.

Verbindlichkeit von Offerten im WWW	In der Frage, ob beim elektronischen Kauf einer Ware oder Dienstleistung aufgrund einer Offerte im Internet bzw. im WWW ein für beide Seiten bindender Vertrag zustande kommt, existieren bei Juristen widersprüchliche Meinungen. Man kann das Zustandekommen eines bindenden Vertrages davon abhängig machen, daß die Leistung sofort erbracht wird. Es ist nämlich davon auszugehen, daß sich die Anbieter im Netz durch das Angebot auf einer WWW-Seite noch nicht rechtlich binden wollen. Sie wäre sonst theoretisch mit jeder Bestellung eines Kunden verpflichtet, das angebotene Produkt zu liefern. Der Vertrag kommt in diesen Fällen also erst zustande, wenn der Verkäufer liefert oder die Bestellung bestätigt.
Verbindlichkeit von E-Mail-Verträgen	Anders sieht es z.B. bei der Verbindlichkeit von E-Mail-Verträgen aus. Elektronische Verträge können mit einem mündlichen oder fernmündlichen Vertrag verglichen werden, der ja vor dem Gesetz ebenfalls gilt. Man stößt jedoch im Streitfall auf das gleiche Beweisproblem wie bei telefonisch abgeschlossenen Verträgen.
Gültigkeit der AGB	Allgemeine Geschäftsbedingungen (AGB), wie sie häufig verwendet werden, können nur Vertragsbestandteil von Geschäften im Internet werden, wenn der jeweilige Verwender – also meist der Verkäufer – den Vertragspartner vor dem Vertragsabschluß ausdrücklich darauf hingewiesen hat. Der Bestellvorgang im WWW muß also so organisiert werden, daß der Kunde die AGB aufgerufen und bestätigt haben muß, bevor sein Kaufauftrag ausgeführt wird. Dieser Aspekt wird auch der Forderung gerecht, im Rahmen des Verbraucherschutzes den Käufer vor übereilten oder versehentlichen Vertragsabschlüssen zu warnen. In diesem Sinne fordern einige Autoren, daß Kunden im WWW ähnlich dem Haustürgeschäfte-Widerrufsgesetz (HWiG) unter bestimmten Bedingungen der Rücktritt vom Vertrag ermöglicht wird. Als problematisch für den Kunden stellt sich hierbei jedoch die Begrenztheit dieser Regelung auf deutsche Netzangebote dar.
Teilzahlung im Netz	Teilzahlungskäufe oberhalb einer Bagatellgrenze von 400,– DM bedürfen nicht nur der Schriftform, sie müssen nach dem

Verbraucherkreditgesetz vom Verbraucher auch eigenhändig unterzeichnet werden. Ein E-Mail-Vertrag oder ein WWW-Formular genügen hierfür also nicht. Einen Ausweg weist hier das „Versandhandelsprivileg", wonach auf die Schriftform verzichtet werden kann, wenn dem Vertrag ein Verkaufsprospekt mit allen maßgeblichen Angaben zugrunde lag. Damit sind, da die WWW-Seiten typische Aspekte von Katalogen oder Prospekten aufweisen, Teilzahlungsgeschäfte im WWW, anders als bei fast allen anderen Arten des „Home"- oder „Teleshopping", möglich.

Beweisproblem

Dennoch ergibt sich auch im WWW ein Beweisproblem: Da die WWW-Seiten jederzeit geändert werden können, kann man nachträglich nur schlecht beweisen, was zum Zeitpunkt des Vertragsabschlusses auf der relevanten WWW-Seite stand.

Problem der Unabstreitbarkeit von Willensäußerungen

Im Zusammenhang mit der in Abschnitt 8.1 erhobenen Forderung nach der Unabstreitbarkeit von Willensäußerungen ergeben sich gegenwärtig noch unangenehme Situationen. Wie ist beispielsweise die Beweisfrage im Fall, daß fremde Personen im Namen anderer widerrechtlich Verträge über das Netz abschließen? Der Anbieter von Waren und Dienstleistungen hat keine Rechtspflicht, sich über die Identität des Käufers zu informieren. Die Frage, wer denn nun beweisen muß, wer eigentlich Kunde geworden ist, ist bislang noch unbeantwortet.

Internationale Geschäfte

Weitere Probleme ergeben sich aus der Tatsache, daß Geschäfte im Internet häufig zwischen internationalen Beteiligten ablaufen und daher bei vertragsrechtlichen Streitigkeiten oft ausländisches Recht gilt. Damit wird es für den privaten Kunden, aber auch für Unternehmen, oft schwer, das eigene Recht durchzusetzen.

Aufsichtspflicht in Unternehmen

Eine andere Frage betrifft die Haftung der Unternehmen für ihre Mitarbeiter. Nutzt ein Mitarbeiter eines Unternehmens einen Online-Dienst beruflich und lädt er z.B. Raubkopien von Software, Musik oder Fotos auf den Rechner des Unternehmens, so haftet nach dem Strafrecht die Person, die gehandelt hat, also der Arbeitnehmer. Zivilrechtlich könnte aber auch eine Organhaftung der Firmenleitung vorliegen, wenn diese nicht durch geeignete Maßnahmen dafür gesorgt hat, daß ihre Mitarbeiter keine Rechtsbrüche begehen. Man spricht hier vom Vorliegen eines Organisations-, Aufsichts- oder Kontrollverschuldens.

Haftungsausschluß von Informationsanbietern

Informationsanbieter dagegen versuchen, sich von der Haftung für fehlerhafte Informationen und für daraus entstehende Schäden durch Musterverträge und Allgemeine Geschäftsbedingungen, die sie ihren Verträgen zugrunde legen, zu befreien. Entnehmen Unternehmen beispielsweise wichtige Daten für Prognosen oder ähnliches aus Online-Datenbanken, können sie den Anbieter nicht für fehlerhafte Informationen zur Rechenschaft ziehen.

Haftung von Online-Diensten für Inhalte

In letzter Zeit wird auch die Frage diskutiert, ob Online-Dienste für durch sie verbreitete illegale Inhalte haften. Die Firma CompuServe beispielsweise hat wegen des Vorwurfs der Verbreitung von Kinderpornographie zunächst den Zugang zu ca. 200 Newsgroups mit sexuellen Themen gesperrt. Mittlerweile sind nur noch fünf Gruppen gesperrt, die übrigen Gruppen sind wieder zugänglich. Hierbei ergibt sich auch das Problem, daß bestimmte Inhalte in einigen Ländern verboten, in anderen aber völlig legal sind. In diesen Bereich fällt auch der Communications Decency Act (CDA), den US-Präsident Clinton im Februar 1996 unterzeichnete. Er soll der Moral im Netz auf die Sprünge helfen und verbietet neben der Verbreitung von Pornographie auch den Gebrauch von bestimmten Schimpfwörtern. Als Protest gegen die Zensur wurde eine Kampagne gestartet, die mit einer blauen Schleife auf das Problem „Zensur im Netz" aufmerksam machen will.

Export von Informationsprodukten

Exportgesetze

Die Versendung von Information bzw. Informationsprodukten im Netz unterliegt Exportgesetzen. Exporte müssen z.B. in den USA generell lizensiert werden. Bei einem internationalen Computernetz wie dem Internet können sowohl Waren als auch Dienstleistungen exportiert werden, ohne daß sich die jeweiligen Nutzer darüber im Klaren sind. In den USA gilt zwar zunächst die „General Licence", nach der alles exportiert werden darf, was nicht explizit Beschränkungen unterliegt. Beschränkungen gelten allerdings z.B. für den Export von

„Netzwerk-Software" und sogenannter „harter Verschlüsselungstechnologie".

Einfuhr- und Ausfuhrzölle

In der Bundesrepublik sind ebenfalls Einfuhr- und Ausfuhrbestimmungen zu beachten. Werden Waren oder Dienstleistungen entgeltlich über das Internet versandt, werden Einfuhr- bzw. Ausfuhrzölle fällig. Außerdem müssen Einfuhren und Ausfuhren ab bestimmten Beträgen dem Statistischen Bundesamt gemeldet werden. Der Im- und Export von Software oder von Dienstleistungen, wie etwa Rechenzeiten auf Großrechnern, über Datenleitungen wird jedoch von niemandem kontrolliert.

8.4 Akzeptanzprobleme

Vorbehalte gegen Homeshopping

Akzeptanzprobleme gibt es zum einen generell gegenüber Computern und zum anderen speziell gegenüber dem Online-Shopping. Deutschland kann zwar eine sehr hohe Dichte bei Glasfaserkabeln und digitalisierter Telekommunikation aufweisen, doch die Nutzung und Verbreitung neuer Kommunikationsmedien ist in Großbritannien, den Niederlanden, Frankreich oder den USA deutlich weiter gediehen als in Deutschland. Die Technikaufgeschlossenheit der Deutschen scheint eher gering ausgeprägt zu sein. Nicht nur bei den privaten Haushalten, sondern auch bei den Unternehmen hinkt der Einsatz moderner Telekommunikation hinter den vorhandenen Möglicheiten hinterher.

Sprachbarriere und inhaltliche Ausrichtung

Als Akzeptanzbremse wirkt sich auch die sprachliche und inhaltliche Ausrichtung der Internet-Angebote auf den anglo-amerikanischen Markt aus. Die überwiegende Zahl der Angebote im Internet liegt in englischer Sprache vor. Angebote in anderen Sprachen werden oft als Zweitversion in englisch angeboten. Dies dürfte potentielle Kunden mit mangelnden englischen Sprachkenntnissen abschrecken und sie z. B. in Richtung T-Online als deutschsprachiges Medium lenken. Zusätzlich sind bei T-Online auch die Inhalte auf deutsche Konsumenten abgestimmt. Eine Liste mit deutschsprachigen WWW-Angeboten findet sich unter `http://www.web.de/`.

Generationen-frage

Weiterhin dürfte die Anwendung des Internet auch eine Generationenfrage sein. Die heutigen Teenager wachsen mit Computern, Multimedia und Online-Anwendungen auf und erfüllen damit bereits die Grundvoraussetzungen für die Internet-Nutzung. In dieser Generation dürfte das Internet keine Akzeptanzprobleme haben.

Literatur

Bauer, Alfred; Holzer, Jan; Weidner, Klaus: Firewalls und Codierung: Hohe Hürden für ungebetene Besucher, in: Computerwoche, 22. Jg., 1995, Heft 8, S. 66-68.

Cheswick, W.R.; Bellovin, S.M.: Firewalls und Sicherheit im Internet. Mit Beitrag über das deutsche Recht in diesem Bereich, Bonn, 1996

Zilahi-Szabó, Miklos G.: Wirtschaftsinformatik, München, Wien, 1993.

9 Resümee und Ausblick auf die zukünftige Entwicklung

Zusammenfassend kann festgestellt werden, daß es eine Reihe kommerzieller Einsatzmöglichkeiten für das Internet gibt, daß allen jedoch unterschiedlich starke Einschränkungen entgegenstehen. Wie ich versucht habe herauszuarbeiten, liegen die Haupteinsatzmöglichkeiten des Netzes in den drei Bereichen Informationsbeschaffung, Kommunikation und Marketing. Im Marketing liegen weitere Schwerpunkte in den Bereichen Marktforschung, Werbung, Absatz und im Transport digitaler Waren.

Die Hindernisse der kommerziellen Nutzung ergeben sich vielfach aus der „Unausgereiftheit" des Mediums. Besonders Sicherheitsdefizite und rechtliche Probleme behindern die Entwicklung des Netzes.

Generell ist die Anwendung des Internet in den Bereichen Informationsbeschaffung und Kommunikation einfacher und problemloser als im Bereich Marketing. Die Nutzung des Internet als Absatzweg bzw. für Marketingaktivitäten erfordert größeren Aufwand. Während es im Bereich Information, Kommunikation und Werbung kaum eine Branche gibt, die das Internet nicht nutzen kann, gibt es vor allem im Bereich Absatz und Transport deutlichere Einschränkungen hinsichtlich der Tauglichkeit für bestimmte Branchen und Produkte bzw. den Einsatz des Internets im Rahmen bestimmter Strategien.

Für die Zukunft zeichnen sich verschiedene Entwicklungstrends ab. Die Probleme der Internet-Nutzung für Unternehmen sind von den bereits im Netz engagierten Firmen speziell in den USA erkannt worden. Verschiedene Software- und Computerfirmen haben sich dort zur Lösung der Probleme zu Arbeitsgemeinschaften wie dem CommerceNet[1] zusammengeschlossen. Speziell die Abrechnungstechnik sowie die Sicherheitsprobleme dürften mittelfristig, d.h. spätestens bis zur Jahrtausendwende gelöst sein. Auch die Kapazitätsprobleme stellen ebenso wie der knapper werdende Adreßraum lösbare Probleme dar. Das „Informationschaos" wird sich, da es strukturell bedingt ist, weiterhin im Internet halten und damit auch Ausdruck seiner Vitalität sein.

Die Konkurrenz des Internet besteht zum einen aus den kommerziellen Online-Diensten und zum anderen aus der Entwicklung des Interaktiven Fernsehens. In den USA, die Schrittmacher der neuen Technologien sind, haben über 96% der Haushalte einen Fernseher, aber höchstens ein Drittel verfügt über einen PC. Die weite Verbreitung sowie die besseren Voraussetzungen für digitales Fernsehen via Set-Top-Box und Video-On-Demand sind große Vorteile des TV gegenüber dem PC. Außerdem sind hierfür keine Computerkenntnisse nötig, die TV-Fernbedienung reicht aus.

Voraussetzung zur Internet-Nutzung ist und bleibt ein PC mit Modem und entsprechende Fähigkeiten und Kenntnisse im Umgang mit Computern und Software. Mittlerweile werden zwar sogenannte Internet-PCs angeboten, deren Ausstattung speziell auf das Netz zugeschnitten ist, und auch die Handhabung von Computern wird durch optimierte Software immer einfacher; dennoch ist nicht davon auszugehen, daß das Internet mittelfristig eine entsprechende Verbreitung in den privaten Haushalten finden wird, um dem Fernsehen ernsthafte Konkurrenz machen zu können. Dies gilt auch angesichts der Tatsache, daß in den Vereinigten Staaten die Kabelfernsehgesellschaften über ihre Leitungen auch Online-Dienste und Internet-Zugänge mit Geschwindigkeiten von 10 Mbps anbieten werden. Ein ähnlicher, regional begrenzter Versuch eines Kabelfernsehunternehmens läuft bereits in Österreich. Dort werden ebenfalls Internet-Zugänge mit 10 Mbps angeboten.

---

[1] `http://www.commercenet.com/`

Langfristig, d.h. in 10 bis 15 Jahren wird sich das Internet in Nordamerika und Europa neben anderen Online-Diensten und neben Zeitung, Radio und TV als alltäglicher Bestandteil der Gesellschaft etablieren. Zunächst werden – ähnlich der Verbreitung des PC – viele Menschen im Rahmen ihrer Arbeit in ihren Büros mit dem Internet konfrontiert werden. Von da aus wird das Internet den Weg in die privaten Haushalte finden. Gebildete und wohlhabendere Bevölkerungsteile werden als Informationskanal neben den Printmedien und dem Fernsehen stärker auch das Internet nutzen. Andere Bevölkerungsteile werden sich stärker unterhaltungsorientierten, deutschsprachigen Online-Angeboten zuwenden.

Bei der aktuellen Entscheidung für oder gegen den Einstieg ins Internet muß letztendlich jedes Unternehmen selbst prüfen, inwieweit es die Möglichkeiten des Internet für sich nutzen kann und will. Angesichts der insgesamt vergleichsweise geringen Investitionen der Internet-Nutzung stehen den genannten Chancen recht geringe Risiken gegenüber. Darüber hinaus stellt das Internet eine Zukunftstechnologie dar, die langsam zur Gegenwartstechnologie wird. Ihre frühzeitige Nutzung und Beherrschung ist hinsichtlich der Konkurrenz- und Wettbewebfähigkeit von Unternehmen ein Muß.

Internet-Provider (Auswahl)

Eunet Deutschland GmbH	Emil-Figge-Straße 80 44227 Dortmund Tel.: 0231-972-00 E-Mail: info@germany.eu.net
GTN mbH	Fontanestr. 12 41564 Kaarst Tel.: 02131-605652 E-Mail: info@contib.net
Contributed Networks GmbH	Rykestr. 8 10405 Berlin Tel.: 030-2530120-0 E-Mail: info@contrib.net
MAZ Hamburg GmbH	Hamburger Schloßstr. 6-12 21079 Hamburg Tel.: 040-766291623
Nacamar GmbH	Kirchweg 22 63303 Dreieich Tel.: 06103-9690 E-Mail: info@nacamar.de
NTG/Xlink GmbH	Postfach 69 80 76049 Karlsruhe Tel.: 0721-6083981 E-Mail: info@xlink.net

Sub-Netz e.V.   Gerwigstr. 5
                 76131 Karlsruhe
                 Tel.: 0721-9661521
                 E-Mail: info@subnet.sub.net

Individual   Scheideweg 65
Network e.V.   26121 Oldenburg
                 Tel.: 0441-9808556
                 E-Mail: in-info@individual.net

B

Wichtige Adressen rund um das Netz (Auswahl)

DFN e.V.

Pariser Straße 44
10707 Berlin
Tel.: 030-884299-24

DE-NIC

Universität Karlsruhe
Rechenzentrum/DE-NIC
Zirkel 2
76128 Karlsruhe
Tel.: 0721-373723
E-Mail: hostmaster@nic.de

RIPE NCC

RIPE Network Coordination Center
Kruislaan 409
NL-1098 SJ Amsterdam, Niederlande
Tel.: 0031 205-925065
E-Mail: ncc@ripe.net

InterNIC

InterNIC Directory and Database
Services Administraor, AT&T
5000 Hadley Road, Room 1B13
South Plainfield, NJ 07080 , USA
Tel.: 001 800 862 0677
E-Mail: admin@ds.internic.net

Internet Society

Internet Society International Secretariat
12020 Sunrise Valley Dsrive, Suite 270
Reston, Virginia 22091, USA
Tel.: 001 703-648 9888
E-Mail: isoc@isoc.org

C Firmen und Produkte im Internet (Auswahl)

Alphabetische Liste mit Beispielen nationaler und internationaler Unternehmen und Produkte im Internet.

Bank 24	`http://www.bank24.de/`
Beate Uhse	`http://www.beate-uhse.com/`
Bertelsmann	`http://www.bertelsmann.de/`
BMW	`http://www.bmw.de/`
CNN	`http://www.cnn.com/`
Coca Cola	`http://www.cocacola.com/`
Commerzbank	`http://www.commerzbank.com/`
Creditrefom	`http://www.Germany.eu.net/bda/nat/creditreform`
Daimler Benz	`http://www.daimler-benz.com/`
Danzas AG	`http://www.danzas.com/`
Deutsche Bahn AG	`http://www.bahn.de/`
Deutsche Bank AG	`http://www.deutsche-bank.de/`
Deutsche Messe AG, Hannover	`http://www.messe.de/`
Digital Equipment	`http://www.digital.de/`
Henkel KGaA	`http://henkel.germany.net/`
Hoechst AG	`http://www.hoechst.com/`
IBM Deutschland	`http://www.ibm.de/`
Langnese	`http://www.langnese.de/`
Lego	`http://www.lego.com/`

Leica AG	`http://www.bodan.net/leica/index.html`
McDonell Douglas Aerospace	`http://pat.mdc.com/`
Merck KGaA	`http://www.merck.de/`
Microsoft Corp.	`http://www.microsoft.com/`
Mitsubishi Österreich	`http://www.apa.co.at/mitsubishi/`
MTV	`http://www.mtv.com/`
Peugeot	`http://www.peugeot.com/`
Pizza Hut	`http://www.pizzahut.com/`
CSC Ploenzke AG	`http://www.cscploenzke.de/`
Procter & Gamble	`http://www.procter.de/`
Quelle Schickedanz AG & Co.	`http://www.quelle.de/`
SAT1	`http://www.sat1.de/`
Siemens AG	`http://www.siemens.de/`
Siemens-Nixdorf Informationsysteme	`http://www.sni.de/`
Silicon Graphics Deutschland	`http://www.sgi.de/`
Spiegel	`http://www.spiegel.de/spiegel/`
Springer Verlag Heidelberg	`http://www.springer.de/`
Volkswagen AG	`http://www.vw.com/`
Volvo	`http://www.volvocars.com/`
WestLB	`http://www.westlb.de/`
WDR	`http://www.wdr.de/`

D Quellen zur Sekundärforschung (Auswahl)

The Economic Bulletin Board Berichte/Daten aus den US-Arbeits- Finanz-, Handelsministerien u.a.	`telnet://ebb.stat-usa.gov/`
CIA World Factbook Daten und Karten zu allen Staaten der Erde	`http://www.odci.gov/cia/publications/95fact/index.html`
Data General Archive for Financial Data Börseninformationen aus ca. 310 Börsen	`ftp://dg-rtp.dg.com/pub/misc.invest/`
Deutsche Gesetze	`http://sunsite.informatik.rwth-aachen.de/Knowledge/germlaws/index.html`
DIW-Berin DIW-Wochenberichte	`http://www.diw-berlin.de`

ECHO
European Commission Host Organisation
Zugang zu etwa 30 EU Datenbanken
	`http://europa.eu.int`
	auch:
	`telnet://echo@echo.lu`

Econ Data US-Wirtschaftsdaten	`gopher://info.umd.edu:901/11/inforM/EdRes/Topic/Economics/EconData`
Edgar Geschäftsberichte von über 3.000 Firmen (15.000 geplant)	`http://www.edgar-online.com/`

German Social Science Infrastructure Service (GESIS) SOLIS/FORIS Datenbanken	`http://www.social-science-gesis.de`
FAZ Kurzbilanzen Kurzbilanzen der 500 größten Firmen in Deutschland	`http://www-dw.gmd.de:80/cgi-bin/` `listfolder/faz/t500.html`
LABSTAT Daten/Berichte des US Bureau of Labour Statistics	`ftp://stats.bls.gov/`
The Luxembourg Income Study (LIS) Haushaltsumfragen für über 20 Länder	Kontakt: `eplisjr@luxcep11.bitnet`
MCC National Data Service Censusdaten 1991, Arbeitsmarktdaten, UK-Haushaltspanels, IMF-Daten, u.a.	Kontakt: `info@mcc.ac. uk`
UNCOVER Schlagwortsuche in mehr als 17.000 Zeitschriften-Titeln	`http://www.carl.org/uncover/uchome.html`
The United Nations Datenbanken der UNCTAD, FAO, UNDP, u.a.	`http://www.un.org/`
World Bank Public Information Center Daten und Berichte der Weltbank	`http://www.worldbank.org`

E

Acceptable Use Policy (Beispiel)

MichNet Acceptable Use Policy

Purpose

The purpose of MichNet is given in Article II of Merit Network, Inc.'s Bylaws which states in part that "... in pursuance of its mission in instruction, research, and service ... it is the role of Merit as [the operator of] a high-speed digital communications network to contribute broadly to educational and economic development in Michigan, ...".

Acceptable Use

This statement represents a guide to the acceptable use of MichNet. Any Member or Affiliate connected to MichNet in order to use the Michigan statewide network, or any other networks which are used as a result of their MichNet connection, such as NSFNET, must comply with this policy and the stated purposes and Acceptable Use policies of any other networks or hosts used.

Each Member and Affiliate organization is responsible for the activity of its users and for ensuring that its users are familiar with the MichNet Acceptable Use Policy or an equivalent policy. In addition, it is expected that each Member and Affiliate will maintain and enforce its own Acceptable Use policies. At a minimum, Merit expects such policies will include:

(1) To respect the privacy of other users; for example, users shall not intentionally seek information on, obtain copies of, or modify files, other data, or passwords belonging to other users, or represent themselves as another user unless explicitly authorized to do so by that user.

(2) To respect the legal protection provided by copyright and license to programs and data.

(3) To respect the integrity of computing systems; for example, users shall not intentionally develop programs that harass other users or infiltrate a computer or computing system and/or damage or alter the software components of a computer or computing system.

The following policies and guidelines will be applied to determine whether or not a particular use of MichNet is appropriate:

(1) The intent of this policy is to make clear certain uses which are consistent with the purposes of MichNet, not to exhaustively enumerate all such possible uses.

(2) Merit may at any time make determinations that particular uses are or are not consistent with the purposes of MichNet.

(3) If a use is consistent with the purposes of MichNet, then activities in direct support of that use will be considered consistent with the purposes of MichNet. For example, administrative communications in sup-

port of acceptable activities will be permitted.

(4) Malicious use is not acceptable. Use should be consistent with guiding ethical statements and accepted community standards. MichNet may not be used in ways that violate applicable laws or regulations. Use of MichNet and any attached network in a manner that precludes or significantly hampers its use by others is not allowed.

(5) Connections which create routing patterns that are inconsistent with the effective and shared use of the network may not be established.

(6) Unsolicited advertising is not acceptable. Advertising is permitted on some mailing lists and news groups if the mailing list or news group explicitly allows advertising. Announcements of new products or services are acceptable.

(7) Use of the network for recreational games is not acceptable when such use places a heavy load on scarce resources (e.g., dial-in phone lines).

Remedial Action

When Merit learns of possible inappropriate use, Merit staff will notify the Member or Affiliate responsible, which must take immediate remedial action and inform Merit of its action. In an emergency, in order to prevent further possible unauthorized activity, Merit may temporarily disconnect that Member or Affiliate from MichNet. If this is deemed necessary by Merit staff, every effort will be made to inform the Member or

Affiliate prior to disconnection, and every effort will be made to re-establish the connection as soon as it is mutually deemed safe.

Any determination of non-acceptable usage serious enough to require disconnection shall be promptly communicated to every member of the Merit Board of Directors through an established means of publication.

F   Glossar

Anonymous FTP

Ein „Anonymous FTP"-Server erlaubt einem Nutzer, Dateien bzw. Daten abzuholen, ohne ein Benutzerpaßwort angeben zu müssen. Durch Angabe des Benutzernamens „ftp" umgeht der Anwender die üblichen Zugangskontrollen des Systems und erhält Zugang zu den der Allgemeinheit zur Verfügung stehenden Dateien auf dem FTP-Server.

Archie

Ein Internet-Dienst, mit dessen Hilfe nach öffentlich zugänglichen Dateien, die auf FTP-Servern gespeichert sind, gesucht werden kann.

ARPANET

Ein Computernetz, das zu Beginn der siebziger Jahre zu Forschungszwecken aufgebaut wurde. Die Software und die grundlegenden Konzepte des heutigen Internet haben hier ihren Ursprung. Das ARPANET existiert heute nicht mehr.

AUP (Acceptable Use Policy)

Die Acceptable Use Policies stellen in vielen Netzwerken explizit formulierte Regeln für die Benutzung des Rechnerverbundes dar. Sie regeln, was im jeweiligen Netz erlaubt und was verboten ist.

Backbone

Unter einem Backbone versteht man das „Rückgrat", sprich die Hauptleitungen eines Rechnernetzes.

Baud

Die Anzahl von Signaländerungen pro Sekunde bei der Datenübertragung mit einem Modem. Ein 14400-Baud-Modem z.B. ändert den elektrischen Status des Signals, das es über die Telefonleitung sendet, 14400 mal in der Sekunde. Da sich jede Änderung auf mehrere Bits beziehen kann, ist die tatsächliche Übertragungsrate der Daten u. U. höhei als die Baudrate.

BBS (Bulletin Board System)

Ein BBS besteht aus einem Computer und der dazugehörigen Software. Es werden neben Dateiarchiven häufig noch weitere Services angeboten. In Deutschland werden die meisten BBS hobbymäßig betrieben. In den USA betreiben auch Bildungs- und Forschungseinrichtungen solche Systeme.

BITNET

Das „Because It's Time Network" ist ein akademisches Computernetz, das interaktive E-Mail und File-Transfer-Services anbietet. Es wird ein Store-and-Forward-Protokoll verwendet, das auf den IBM-Job-Entry-Protocols basiert.

Bps

Bits pro Sekunde: die Geschwindigkeit, mit der Bits z.B. über eine Telefonleitung übertragen werden.

Browser

Software, mit der man im World Wide Web bzw. im Internet navigieren kann. Siehe auch *Mosaic* und *Netscape Navigator*.

Chat

Siehe unter *IRC*.

Client

Eine Softwareapplikation, mit deren Hilfe der Zugriff auf einen Dienst eines Servers im Netzwerk erfolgt. Man kann sich analog z.B. ein Telefon als Client und einen Wetteransagedienst als Server vorstellen.

DFN e.V.

Der Verein zur Förderung eines deutschen Forschungsnetzes e.V. kümmert sich um die nationale Anbindung an das Internet und betreibt das WIN (siehe dort).

Dial-up connection
Eine zeitlich begrenzte Verbindung zu einem Computer über die normale Telefonleitung. Bezieht sich in der Regel auf die Art Verbindung, die mit einem Kommunikationsprogramm und einem Modem hergestellt werden kann. SLIP- und PPP-Verbindungen (siehe dort) fallen ebenfalls in diese Kategorie

Domain
Die Domain ist ein Zusammenschluß von Rechnern, die unter einer „Oberadresse" (dem Domain-Namen) von einer Instanz verwaltet werden.

DNS (Domain-Name-System)
Eine Datenbank, mit deren Hilfe symbolische Internet-Adressen (z.B. leibniz.gun.de) in ihre numerischen Äquivalente (z.B. 194.49.16.3) umgewandelt werden können (und umgekehrt). Das DNS erlaubt die vereinfachte Nutzung des Internet, ohne sich endlose Listen von numerischen Adressen merken zu müssen.

EFF (Electronic Frontier Foundation)
Eine Vereinigung, die sich sozialen und rechtlichen Fragen in Zusammenhang mit der Internet-Nutzung widmet.

FAQ (Frequently Asked Questions)
Häufig gestellte Fragen: viele Newsgruppen und einige Mailinglisten verfügen über FAQ-Listen, in denen Antworten auf solche häufig gestellten Fragen zu finden sind, so daß die Verwalter etc. von der Notwendigkeit entbunden werden, ständig dieselben Fragen neuer Nutzer zu beantworten.

Flame
Ein bösartiger und (oftmals) persönlicher Angriff auf den Verfasser eines Artikels in einer Newsgruppe. Das „flamen" ist sehr weit im Internet verbreitet.

Follow-Up
Eine Antwort auf einen Artikel einer Newsgruppe. (Siehe auch: *Posting*)

Free-Net
> Eine Einrichtung in US-amerikanischen Bibliotheken, die je-
> dem die kostenfreie Nutzung des Internet ermöglicht. Mitt-
> lerweile bilden sich auch in Deutschland erste Free-Nets.

FTP
> File Transfer Protocol: ein Übertragungsstandard bzw. -proto-
> koll, der/das den Austausch von Daten zwischen zwei Com-
> putern definiert. (Zugleich der Name des Programms, mit
> dem man diesen Service benutzen kann.)

Gateway
> Ein Computersystem, das die Übertragung von Daten zwi-
> schen normalerweise inkompatiblen Applikationen oder Net-
> zen ermöglicht. Die Daten werden vom Gateway-Rechner vor
> dem Versand so umformatiert, so daß sie vom empfangenden
> Netz (oder einer Applikation) weiterverarbeitet werden kön-
> nen.

Gopher
> Ein verteilter Informationsdienst, der hierarchisch strukturierte
> Datenbestände innerhalb des Internet zur Verfügung stellt.
> (Zugleich der Name des Programms, mit dem man diesen
> Service benutzen kann.)

HTML (Hypertext Markup Language)
> Die Sprache, in der WWW-Dokumente erstellt werden.

HTTP (Hypertext Transfer Protocol)
> Protokoll für die Übertragung von WWW-Daten.

Hypermedia
> Kombination aus *Hypertext* und *Multimedia* (siehe dort).

Hypertext
> Dokumente, die Verweise auf andere Dokumente beinhalten
> und die Möglichkeit bieten, durch die Anwahl eines solchen
> Verweises das korrespondierende Dokument automatisch auf-
> rufen zu können.

IAB (Internet Architecture Board)
> Offizielle Einrichtung des Internet, die über neue Standards
> und andere wichtige Dinge entscheidet.

IETF (Internet Engineering Task Force)

Gruppe von Freiwilligen, die sich mit der Lösung von technischen Problemen beschäftigt und eng mit dem IAB zusammenarbeitet.

InterNIC

Netzinformationszentrum. Zusammenschluß mehrerer Dienste des Internet, öffentliche Belange betreffend: Registrierung von Internet-Adressen, diverse Datenbanken etc. Das Inter-NIC stellt eine Vielzahl eigener Ressourcen und Dienste im Internet zur Verfügung.

IP (Internet Protocol)

Das wichtigste aller Protokolle, auf dem das Internet basiert. Das Internet Protocol erlaubt Datenpaketen, auf dem Weg vom Sender zum Empfänger mehrere verschiedene Netze zu durchqueren, indem es die Adressierung der Datenpakete regelt.

IRC (Internet Relay Chat)

Ein Internet-Dienst, der Online-Kommunikation zwischen Netznutzern im CB-Funk-Stil auf unterschiedlichen Kanälen ermöglicht.

ISDN

Digitales Leitungsnetz, das u.a. von der Telekom betrieben wird. Der Hauptunterschied zum analogen Telefonnetz ist die Tatsache, das im ISDN-Netz digitale Signale transportiert werden. Mit einem ISDN-Anschluß können Hochgeschwindigkeitsanbindungen an das Internet vorgenommen werden, sofern diese Möglichkeit vom Netzanbieter zur Verfügung gestellt wird.

ISO

Organisation für internationale Standards. Die ISO hat eine andere Art von Protokollen (ISO/OSI Protokolle) definiert, die theoretisch das bestehende Internet Protocol ersetzen können. Ob und wann das geschieht, ist ein nach wie vor heiß diskutiertes Thema im Internet.

ISOC (Internet Society)
> Die dem IAB (siehe dort) übergeordnete Organisation, deren Mitglieder sich um ein weltweites Informationsnetz bemühen.

LAN (Local Area Network)
> Datennetze mit geringer räumlicher Ausdehnung, z.B. auf ein Gebäude oder ein Firmengelände beschränkte Netze.

Listserv
> Ein im BITNET entwickeltes, automatisches Verteilsystem für E-Mail, das über Mailinglisten organisiert ist.

MAN (Metropolitan Area Network)
> Datennetze, deren räumliche Ausdehnung sich z.B. über ein Stadtgebiet erstreckt.

Mailinglists
> Eine spezielle E-Mail-Adresse: E-Mails, die an diese Adresse gesendet werden, werden automatisch an eine Anzahl anderer Empfänger weitergeleitet. In der Regel verwendet man solche Adressen für E-Mail-Diskussionsgruppen. Siehe auch *Listserv.*

MILNET
> Ein militärisches Netzwerk im Internet. Das MILNET wird vom US-amerikanischen Militär zum Versand von nicht geheimen Daten benutzt. Es basiert auf der Technologie des ARPANET, ist jedoch im Gegensatz hierzu auch heute noch in Betrieb.

MIME (Multipurpose Internet Mail Extensions)
> Eine Erweiterung der E-Mail über Internet, die die Möglichkeit zur Übertragung von Daten bzw. Dateien, die nicht im üblichen Textformat vorliegen, eröffnet.

Mosaic
> Ein WWW-Browser.

Multimedia
> Dokumente, die verschiedene Arten von Daten enthalten, wie z.B. Text, Musik und Grafik.

Netzanbieter
> siehe *Provider.*

Netscape Navigator
Ein weit verbreiteter WWW-Browser mit der Fähigkeit, News und E-Mail zu nutzen.

NIC (Network Information Center)
Organisation (üblicherweise pro Land eine), die Informationen zu den verschiedenen Rechnern im nationalen Internet-Bereich sammelt und Adressen vergibt.

NNTP (Network News Transport Protocol)
Das Protokoll, das die Art und Weise des Austausches von News zwischen Computern des Internet definiert.

NOC (Network Operation Center)
Organisation, die für den täglichen Betrieb und die Pflege eines Netzes verantwortlich sind. Jede Firma, die Netzzugänge anbietet, hat ein oder mehrere NOCs. Bei Problemen wendet man sich an das zuständige NOC des Netzanbieters.

NSFNET (National Science Foundation Network)
Das NSFNET ist eines der vielen Netze im Internet. Eine Zeitlang bildete es das US-Backbone.

Paket (packet)
Im Internet werden Daten zu Paketen geschnürt, die dann unabhängig voneinander versandt werden können, u.U. auch auf völlig unterschiedlichen Routen. Beim Empfänger werden die Datenpakete dann ausgepackt, so daß die ursprüngliche Datei wieder vollständig vorliegt. Die Größe der Datenpakete ist unterschiedlich und hängt u.a. von der Hardware eines Netzwerkes ab. In der Regel sind die Datenpakete nicht größer als 1500 Bytes.

Posting
Ein Artikel, den man an eine Newsgruppe des USENET (siehe dort) schickt.

Postmaster
Die Person, die mit der Betreuung eines E-Mail-Systems beauftragt ist.

PPP (Point-to-Point Protocol)
>   Ein spezielles Softwareprotokoll, mit dem ein Computer das TCP/IP (Internet-) Protokoll per Modem und normaler Telefonleitung nutzen kann. PPP ist ein neuerer Standard, der das SLIP-Protokoll (siehe dort) ersetzt.

Protokoll
>   Ein Protokoll legt die Regeln fest, an die sich zwei Computer halten müssen, wenn sie Daten austauschen wollen. Die in einem Protokoll festgelegten Definitionen erstrecken sich von der Festlegung der Reihenfolge, in der die Bits übertragen werden, bis hin zum Format einer kompletten Mail. Standardprotokolle erlauben den Austausch von Daten zwischen Computern unterschiedlicher Hersteller; jeder Rechner kann eine andere Software verwenden, solange gewährleistet ist, daß die im Protokoll festgelegten Regeln und Definitionen befolgt werden.

Provider
>   Eine Firma, die Zugänge zum Internet anbietet. Wenn die Computer einer Firma oder der eigene Rechner daheim an das Internet angeschlossen werden sollen, erledigt der Netzanbieter in der Regel sowohl die physikalische als auch die Softwareanbindung.

Router
>   Ein Computersystem, das Daten zwischen zwei Netzsegmenten transferiert, die dasselbe Protokoll verwenden.

Server
>   Software, die anderen Computern gewisse Dienste zur Verfügung stellt. Die anderen Computern bedienen die Serversoftware durch die entsprechenden *Clients* (siehe dort). (Auch: Ein Computer, auf dem Serversoftware läuft.)

SLIP (Serial Line Internet Protocol)
>   Ein spezielles Protokoll, mit dem ein Computer das TCP/IP (Internet-) Protokoll per Modem und normaler Telefonleitung nutzen kann.

Standleitung

Eine ständig bestehende (Telefon-)verbindung zwischen zwei Orten. Standleitungen werden z.B. für einen dedizierten Internet-Anschluß verwendet.

TCP (Transmission Control Protocol)

Eines der wichtigsten Protokolle, auf denen der Datenaustausch im Internet basiert. Es sorgt für die Aufteilung großer Dateien in Datenpakete, die Überprüfung der korrekten Übermittlung von Datenpaketen und die richtige Anordnung der empfangenen Pakete beim Empfänger.

Telnet

Ein Programm, das die Anwahl von Internet-Rechnern mit Hilfe des Telnet-Protokolls erlaubt. Nähere Informationen hierzu finden Sie im Abschnitt 3.5.3.

Terminalemulation

Eine Workstation, ein PC oder ein anderer Computer mit eigener Rechenkapazität werden durch ein Terminalemulationsprogramm an einen Host-Rechner angeschlossen und verhalten sich dann wie Terminals (Eingabe/Ausgabegeräte) des Hostrechners.

Unix

Ein populäres Betriebssystem, das eine enorm wichtige Rolle bei der Entwicklung des Internet gespielt hat (und spielt). Unix gibt es in verschiedenen Implementierungen; die beiden bekanntesten sind BSD und System V.

USENET

Der wohl anarchistischste Teil des Internet, der trotzdem funktioniert – und das seit Jahren. Die Systeme des USENET tauschen die „News" aus – eine Art von Schwarzen Brettern oder Foren, in denen zu jedem Thema jeder etwas sagen kann. Das USENET ist eigentlich viel älter als das heutige Internet, allerdings dient das Internet heutzutage dazu, den Großteil der Newsgruppen des USENET zu transportieren.

UUCP (Unix-to-Unix-Copy)

> Ein Protokoll bzw. eine Software, die den Dateitransfer zwischen Unix-Systemen ermöglicht. E-Mail- und News-Dienste sind hieraus hervorgegangen. Obwohl UUCP immer noch recht nützlich sein kann, bietet das Internet mittlerweile bequemere Möglichkeiten zur Erledigung dieser Aufgaben.

Veronica

> Ein Internet-Dienst, der „Archie" sehr ähnlich, jedoch im Gopher-Dienst eingebettet ist. Während Archie die Suche nach Dateien erlaubt, ermöglicht Veronica die Suche nach bestimmten Menüpunkten auf allen Gopher-Servern.

WAIS (Wide Area Information Service)

> Ein Service des Internet, der das Auffinden von Informationen im gesamten Internet – also weltweit – ermöglicht. Nähere Informationen zu WAIS enthält Abschnitt 3.5.6.

WAN (Wide Area Network)

> Netze, die sich über Länder oder Kontinente erstrecken.

Whois

> Ein Internet-Programm, das dem Benutzer durch die Abfrage einer Datenbank bei der Suche nach Personen oder anderen Internet-Einheiten wie Domains, Netzen und Hosts hilft.

WIN (Wissenschaftsnetz)

> Das Wissenschaftsnetz ist das staatlich geförderte „Backbone", an das die deutschen Universitäten und Forschungsinstitute angeschlossen sind.

World Wide Web (W3, WWW)

> Das „Weltweite Netz", ein auf Hypertext basierendes System zum Bereitstellen und Auffinden von Ressourcen im Internet.

G Abkürzungsverzeichnis

AGB	Allgemeine Geschäftsbedingungen
ANS	Advanced Networks Services, Inc.
ARPANET	Advanced Research Program Association Network
ASCII	American Standard Code for Information Interchange
AUP	Acceptable Use Policy
BBS	Bulletin Board System
BDSG	Bundesdatenschutzgesetz
BITNET	„Because it's time" Network
BMFT	Bundesministerium für Forschung und Technologie, Bonn
Bps	Bits pro Sekunde
CERN	Europäisches Laboratorium für Teilchenphysik, Genf
DE-NIC	Network Information Center Deutschland, Karlsruhe
DFN e.V.	Verein zur Förderung eines deutschen Forschungsnetzes e.V.
DFÜ	Datenfernübertragung
DNS	Domain-Name-System
EDV	Elektronische Datenverarbeitung
EFF	Electronic Frontier Foundation, Washington
EO	Europe Online
FAQ	Frequently Asked Questions

FNC	Federal Network Council, Washington
FTP	File Transfer Protocol
GB	Gigabyte
GVU	Graphic, Visualization, & Usability Center
HTTP	Hypertext Transfer Protocol
HTML	Hypertext Markup Language
HWiG	Haustürgeschäfte-Widerrufsgesetz
IAB	Internet Architecture Board
IETF	Internet Engineering Task Force
IITF	Information Infrastructure Task Force
InterNIC	Internet Network Information Center, Chantily
IP	Internet Protocol
IRC	Internet Relay Chat
IRTF	Internet Research Task Force
ISDN	Integrated Services Digital Network
Kbps	Kilobit pro Sekunde
LAN	Local Area Network
MAC	Message Authentification Code
MAN	Metropolitan Area Network
MB	Megabyte (2^{20} Byte)
Mbps	Megabit pro Sekunde
MIME	Multipurpose Internet Mail Extensions
MSN	Microsoft Network
NCC	Network Coordination Center
NIC	Network Information Center
NII	National Information Infrastructure
NNTP	Network News Transfer Protocol
NOC	Network Operation Center
PC	Personal Computer
PGP	Pretty Good Privacy (Verschlüsselungsprogramm)

PPP	Point to Point Protocol
RIPE	Réseaux IP Europeéne, Amsterdam
RPI	Rockwell Protocol Interface (Software)
SLIP	Serial Line Internet Protocol
SRI	Stanford Research Institute, Kalifornien
SSL	Secure Socket Layer Protocol
TCP	Transmission Control Protocol
UCLA	University of California, Los Angeles
UCSB	University of California, San Francisco/Berkeley
UNCTAD	United Nations Conference on Trade and Development
UrhG	Urhebergesetz
UU	University of Utah, Salt Lake City
UUCP	Unix to Unix Copy Protocol
Veronica	Very Easy Rodent-Oriented Nationwide Index Computerized Archive
WAN	Wide Area Network
WAIS	Wide Area Information System
WIN	Wissenschaftsnetz des DFN e.V.
W3	World Wide Web
WWW	World Wide Web

Index

Kursive Einträge verweisen auf Textstellen im Anhang oder im Glossar.

Recherchieren und Publizieren im World Wide Web

Mit HTML-Referenz inkl. HTML 3.0 und Netscape Navigator 2.0

von Frederik Ramm

2., neubearbeitete und erweiterte Auflage 1996. VIII, 326 Seiten. Gebunden.
ISBN 3-528-15513-2

Aus dem Inhalt: Das Internet und seine Dienste – Internetzugang – Software – Such- und Katalogsysteme – Wie man WWW-Seiten schreibt (Hypermedia Publishing mit HTML) – HTML-Grundlagen – HTML, Netscape und HTML 3.0 – HTML-Formulare und CGI-Programme – Java und JavaScript – Installation eines WWW-Servers – Hilfsprogramme für HTML-Autoren

Auch die 2. Auflage dieses erfolgreichen Buches bietet zunächst einmal praktische Anleitung für jedermann, der auf dem Information-Superhighway schnell und zielsicher fündig werden möchte. Vom Internet-Zugang über geeignete und leistungsfähige World Wide Web-Browser bis hin zur zielgerichteten und effizienten Recherche im Internet werden leicht gangbare Wege aufgezeigt. Schwerpunkt des Buches ist jedoch die Erstellung von Hypertext-Dokumenten mit HTML (Hypertext Markup Language). HTML wird hierbei vollständig und mit vielen praktischen Beispielen beschrieben. In diesem Zusammenhang werden auch zahlreiche Neuerungen aus HTML 3.0 und die Erweiterungen des Netscape Navigators 2.0 dargestellt. Das Buch ist nicht nur eine Fundgrube für jeden Web-Surfer, sondern spricht auch die wachsende Zahl von multimedialen Informationsanbietern (content provider) im World Wide Web an.

Über den Autor: Frederik Ramm ist an der Universität Karlsruhe tätig. Er ist Experte in den Bereichen Datenkommunikation und Softwareentwicklung und hat hierzu mehrere erfolgreiche Fachbücher geschrieben.

Verlag Vieweg · Postfach 1546 · 65005 Wiesbaden